CB045333

O SANGUE DE EMMETT TILL

Timothy B. Tyson

O SANGUE DE EMMETT TILL

Tradução
Claudio Carina

Estação Liberdade

Título original: *The Blood of Emmett Till*
© Timothy Tyson, 2017
© Editora Estação Liberdade, 2020, para a tradução em língua portuguesa

Todos os direitos reservados.
Publicado mediante acordo com a editora original, Simon & Schuster, Inc.

PREPARAÇÃO Nina Schipper
REVISÃO Thaisa Burani
SUPERVISÃO EDITORIAL Letícia Howes
EDIÇÃO DE ARTE Miguel Simon
EDITOR RESPONSÁVEL Angel Bojadsen

CIP-BRASIL. CATALOGAÇÃO NA PUBLICAÇÃO
SINDICATO NACIONAL DOS EDITORES DE LIVROS, RJ

T988s

Tyson, Timothy B., 1959-
    O sangue de Emmett Till / Timothy B. Tyson ; tradução Claudio Carina. - 1. ed. - São Paulo : Estação Liberdade, 2020.
    384 p. ; 21 cm.

    Tradução de : The blood of Emmett Till
    Inclui bibliografia e índice
    ISBN 978-65-86068-08-5

    1. Till, Emmett Louis, 1941-1955. 2. Negros - Estados Unidos - Biografia. 3. Racismo. 4. Negros - Direitos fundamentais. I. Carina, Claudio. II. Título.

20-65613   CDD: 920.096073
                                    CDU: 929:323.1

Camila Donis Hartmann - Bibliotecária - CRB-7/6472
24/07/2020   27/07/2020

Todos os direitos reservados à Editora Estação Liberdade. Nenhuma parte da obra pode ser reproduzida, adaptada, multiplicada ou divulgada de nenhuma forma (em particular por meios de reprografia ou processos digitais) sem autorização expressa da editora, e em virtude da legislação em vigor.

Esta publicação segue as normas do Acordo Ortográfico da Língua Portuguesa, Decreto nº 6.583, de 29 de setembro de 2008.

EDITORA ESTAÇÃO LIBERDADE LTDA.
Rua Dona Elisa, 116 | Barra Funda
01155-030 São Paulo – SP | Tel.: (11) 3660 3180
www.estacaoliberdade.com.br

Para meu irmão Vern

Meu nome está sendo chamado na estrada para a liberdade.
Posso ouvir o sangue de Emmett Till chamando da terra [...]
Quando iremos? Não amanhã! Não ao meio-dia! Já!

Reverendo Samuel Wells
Albany, Geórgia, 1962

SUMÁRIO

1 Nada que aquele garoto fez — 13
2 Botas na varanda — 23
3 Criado como negro em Chicago — 29
4 Emmett em Chicago e o "Pequeno Mississippi" — 45
5 Coronhadas no Natal — 57
6 O incidente — 79
7 No terceiro dia — 85
8 Mamãe fez a terra tremer — 99
9 Regimentos em guerra no Mississippi — 111
10 Segunda-feira Negra — 131
11 Gente que não precisamos mais ter por aqui — 153
12 Opiniões formadas — 171
13 A resistência do Mississippi — 189
14 "É aquele ali" — 199
15 Cada anglo-saxão entre vocês — 219
16 O veredito do mundo — 241
17 Políticas de protesto — 259
18 Como morreu Emmett Till — 275
   Epílogo: Os filhos de Emmett Till — 285

Agradecimentos — 297
Notas — 301
Bibliografia — 349
Índice remissivo — 369
Sobre o autor — 381

1

NADA QUE AQUELE GAROTO FEZ

A mulher agora idosa deu um gole no café. "Eu já pensei muito a respeito de tudo sobre Emmett Till, o assassinato e o julgamento, dizendo quem fez o que com quem", falou.[1] Quando ela tinha 21 anos e seu nome era Carolyn Bryant, o jornal francês *Aurore* chamou a jovem de cabelos escuros do Delta do Mississippi de "uma Marilyn Monroe das encruzilhadas".[2] Para descrevê-la, repórteres de Detroit a Dacar nunca deixaram de salpicar suas histórias sobre *l'affaire Till* com palavras como "graciosa" e "encantadora". William Bradford Huie, jornalista sulista e divulgador das histórias sobre o linchamento de Till, a chamava de "uma das mais bonitas irlandesas de cabelos pretos que já vi na vida".[3] Com quase oitenta anos e ainda atraente, agora com os cabelos prateados, a ex-mulher de Roy Bryant me serviu uma fatia de bolo inglês, hesitou um pouco e murmurou, parecendo falar mais consigo mesma do que comigo: "De qualquer forma, agora todos já morreram." Depositou a xícara na mesa baixa de vidro entre nós enquanto eu aguardava.

Meio século atrás, por um momento épico, o rosto de Carolyn Bryant ficou conhecido no mundo inteiro, ligado para sempre a um crime de notoriedade histórica e poder simbólico. O assassinato de Emmett Till foi relatado em uma das primeiras manchetes de capa sobre a era dos direitos civis e deu início à coalizão nacional que conflagrou o movimento moderno pelos direitos civis. Mas ela nunca abriu a porta para um jornalista ou um historiador, muito menos convidou qualquer um deles para comer um bolo com café. Agora ela me olhava nos olhos, fazendo força para distinguir fatos de recordações, e me contou uma história que eu não conhecia.

A história que eu achei que conhecia começou em 1955, cinquenta anos antes, quando Carolyn Bryant tinha 21 anos, e um garoto negro de Chicago de quatorze anos entrou na mercearia e casa de carnes de Carolyn numa aldeia rural no Delta do Mississippi e a ofendeu. Talvez com certo atrevimento, o garotou tocou ou até apertou a mão dela quando deu o dinheiro para pagar um doce, convidou-a para sair e deixou a loja se despedindo, sendo puxado por seu primo mais velho. Poucos jornalistas que contaram a história do garoto negro e da beldade do interior deixaram de mencionar o assobio de "fiu-fiu" que veio depois: Till teria assobiado para Carolyn quando ela, furiosa, foi até um automóvel para pegar uma pistola debaixo do banco.

O mundo só ficou sabendo dessa história por causa do que aconteceu alguns dias depois: parentes de Carolyn, supostamente só o marido e o cunhado, sequestraram e mataram o garoto e jogaram seu corpo no rio Tallahatchie. Isso deveria ser o fim da história. O garoto aprendeu a lição. Porém, um jovem pescador encontrou o corpo de Till na água, e um mês depois o mundo presenciava Roy Bryant e J. W. "Big" Milam sendo julgados por assassinato.

Eu conhecia bem esse tipo de prática infame, pois quando eu tinha onze anos em Oxford, uma pequena cidade de comércio de tabaco na Carolina do Norte, o pai e os irmãos de um amigo espancaram e mataram a tiros um jovem negro. O nome dele era Henry Marrow, e os eventos que levaram à sua morte tinham algo em comum com os de Till. Meu pai, um pastor metodista branco, envolveu-se no esforço de estabelecer a paz e a justiça na comunidade. Nós nos mudamos de lá naquele verão. Mas Oxford continuou gravada a fogo na minha memória, e mais tarde voltei e entrevistei o principal responsável pela morte de Marrow. Ele me contou: "Aquele preto se suicidou quando veio à minha loja querendo fazer sexo com minha enteada." Também conversei com muitos dos que protestaram contra o assassinato ateando fogo nos imensos depósitos de tabaco no centro de Oxford, bem como com testemunhas do crime, gente da cidade, advogados e outros. Tentar entender o que tinha acontecido na minha cidade natal fez de mim um historiador. Pesquisei o caso durante anos, enquanto fazia doutorado em história dos Estados Unidos, e em 2004 publiquei um livro sobre o assassinato de Marrow, o que aquilo significou para minha cidade natal e para minha família e como revelava a questão racial na história dos Estados Unidos.[4] Carolyn Bryant Donham leu o livro, e foi por isso que resolveu entrar em contato comigo e falar sobre o linchamento de Emmett Till.

O assassinato de Henry Marrow ocorreu em 1970, quinze anos depois do linchamento de Till. Mas, ao contrário do caso de Till, nunca chegou a ser conhecido nacional ou internacionalmente, apesar de envolver muitos temas semelhantes. Assim como Till, Marrow supostamente fez um comentário insinuante a uma jovem branca na pequena loja rural da família. Em Oxford, porém, a cidade irrompeu em incêndios e violência, com as chamas visíveis a quilômetros de distância. Um júri formado exclusivamente por brancos, agindo de acordo com o que sem dúvida considerava como sendo os valores da comunidade branca, inocentou os dois homens acusados no caso, apesar de o assassinato ter ocorrido em público. O que aconteceu em Oxford em 1970 foi um linchamento no antigo modelo, em que homens brancos mataram um homem negro a serviço da supremacia branca. O júri, composto apenas de brancos, ratificou o assassinato como um gesto de protesto contra a integração das escolas públicas, que finalmente havia começado em Oxford, e por trás de boa parte dos protestos de brancos jazia o medo e a raiva diante da perspectiva de crianças brancas e negras estudarem juntas nas mesmas escolas, o que os brancos temiam que levasse a outras formas de "mistura racial" ou até à "miscigenação".

Assim como no caso de Marrow, muitos brancos acreditaram que Till violara esse tabu de raça e sexo e, por isso, fizera por merecer. Muitos repórteres de jornais avaliaram que Till errara — em seu julgamento, no seu comportamento, em sua atitude e talvez até em pensamento. Sem justificar o crime, inúmeros jornais do Sul argumentaram que o garoto era no mínimo parcialmente culpado. O relato mais influente do linchamento — a suposta revelação de todos os fatos por Huie em 1956 — retratava um garoto negro que praticamente havia se suicidado com suas respostas arrogantes a seus agressores. "Convencido, imprudente", definiu Huie. Ele "tinha a foto de uma garota branca no bolso e se gabou de ter transado com ela", não só para os amigos, não só para Carolyn Bryant, mas também para seus assassinos: "Foi por isso que eles o pegaram e o mataram."[5] A história foi contada e recontada de várias formas, por muita gente, mas muitas delas, desde a virulenta defesa do Mississippi e de seus costumes até as arengas santarronas dos críticos do Norte, concordavam que Till estava no lugar errado, na hora errada e fez as escolhas erradas.

Até recentemente, os historiadores nem sequer tinham uma transcrição do julgamento de 1955, que desapareceu assim que este terminou. A transcrição reapareceu brevemente no início dos anos 1960, mas logo foi destruída por uma enchente num porão. Em setembro de 2004, agentes do FBI localizaram uma esmaecida "cópia de uma cópia de uma cópia" numa casa particular em Biloxi, Mississippi. Demorou duas semanas para dois escrivães transcreverem todo o documento, com exceção de uma página que faltava.[6] A transcrição, finalmente divulgada em 2007, nos permite comparar as últimas lembranças de testemunhas e dos acusados com o que eles disseram cinquenta anos antes. Também revela que Carolyn Bryant contou uma história bem mais apimentada no tribunal, difícil de atribuir à mulher cordial sentada à minha frente do outro lado da mesa de centro.

Meio século antes, no alto do banco das testemunhas no Tribunal do Condado de Tallahatchie, dois ventiladores de teto lentamente arejavam o ambiente da fumaça dos cigarros. Esse foi o palco em que a vencedora de concursos de beleza de duas escolas estrelou como a mais linda flor da feminilidade sulista. Carolyn testemunhou que Till tinha agarrado sua mão à força no balcão de guloseimas, só largando quando ela se desvencilhou. Till a convidou para sair, declarou ela, perseguiu-a pelo balcão, bloqueou sua passagem e agarrou sua cintura fina com as duas mãos.

Ela disse ao tribunal que Till havia falado: "Não precisa ter medo de mim. [Eu já], bem, —— com mulheres brancas." De acordo com a transcrição, a jovem delicada se recusou a pronunciar o verbo ou até mesmo a dizer ao tribunal com que letra do alfabeto começava. Escapou do abraço forçado de Till com grande dificuldade, contou.[7] Um mês depois, um jornal do Mississippi insistiu em que o caso jamais deveria ter sido chamado de "o caso do assobio de fiu-fiu". Em vez disso, disseram os editores, deveria ter sido chamado de "um caso de 'tentativa de estupro'".[8]

"Depois esse outro preto entrou na loja e o pegou pelo braço", continuou Carolyn. "Falou para ele 'vamos, vamos embora'. Segurou no braço dele e o levou para fora." Em seguida surgiu um detalhe estranho na história dela, uma observação discordante da alegação de uma agressão abortada: Till parou na soleira da porta, "virou-se e falou 'Até mais'".⁹

Os réus se acomodavam em cadeiras de assento de palha numa sala lotada por mais de duzentos homens brancos e cinquenta ou sessenta afro-americanos amontoados nas últimas duas fileiras e na pequena e segregada mesa da imprensa negra. No discurso de encerramento, John W. Whitten, advogado dos réus, disse ao júri todo formado por homens brancos: "Tenho certeza de que todos os anglo-saxões aqui presentes terão a coragem de libertar esses homens, apesar dessa pressão [externa]."¹⁰

Mamie Bradley,* a mãe de Till, foi responsável por boa parte daquela pressão externa sobre o sistema judicial do Mississippi. A corajosa decisão de manter o caixão aberto no funeral do filho espancado deu início a novas reportagens em todo o planeta. A indignação internacional resultante fez o Departamento de Estado dos EUA lamentar "o prejuízo real e duradouro para a política externa americana causado por tragédias como as do caso Emmett Till".¹¹ Sua disposição para viajar aonde quer que fosse e falar sobre a tragédia contribuiu para atiçar um enorme movimento de protesto que reuniu os elementos de um movimento nacional de direitos civis, começando com as autoridades do meio político e cultural da

---

*. Mamie Carthan se tornou Mamie Till depois de seu casamento com Louis Till em 1940, que terminou com a morte dele em 1945. Mamie Till tornou-se Mamie Mallory depois de um breve casamento em 1946. Seu nome mudou para Bradley depois de outro casamento em 1951. Continuou sendo Mamie Bradley durante a maior parte dos anos que este livro cobre. Casou-se pela última vez em 1957, tornando-se Mamie Till-Mobley, nome com que publicou suas memórias em 2004. Para evitar confusão, e também para retratá-la como um ser humano e não como um ícone, vou me referir a ela em geral pelo primeiro nome. Sem nenhum desrespeito. O mesmo é verdade quanto a Emmett Till e Carolyn Bryant. [N.A.]

Chicago negra. O movimento se tornou o mais importante legado desta história.[12] Suas memórias sobre caso, *Death of Innocence* [A morte da inocência], publicadas quase cinquenta anos depois do assassinato do filho, nos faz vê-lo como um ser humano, não apenas como uma vítima de um dos mais notórios crimes de ódio da história.[13]

Enquanto eu tomava o café e comia o bolo inglês que Carolyn Bryant Donham me serviu, esta me entregou uma cópia da transcrição do julgamento e os originais de suas memórias não publicadas, "More than a Wolf Whistle: The Story of Carolyn Bryant Donham" ["Mais que um assobio de fiu-fiu: a história de Carolyn Bryant Donham"]. Prometi entregar nossa entrevista e aqueles documentos ao arquivo apropriado, onde futuros estudiosos poderiam usá-los. Em suas memórias ela repete a história que contou no julgamento, empregando imagens do clássico filme de terror do Sul racista sobre o estuprador "Black Beast".[14] Mas quanto ao seu depoimento de que Till a agarrou pela cintura e murmurou obscenidades, agora ela me confessava: "Essa parte não é verdade."

Tendo nascido no Sul e sendo filho de um pastor, já estive em incontáveis salas de visitas arrumadas para receber convidados, em roupas de domingo, com deferências implícitas obrigatórias entre os mais jovens e os mais velhos, entre homens e mulheres e, com muita frequência, entre gente de pele escura e gente de pele clara. Como historiador, reuni um bocado de histórias orais no Sul e em todas as categorias de classes sociais. Os modos de agir são muito importantes, e as questões pessoais requeridas pela história oral às vezes são delicadas. Eu me sentia confortável naquele cenário, mas chocado por suas revelações, e tive de lutar para articular minha pergunta seguinte. Se essa parte não era verdade, perguntei, o que aconteceu naquela noite décadas atrás?

"Eu quero contar a você", disse Carolyn. "De verdade, só que eu não me lembro. Aconteceu cinquenta anos atrás. A gente conta essas histórias por tanto tempo que elas parecem verdadeiras, mas essa parte não é verdade." Há muito os historiadores sabem da complexa confiabilidade da história oral — de praticamente todas as fontes históricas, aliás — e da maleabilidade da memória humana, e a confissão dela era em parte um reflexo disso. O que significa quando você se lembra de alguma coisa que sabe que nunca aconteceu? Carolyn vinha ponderando sobre essa questão havia muitos anos, mas nunca em voz alta, em público ou numa entrevista. Quando afinal ela me contou a história de sua vida e os relatos radicalmente diferentes e muito mais detalhados sobre a morte de Emmett Till, foi a primeira vez em meio século que Carolyn pronunciou o nome dele longe de sua família.

Não muito depois de ter almoçado em Jackson, Mississippi, com Jerry Mitchell, o brilhante jornalista do *Clarion-Ledger* cujas investigações resolveram diversos casos passados de assassinatos na era da luta por direitos civis, falei sobre meus esforços para escrever sobre o caso Till e ele compartilhou comigo algumas de suas ideias. Poucos dias depois do nosso almoço recebi um envelope de papel-manilha com um endereço de remetente do Mississippi e evidências concretas de que "essa parte", como Carolyn tinha chamado o suposto assédio, nunca fora verdade.

Mitchell tinha me mandado cópias das anotações escritas à mão do que Carolyn Bryant dissera ao seu advogado no dia anterior à prisão de Roy e J. W., em 1955. Em sua primeira versão registrada dos eventos, ela disse apenas que Till a havia "insultado", não agarrado, e com certeza não tinha tentado estuprá-la. Os documentos provam que houve um momento em que ela parecia não saber o que havia acontecido, e que pouco depois se tornou porta-voz de uma monstruosa mentira.[15]

Agora, meio século depois, Carolyn apresentava outra verdade, uma inexorável verdade sobre a qual sua trágica contraparte, Mamie, também se mostrava inflexível: "Nada que aquele garoto fez poderia jamais justificar o que aconteceu com ele."

2

BOTAS NA VARANDA

Provavelmente foram os estampidos de botas na varanda que despertaram o reverendo Moses Wright de um sono profundo às duas da madrugada de domingo, 28 de agosto de 1955.[1] Wright era um meeiro de 64 anos, baixo e musculoso, de mãos calejadas e um nariz de tartaruga-marinha. Ordenado como pastor pela Igreja de Deus em Cristo, Wright às vezes pregava na igreja de blocos de concreto encravada num bosque de cedros a apenas oitocentos metros de distância; a maioria das pessoas o chamava de "Pregador". Vinte e cinco acres de plantação de algodão florido, pronto para a colheita, se estendiam atrás de sua casa de madeira sem pintura num canto escuro do Delta do Mississippi chamado East Money.[2] Wright sempre vivera no Delta, sem nunca ter tido qualquer problema com brancos.

A casa antiga e bem construída seria chamada de "casebre" por parte dos noticiários mais simpáticos, entretanto era a casa mais agradável de um arrendatário na fazenda de G. C. Frederick. O senhor Frederick respeitava o reverendo Wright e deixou sua família ocupar a casa baixa de quatro cômodos onde ele mesmo havia morado antes de construir a casa principal. O telhado de zinco inclinava-se na direção de caquizeiros e cedros que ladeavam a estrada de terra na frente da casa. Uma agradável varanda fechada com tela ocupava toda a fachada. Da varanda, duas portas se abriam diretamente para os dois quartos da frente; havia mais dois cômodos pequenos no fundo da casa.³

Os relatos sobre o que aconteceu na casa de Wright naquela madrugada variam ligeiramente, mas as entrevistas dadas aos repórteres pouco depois do acontecimento parecem ser as mais confiáveis. "Pregador! Pregador!", gritou alguém de dentro do alpendre. Era a voz de um homem branco. Wright sentou-se na cama. "Aqui é o senhor Bryant", disse outro homem branco. "Nós queremos falar com o garoto. Estamos aqui pra conversar sobre esse garoto de Chicago, o que botou aquela falação em Money."⁴ Wright pensou em pegar sua espingarda no armário; mas preferiu vestir um macacão e botas de trabalho e se preparou para sair.⁵

Seus três filhos ainda dormiam, Simeon, Robert e Maurice, bem como sua mulher, Elizabeth, e os três garotos de Chicago que estavam na casa para o verão: os dois netos, Curtis Jones e Wheeler Parker Jr., e o sobrinho Emmett, que eles chamavam de "Bobo". De alguma forma Wright tinha ouvido falar sobre a história envolvendo Bobo no armazém e casa de carnes de Bryant em Money. De início Wright teve medo de que houvesse algum problema, mas os detalhes vagos pareceram banais e o convenceram de que provavelmente não haveria repercussões.⁶ Se não tivesse pensado assim, teria posto o sobrinho no primeiro trem de volta para casa. Agora, com aqueles homens brancos irados na sua porta, ele decidiu ganhar tempo, na esperança de que Bobo escapasse pela porta de trás para se esconder. Wright diria então aos homens que o garoto já tinha tomado o trem para Chicago na manhã de sábado. "Quem é?", perguntou.⁷

No escuro, Wright ouviu, mais do que viu, Elizabeth se encaminhando depressa para os dois quartos do fundo para acordar os garotos. Simeon dormia numa das camas de metal azul com o querido primo Bobo.⁸ Robert dormia em outra cama no mesmo quarto. Curtis dormia sozinho no outro quarto do fundo. No quarto da frente, os dois filhos de dezesseis anos, Wheeler e Maurice, dividiam uma cama. Oito pessoas em perigo mortal.⁹

Mais tarde Elizabeth disse aos repórteres: "Nós sabíamos que eles queriam atacar o garoto." Não havia nem tempo nem necessidade de falar sobre o que fazer. Seu único recurso era óbvio: "Quando ouvi os homens na porta, corri para o quarto e tentei acordar Emmett para que ele fugisse pela porta de trás, em direção à lavoura de algodão."

Wright levantou da cama devagar e saiu para a varanda, fechando a porta da casa. Viu à sua frente um homem branco conhecido, de 1,87 metro de altura e pesando 110 quilos. "O homem era Milam", disse o pastor mais tarde. "Pude ver sua cabeça calva. Eu o reconheceria em qualquer lugar. Eu o reconheceria se o encontrasse no Texas."¹⁰ Na mão esquerda, o intimidante Milam segurava uma pesada lanterna de cinco pilhas. Na esquerda empunhava uma automática calibre 45 do Exército dos EUA.¹¹

Wright não reconheceu o homem mal-encarado de 1,80 metro de altura e uns 85 quilos, que se identificou como "senhor Bryant" e estava logo atrás de Milam, apesar de sua lojinha ficar a pouco mais de quatro quilômetros da casa.¹² Wright percebeu que ele também estava com uma pistola calibre 45 do Exército dos EUA. Quando os dois homens forçaram passagem para entrar na casa, o pastor sentiu o cheiro deles; àquela altura eles já deviam estar bebendo havia horas.¹³

Perto da porta da varanda, um terceiro homem virou a cabeça de lado e para baixo, "como se não quisesse que eu o visse, e não cheguei a reconhecer quem era", contou o pregador.¹⁴ Wright deduziu que o terceiro homem fosse negro, pois ele ficou no escuro, em silêncio: "Ele se comportava como um homem de cor."[15] Provavelmente era um dos negros que trabalhavam para Milam. Ou, se a intuição de Wright estivesse errada, poderia ser um amigo da família Milam-Bryant, Elmer Kimbell ou Hubert Clark, ou o cunhado deles, Melvin Campbell.[16]

Repetindo as palavras de Bryant, Milam falou: "Nós queremos conversar com o garoto de Chicago."[17]

Wright abriu devagar a porta do outro quarto, que levava ao quarto de hóspedes onde os dois filhos de dezesseis anos dormiam. O pequeno quarto logo foi invadido pelos odores espessos de suor e uísque; a luz tremulante e dispersa da lanterna de Milam iluminou rostos, armas e acessórios. "A casa estava escura como breu", relembra Wheeler Parker. "Não dava para enxergar nada. Foi como um pesadelo. Quero dizer... ver alguém de pé à sua frente com uma lanterna e uma pistola na mão é uma experiência apavorante quando você tem dezesseis anos."[18]

Milam e Bryant pediram a Wright para acender algumas luzes, mas Wright murmurou alguma coisa sobre as lâmpadas estarem queimadas.[19] O facho de luz da lanterna passou de Maurice a Wheeler e voltou a Wright. Os homens brancos continuaram. "Eles perguntaram onde estava o garoto de Chicago", lembra Maurice.[20]

"Nós andamos pelos dois quartos", contou Wright. Milam e Bryant, nitidamente impacientes, podem ter desconfiado que Wright estivesse ganhando tempo. Elizabeth tinha ido logo acordar Emmett, mas ele foi muito lento. "Eles chegaram à porta da frente antes que eu conseguisse acordar o garoto", declarou.[21]

Agora os dois homens brancos estavam ao lado da cama de metal azul onde o garoto de Chicago de quatorze anos dormia com o primo. "Foi você que botou falação lá em Money?", perguntou Milam.

"Fui eu, sim", respondeu Emmett.

"Bom, aquela era minha cunhada e eu não vou tolerar isso. E não me responda 'Fui eu, sim' senão eu estouro a sua cabeça.

Vista-se." Milam disse para Simeon fechar os olhos e voltar a dormir, enquanto Emmett pegou uma camiseta branca, uma calça grafite e sapatos pretos.[22]

Elizabeth ofereceu dinheiro para eles deixarem o garoto em paz. Curtis achou que Bryant poderia ter aceitado se não estivesse ali com o meio-irmão valentão, mas Milam gritou: "Mulher, volte pra cama, e eu quero ouvir as molas rangendo." Com um equilíbrio inimaginável, Wright explicou calmamente que o garoto tivera pólio quando criança e que nunca fora muito normal. Que não tinha más intenções, só não tinha muito bom senso. "Por que não dar uma boa açoitada no garoto e deixar como está? Ele só tem quatorze anos e nasceu no Norte."[23]

Milam virou-se para Wright e perguntou: "Quantos anos você tem, pastor?"

Wright respondeu que tinha 64 anos. "Se você criar problemas", disse Milam, "não vai viver até os 65."[24]

Milam e Bryant saíram com o garoto ainda sonolento pela porta da frente e foram até um veículo parado perto das árvores naquela noite sem lua no Mississippi. Wright ouviu as portas serem abertas, mas nenhuma luz interna acendeu; em seguida acredita ter ouvido uma voz perguntando "Esse é o garoto?", e outra voz responder "É". Mais tarde, Wright e outros especularam se Carolyn Bryant estava no veículo e havia identificado Emmett, tornando-se assim cúmplice de um assassinato. Mas, além de estar escuro, era difícil ouvir as vozes em tom baixo atrás das árvores, e Wright disse aos repórteres à época: "Não sei se era ou não uma voz de mulher." O veículo se afastou sem ligar os faróis, e ninguém na casa soube dizer se era uma picape ou um sedã.

Quando ouviu os pneus rodando pelo cascalho, Wright saiu para o quintal sozinho e ficou um longo tempo olhando na direção de Money.[25]

3

CRIADO COMO NEGRO EM CHICAGO

Foi o reverendo Wright quem fez os três garotos de Chicago, Emmett, Curtis e Wheeler, pensarem em ir ao Mississippi naquele verão de 1955, poucos dias depois de Emmett ter feito quatorze anos. Robert Jones, ex-paroquiano e sogro da filha de Wright, Willie Mae, tinha falecido em Chicago, e a família pediu a Wright para conduzir o funeral. Durante sua estada no Norte, ficou decidido que ele levaria Wheeler e Emmett para o Mississippi, e que Curtis iria um pouco depois.[1]

As lembranças que Wright guardou de Chicago são algumas das coisas mais agradáveis nesta história difícil. Enquanto estava na cidade ele passeou no trem elevado, fez uma excursão pelo enorme prédio do Merchandise Mart e pelo centro comercial e subiu ao alto da Tribune Tower, de 140 metros de altura, com pedras da Grande Pirâmide, do Forte Álamo e da Grande Muralha da China, entre outras construções famosas. Apreciou o cenário, mas não chegou a ficar tão entusiasmado. Reconheceu que a cidade tinha suas glórias, mas ressaltou os prazeres da vida rural no Delta. Quatro rios — o Yazoo, o Sunflower, o Yalobusha e o Tallahatchie — passavam perto da casa dele no Mississippi, e havia ainda sete lagos profundos. Sem dúvida era o melhor lugar do mundo para pescar.[2] Suas histórias deixaram Emmett encantado. "Para um garoto de espírito livre que adorava ficar ao ar livre", disse Mamie, a mãe de Emmett, "o tio-avô falou sobre muitas possibilidades e aventuras no Mississippi." Embora de início Mamie não quisesse deixar que ele fosse para o Sul, acabou cedendo ante a pressão dos argumentos de Emmett, que recrutou o apoio do resto da família.³

Um dos temas recorrentes nas histórias sobre Emmett Till é o de que, por ser do Norte, ele morreu no Mississippi porque não conhecia os costumes locais. Como um garoto de Chicago poderia saber qualquer coisa sobre segregação ou as frentes de batalha estabelecidas pela supremacia branca? É tentador retratá-lo, como fez sua mãe, como ingênuo quanto aos perigosos limites raciais; suas razões para pensar assim fizeram sentido na época, apesar de ser prova suficiente de inocência o fato de um garoto de quatorze anos ter sido sequestrado por adultos armados. Mas é um desafio à imaginação pensar que um garoto de quatorze anos da Chicago dos anos 1950 pudesse de fato ignorar as consequências da cor da sua pele.

O fator racial era tratado de formas diferentes em Chicago e no Mississippi, mas havia semelhanças. Depois do assassinato de Emmett, o articulista de um jornal, Carl Hirsch, teve a clareza de escrever: "As crianças negras que moram aqui no lado sul de Chicago ou em qualquer gueto do Norte não desconhecem Jim Crow* e a violência racial [...] A vinte minutos da casa de Till fica o Trumbull Park Homes, onde durante dois anos uma turba racista sitiou 29 famílias negras em um conjunto habitacional do governo." Emmett frequentava uma escola segregada, só para negros, numa comunidade "isolada como um gueto pela supremacia branca". Hirsch apontou: "Pessoas de todo lugar estão entrando na luta por causa da

---

*. Jim Crow: Denominação de leis locais e estaduais que reforçavam a segregação racial no Sul dos Estados Unidos. [N.T]

maneira como Emmett morreu, mas também pela maneira como ele foi obrigado a viver."[4]

Em pelo menos um aspecto Chicago era até mais segregacionista que o Mississippi. Um mapa demográfico da cidade em 1950 mostra 21 bairros étnicos: de alemães, irlandeses, suecos, noruegueses, holandeses, tchecos e eslovacos, escoceses, poloneses, chineses, gregos, iugoslavos, russos, mexicanos, franceses e húngaros, entre outros.[5] Esses grupos étnicos dividiam Chicago segundo um acordo tácito que claramente determinava que os alemães, por exemplo, deveriam morar na zona norte, os irlandeses na zona sul, os judeus na zona oeste, os boêmios e poloneses nas zonas sudoeste e noroeste, e os afro-americanos no "Cinturão Negro" da zona sul. Todos esses grupos tinham gangues que consideravam o próprio bairro como um lugar a ser defendido contra invasões de forasteiros. E os forasteiros mais visíveis eram os afro-americanos.

Jovens negros que andavam por outros bairros que não os seus faziam isso por sua conta e risco. Os que procuravam lugares onde se divertir, como parques e outras instalações públicas, eram especialmente vulneráveis. Essas eram lições que as crianças negras criadas na zona sul de Chicago aprendiam junto com o abecê.[6]

Como muitos de seus contemporâneos, Emmett adorava beisebol. "Ele era um cara legal", disse Leroy Abbott, de treze anos, um colega do Junior Rockets, o time de beisebol no bairro deles. "E um bom lançador... punha muito efeito na bola."[7] Com o White Sox e o Cubs em Chicago, pode parecer estranho que Emmett torcesse pelo Dodgers do Brooklin, mas, para um jovem negro entusiasta, era difícil resistir. Não só o Brooklin tinha rompido a barreira de cor contratando Jackie Robinson em 1947, como também contratou o *catcher* Roy Campanella no ano seguinte e, em 1949, adquiriu Don Newcombe, o herói de Emmett. Newcombe logo se tornou o primeiro lançador negro a começar uma partida da World Series e o primeiro a ganhar vinte jogos em uma temporada.[8]

Certa noite, quando Emmett tinha uns doze anos, Mamie o mandou ir ao mercado para comprar pão. Ele era muito confiável para esse tipo de coisas, mas quando voltava para casa viu alguns garotos jogando beisebol no parque. Foi até a cerca e conseguiu participar do jogo. Planejava ficar pouco tempo antes de voltar para casa com o pão; talvez a mãe nem ficasse sabendo, disse a si mesmo. Mas sua paixão pelo jogo falou mais alto: ele deve ter ficado absorvido com o cheiro de grama e os estalidos dos tacos, o golpe firme na bola de couro e a poeira das bases. "Então, imagino que ele tenha simplesmente deixado o pão de lado e entrado no jogo", lembra sua mãe. "E foi exatamente onde encontramos Bo-Bo e o pão. Claro que, àquela altura, parecia que o pão tinha sido usado pelos garotos como segunda base."[9]

Emmett era uma criança adorável, brincalhona e mais ou menos travessa, porém essencialmente bem-comportada. Passou seus primeiros anos em Argo, a menos de uma hora de trem da casa onde moraria em Chicago, e era muito próximo da mãe e de outros membros da família. Mas cresceu em uma das cidades mais difíceis e mais segregacionistas dos Estados Unidos. Sabia, como qualquer afro-americano em Chicago, que em Trumbull Park havia boas razões para os pais de família negros terem armas de fogo carregadas em casa. Emmett não precisava ir ao Mississippi para aprender que os brancos podiam se ofender até mesmo com a simples presença de uma criança negra, e ainda mais com uma que violasse os costumes locais.

O *City of New Orleans* foi o trem da Illinois Central Railway que partiu levando Emmett para o Mississippi, em agosto de 1955. A Illinois Central ligava Chicago ao Mississippi não apenas com suas chegadas e partidas diárias, mas também pela tragédia, pela esperança e pelos trilhos de aço da história. Durante seis décadas, entre 1910 e 1970, cerca de seis milhões de sulistas partiram de estados do Sul para terras prometidas por todos os Estados Unidos. Chicago, escreveu o poeta Carl Sandburg, tornou-se uma "estação receptiva e porto de refúgio" para mais de meio milhão deles, dos quais um grande número veio do Mississippi. "O mundo do Mississippi e o mundo de Chicago eram entrelaçados e interdependentes", escreve a historiadora Isabel Wilkerson, "e o que acontecia em um deles era facilmente observado de longe pelo outro." Pela linha da Illinois Central com destino ao Norte, os vagões de peregrinos vindos do Delta chegavam tão carregados, com o piso forrado de tantas caixas de papelão vazias nas quais haviam trazido comida de casa, que as pessoas os chamavam de "expresso dos ossos de galinha". Esses migrantes trouxeram com eles tradições musicais, culinárias, religiosas e comunitárias que se tornaram parte de Chicago; na verdade, o estreito istmo na zona sul onde os afro-americanos eram confinados costumava ser chamado de "Mississippi do Norte".[10] Mas o que eles encontraram lá não foi a Terra Prometida. Apesar de Chicago ser uma preciosa lufada de ar livre, os recém-chegados também enfrentavam uma incansável batalha com a classe trabalhadora branca em torno de limites entre os bairros e de espaços públicos.

A primeira onda da Grande Migração, entre 1910 e 1930, dobrou o número de afro-americanos em Chicago, que competiam por empregos e espaço com as primeiras gerações de migrantes, a maioria do sul e do centro da Europa. Tangidos para a zona sul e logo superando sua capacidade, os descendentes de escravos do Sul dos Estados Unidos transbordaram os limites dos pequenos guetos. A escassez habitacional os forçou a atravessar limites raciais invisíveis de bairros outrora só de brancos, onde enfrentaram ameaças e violência. Um estudo de 1919 sobre as relações raciais em Chicago chamou esses levantes de "uma espécie de guerra de guerrilha". Entre julho de 1917 e março de 1921, autoridades registraram 58 ataques a bomba em imóveis adquiridos ou alugados por afro-americanos em seções da cidade antes reservadas aos brancos.[11]

No dia 27 de julho, um domingo, um negro de dezessete anos chamado Eugene Williams atravessou uma dessas fronteiras invisíveis e provocou uma pequena guerra racial. Enquanto ele e os amigos nadavam em uma praia segregada no lago Michigan, a jangada de madeira em que estavam entrou em águas "brancas". Um homem branco atirou pedras nos garotos e acertou a cabeça de Williams, fazendo-o cair e se afogar. Em vez de prender os agressores, os policiais brancos afastaram os transeuntes negros que protestaram contra sua inação. Logo, veículos cheios de brancos armados invadiram bairros afro-americanos atirando a esmo. Atiradores negros retribuíram o fogo. Turbas de ambas as raças invadiram as ruas, apedrejando, espancando e esfaqueando suas vítimas. O tumulto perdurou por cinco dias naquele notório Verão Vermelho de 1919; a polícia abateu a tiros sete afro-americanos, as turbas brancas mataram mais dezesseis, e as turbas negras mataram quinze brancos. Milhares ficaram sem moradia como resultado de incêndios criminosos, e mais de quinhentos cidadãos, dois terços deles negros, ficaram gravemente feridos.[12]

A política do "Novo Negro" já estava em evidência antes mesmo dos levantes, mas depois se tornou bem mais marcante em Chicago, numa reação direta aos distúrbios raciais.[13] Apesar do luto pelos mortos, os afro-americanos de Chicago estavam orgulhosos por terem reagido em defesa de suas vidas e suas comunidades. Além disso, o orgulho pelos sacrifícios patrióticos e pelas façanhas militares de soldados negros na Primeira Guerra Mundial resultaram numa nova determinação para tornar os EUA um lugar seguro para a democracia.¹⁴ W. E. B. Du Bois, que exortou os afro-americanos no começo do conflito a deixar de lado suas mazelas específicas e apoiar sem reservas o esforço de guerra, escreveu:

> *Nós voltamos.*
> *Nós voltamos da luta.*
> *Nós voltamos lutando.*
> *Abram caminho para a democracia! Nós a salvamos na França, e pelo Grande Jeová, nós a salvaremos nos Estados Unidos*
> *da América, ou saberemos por que razão.*¹⁵

A revista *Crisis* de Du Bois, com uma circulação de 385 mil exemplares em 1915, vendeu 560 mil exemplares nos primeiros seis meses de 1917.¹⁶ A Universal Negro Improvement Association (UNIA) [Associação pelo Progresso Universal do Negro] de Marcus Garvey despertou o espírito de orgulho e autoafirmação dos negros em uma escala sem precedentes; o carismático movimento nacionalista negro jamaicano cresceu em todo o país, inclusive com um florescente comitê da UNIA em Chicago.¹⁷ Pais de afro-americanos começaram a comprar bonecas de pele escura para os filhos e a cantar o que em 1919 ficou conhecido como o "Hino Nacional Negro", composto anos antes por James Weldon Johnson da NAACP** [sigla em inglês para Associação Nacional para o Avanço de Pessoas de Cor]:

> *Lift every voice and sing*
> *Till earth and heaven ring*

**. National Association for the Advancement of Colored People, doravante Associação Nacional para o Avanço de Pessoas de Cor. [N.T.]

Ring with the harmonies of liberty [...]
Facing the rising sun of our new day begun
Let us march on until victory is won.***

A circulação de publicações "raciais" disparou.¹⁸ O *Chicago Defender* subiu de dez mil para 93 mil exemplares apenas durante os anos da guerra, tornando-se o jornal negro de maior circulação nos Estados Unidos. O *Defender* mandava dois terços de seus exemplares para fora de Chicago, muitos deles para o Mississippi.¹⁹ "Nós líamos o *Chicago Defender* na nossa varanda", recorda Helen O'Neal-McCrary, moradora do Mississippi, "as únicas notícias que os negros de Clarksdale podiam ler e nas quais podiam confiar."²⁰

"Eu não entendia a gravidade das restrições impostas pela segregação até sair daquele trem e respirar o ar mais livre de Chicago", escreveu um turista voltando de um verão no Mississippi.²¹ Se tivesse ficado mais tempo, contudo, esse migrante temporário poderia ter se decepcionado. Nas décadas posteriores ao sangrento conflito de 1919, o traçado das cores em Chicago foi ficando cada vez mais contrastado. A zona sul se tornou quase totalmente negra, e a zona norte, quase inteiramente branca. A Chicago onde Emmett Till cresceu tornou-se uma das cidades mais racialmente divididas de todas as cidades americanas, e assim permaneceria até o século XXI.²²

Nos anos 1940, Chicago liderou o país no uso de cláusulas contratuais raciais para aquisição de propriedades; essas restrições sobre quem podia comprar casas e onde cobriam mais ou menos a metade dos bairros da cidade. Corretores se recusavam a mostrar casas a compradores se os bairros não fossem

---

***. Ergam todas as vozes e cantem/ Até a terra e o céu tocarem/ Tocarem com as harmonias da liberdade [...]/ É hora de olhar o sol nascente de nosso novo dia/ Vamos marchar até chegar à vitória. [N.T.]

habitados por pessoas de sua raça. Muitos afro-americanos, independentemente de suas posses, não conseguiam fazer uma hipoteca e ficavam enrascados em um contrato de compra capcioso que acabava os levando à falência. As diretrizes de seguro hipotecário da Federal Housing Authority (FHA) [Secretaria Federal de Habitação] reforçavam as fronteiras raciais de Chicago ao negar seguros para hipotecas e empréstimos para reformas de quaisquer casas numa rua "branca" assim que uma família negra se mudasse para lá. Mais tarde, o ativista Saul Alinsky definiu ironicamente *integração* como "o intervalo de tempo entre a chegada do primeiro negro e a partida do último branco".[23]

Diversas "associações para melhorias do bairro" e gangues de rua lutavam para manter o bairro só para brancos; ataques a bomba por motivos raciais eram um dos métodos preferidos no final dos anos 1940 e início dos anos 1950. Em 1949, uma turba de dois mil brancos atacou um pequeno prédio de apartamentos em Park Manor, um bairro branco na zona sul, quando um casal de negros comprou o prédio. Novas manifestações de violência eclodiram em 1951, quando cinco mil brancos passaram vários dias lançando bombas incendiárias e saqueando um prédio no subúrbio de Cicero porque os proprietários haviam alugado um único apartamento a uma família negra. O governador de Illinois mandou a Guarda Nacional de Illinois para debelar o tumulto, o que deixou dezenove pessoas feridas. Em 1954 a Chicago Housing Authority reconheceu que "ataques a bomba são uma ocorrência noturna comum" em bairros para onde famílias afro-americanas haviam se mudado e que os brancos consideravam só seus.[24]

Em 1948 a Chicago Urban League [Liga Urbana de Chicago] informou que 375 mil moradores negros da zona sul viviam numa área que por lei só poderia abrigar 110 mil. A superpopulação resultou em condições sanitárias e de saúde abismais, com muitos prédios correndo risco de incêndios, e pressionou as fronteiras raciais ao redor das áreas afro-americanas: entre 1946 e 1953, seis episódios de tumultos envolvendo entre mil e dez mil pessoas foram causados por tentativas de cidadãos negros de se mudarem para áreas como Cicero, Englewood e Park Manor.[25] Vários bairros encenaram o drama familiar representado ao longo da extensão das fronteiras rígidas da segregação em Chicago. Famílias negras ascendentes tentando sair dos guetos concordavam em pagar um preço inflacionado por uma residência em um quarteirão outrora só de brancos. Alarmados, moradores brancos vendiam rapidamente suas casas, deixando que fossem compradas por preços de ocasião. Os novos proprietários subdividiam os apartamentos e casas em quitinetes e os alugavam para negros, aumentando substancialmente a renda obtida pelo prédio. Negligenciando reformas e manutenções, os proprietários — e toda a indústria imobiliária, na verdade — criavam as mesmas condições dos guetos de onde os pioneiros afro-americanos tinham escapado no primeiro ato dessa tragédia em três atos. "No 'cinturão de bangalôs' de Chicago, onde um grande número de famílias europeias étnicas das classes trabalhadoras tinham suas casas", observa o historiador e crítico cultural Craig Werner, "os primeiros sinais do padrão deprimente geraram uma resistência feroz, o que é compreensível. O resultado foi o que um historiador chamou de 'guerra de guerrilha urbana crônica'."[26]

O pior e mais longo conflito habitacional de Chicago durou de 4 de agosto de 1953 até o outono de 1955.[27] Começou quando Donald e Betty Howard e seus dois filhos se mudaram para Trumbull Park Homes, um empreendimento com 462 unidades em South Deering, perto das siderúrgicas. O projeto vinha sendo mantido só para brancos desde a inauguração, em 1939, mas Betty Howard, de pele mais clara, conseguiu comprar o imóvel porque a Chicago Housing Authority a identificou de forma errada durante sua entrevista. Em 9 de agosto, uma turba de dois mil brancos furiosos estava atirando tijolos e bombas incendiárias enquanto Donald Howard protegia o apartamento da família com uma espingarda. Os justiceiros brancos usaram fogos de artifício para assediar e intimidar os Howards durante a noite. Apesar de a polícia providenciar transporte para a família entrar e sair de Trumbull Park, assim que os Howards chegavam em casa os policiais pouco faziam pela segurança do casal, simplesmente deixando as ruas para a horda. Em 10 de agosto a horda de brancos apedrejou trinta motoristas negros de passagem e atacou um ônibus municipal transportando afro-americanos, quase emborcando o veículo antes da intervenção da polícia. Durante todo esse período, o prefeito Martin Kennelly nada declarou sobre a violência vigente.

Quando subiu para dez o número de famílias afro-americanas em mudança para Trumbull Park, a então chamada South Deering Improvement Association [Associação para Melhorias de South Deering] manteve suas manifestações ativas e organizou retaliações econômicas às lojas do bairro que serviam clientes afro-americanos. Os parques da cidade se tornaram campos de batalha específicos: quando jovens negros tentavam usar um campo de beisebol no bairro, o Departamento de Polícia de Chicago precisava despachar quatrocentos policiais para protegê-los. Em sinal de protesto, Willoughby Abner, membro do sindicato comercial e presidente da NAACP de Chicago, organizou um *play-in* de beisebol no principal parque de South Deering; a United Packinghouse Workers of America (UPWA) [Trabalhadores Unidos do Setor de Embalagens dos EUA], um sindicato inter-racial, mas cada vez mais negro e dedicado aos direitos civis, forneceu seu apoio quando Abner mobilizou a NAACP e processou a cidade por inação. Ainda assim as condições em South Deering não mudaram de forma significativa; no final de 1954 o diretor da Federal Housing Administration [Administração Federal de Habitação] de Chicago definiu o Trumbull Park como "uma chaga supurada na nossa vida cívica".[28]

Os moradores brancos acreditavam que essa "incursão" de negros era apenas o gambito de abertura de uma campanha de infiltração racial: logo os afro-americanos comprariam casas particulares, fazendo o valor das propriedades desabar, e passariam a assumir "empregos brancos" na Siderúrgica de Wisconsin ali perto. O cerne da violenta resposta branca, contudo, foi mais visceral: como muitos brancos no Sul Profundo, os moradores brancos de South Deering tinham horror ao sexo inter-racial. O *South Deering Bulletin* declarou: "Os brancos construíram esta área [e] nós não queremos fazer parte dessa mistura racial." Um inspetor habitacional enviado a South Deering afirmou que os moradores brancos insistiam em afirmar: "Não vai demorar muito para casamentos entre negros e brancos ser uma coisa comum e a raça branca descer a ladeira." A Associação para Melhorias de South Deering recrutou brancos ostensivamente para as manifestações vigentes no Trumbull Park ao promover "essa luta contra a integração forçada e a miscigenação racial".[29] Walter White, da NAACP, via a triste ironia: embora os afro-americanos tivessem fugido do Mississippi para escapar ao terror racial, a violência em Chicago demonstrava que o "Mississippi e o Sul [os seguiram] até aqui".[30]

Mas ainda que a batalha contra a integração em Chicago tenha aderido a alguns dos mesmos temas da batalha no Mississippi, havia uma grande diferença: os afro-americanos de Chicago podiam votar. Assim, quando o prefeito Kennelly ignorou as reclamações sobre a violência das turbas e a segregação habitacional e esqueceu que os afro-americanos dispunham de uma força considerável no Partido Democrata, isso custou o seu cargo. Kennelly desrespeitou William Dawson, o mais poderoso deputado negro eleito nos EUA, que presidia a máquina política negra — parte crucial da máquina maior do Partido Democrata de Chicago. Dawson supervisionava diversos membros do comitê de vigilância afro-americano, presidentes de comitês partidários e pessoas que trabalhavam nas eleições. Trocava votos negros por empregos patrocinados pela proteção de lucrativas loterias e táxis ilegais na zona sul, uma das principais fontes de seu financiamento político. Quando o departamento de polícia de Kennelly começou a fustigar as loterias e os táxis ilegais, Dawson declarou guerra. Sua oposição a Kennelly fez com que outro irlandês, Richard Daley, chefe da máquina dos democratas, encontrasse seu lugar.[31]

Analistas de Chicago esperavam que os afro-americanos vissem grandes mudanças em termos das fronteiras raciais se Daley fosse eleito prefeito. Por essa razão, muitos eleitores negros devem ter ficado surpresos quando se tornou claro que os planos de Daley para Chicago apoiavam-se em seu comprometimento com a segregação racial em escolas e habitações. Outros podem ter ficado decepcionados ao descobrir que o deputado Dawson concordava com esse compromisso, ainda que por diferentes razões.[32]

Para Dawson era muito simples: ele não queria dispersar os eleitores negros cujos votos eram a fonte de seu poder. Concentrados no corredor da State Street na zona sul, os eleitores negros eram administráveis. O mesmo acontecia com os guetos, onde as pessoas jogavam na loteria e onde a falta de transporte público tornava os táxis ilegais uma parte essencial da vida; essas duas operações ilícitas despejavam dinheiro nos cofres da campanha de Dawson. Em troca de sua capacidade de angariar votos negros, Dawson esperava que Daley mantivesse a polícia longe das loterias e dos motoristas de táxis ilegais. Também esperava que Daley repartisse com ele uma parte dos empregos patrocinados pela cidade. Assim, no que dizia respeito a Dawson, a preservação do *status quo* racial era uma necessidade prática e um bom negócio.[33]

Daley, por outro lado, refletia o conservadorismo pétreo que prevalecia na maioria dos bairros brancos, étnicos e da classe trabalhadora nos anos 1950. Acreditava na separação racial do tipo que marcou seu próprio bairro de Bridgeport e os diversos bairros étnicos com que fazia fronteira, em especial o gueto negro da zona sul. Os negros pertenciam ao outro lado da Wentworth Avenue, e isso não se discutia. Daley chegou ao poder numa época em que a população negra batia altos recordes, quando a classe média de Chicago e boa parte dos negócios no centro da cidade começavam a fugir para os subúrbios, ajudados por empréstimos baratos da FHA, impostos mais baixos e as novas rodovias dos EUA. Bairros "brancos" se transformaram em bairros "negros" quando afro-americanos pobres se despejaram do Sul. Daley pretendia resgatar Chicago dessa dinâmica construindo uma nova cidade, baseado num compromisso de segregação não explícito.

No entanto, o voto afro-americano dirigido pela máquina de Dawson era numeroso demais para ser ignorado por uma máquina democrata como a de Daley, por isso ele apelou para ambos os lados da delicada questão envolvendo raça. Compreendeu o ponto de vista de Dawson e deixou claro que as loterias ilegais e os táxis não licenciados não sofreriam restrições legais sob o governo dele. Apresentava-se como um defensor dos direitos civis da comunidade negra, inclusive fingindo apoiar a ideia de que todos tinham o direito de viver aonde seus talentos os conduzissem.

Para as comunidades brancas, no entanto, ele disseminava a informação de que preservaria os limites de cor em termos de habitação. Fazia apelos raciais tranquilizantes nos bairros das classes trabalhadoras brancas, circulando cartas da inexistente "Associação Cívica dos Negros Americanos" que elogiavam seu adversário por apoiar a liberdade de habitação. Falava a favor de conjuntos habitacionais públicos, mas sempre acrescentava: "Não vamos discutir sobre onde estarão localizados." Nomeou um comitê para estudar os problemas raciais das casas de Trumbull Park, mas assegurou-se de que nada seria feito a respeito.

Em 20 de abril de 1955, Daley foi eleito ao cargo com uma grande maioria de votos negros, quatro meses antes de Emmett Till embarcar no *City of New Orleans* com o tio-avô Moses Wright e o primo Wheeler Parker para o Mississippi. No outono, já bem depois da eleição, a NAACP de Willoughby Abner reuniu cinco mil manifestantes diante da prefeitura portando cartazes que protestavam contra a segregação racial vigente na cidade: "Trumbull Park — O Pequeno Mississippi de Chicago".[34]

# 4

EMMETT EM CHICAGO E O "PEQUENO MISSISSIPPI"

Mamie Carthan, uma criança gorducha e inteligente, nasceu em Webb, no Mississippi, "que não era bem uma cidade", como lembra, sendo mais um punhado de lojas "à procura de uma cidade". A rua principal dividia o lado branco do lado negro da pequena e poeirenta comunidade. "Quase qualquer lugar teria sido melhor que o Mississippi nos anos 1920", considerou. Em 1924 a Grande Migração levou Alma e Wiley Nash Carthan e sua filha de dois anos para Argo, Illinois, uma cidade com menos de três mil habitantes a cerca de vinte quilômetros de Chicago. Wiley tinha arranjado um emprego na principal empresa de Argo, a Corn Products Refining Company [Companhia de Refinação de Produtos de Milho].

Não demorou muito para que os Carthans passassem a se referir a Argo como o "Pequeno Mississippi". Outros membros da família já tinham estabelecido uma cabeça de ponte para parentes, amigos e até estranhos que ouviam falar de que poderiam encontrar trabalho em Chicago ou em Argo. A avó de Mamie fundou uma igreja para os migrantes. "Enquanto eu crescia", escreveu Mamie mais tarde, "realmente parecia que quase todo mundo do Mississippi passava pela nossa casa — uma espécie de ilha da Estátua da Liberdade de Chicago."[1]

O Mississippi da sua memória continuava sendo o lugar original de antepassados e uma terra de fantasmas e terror.

"Histórias de todos os tipos chegavam do Mississippi com os negros que fugiam para salvar suas vidas", escreveu Mamie. Uma delas era de um terrível linchamento em Greenwood, de mais um jovem mutilado e enforcado numa árvore, não longe de Money, onde seu tio Moses e a tia Elizabeth Wright moravam. O linchamento de Greenwood "foi o tipo de coisa horrível que só se ouve falar ao redor daquela área". Nas décadas anteriores à era dos direitos civis, assassinatos raciais em regiões remotas do Sul Profundo normalmente não eram publicados pela imprensa nacional, nem mesmo pela imprensa local.[2] O que os migrantes ficavam sabendo por relatos orais era considerado como fato. O Mississippi superava o resto do país em qualquer medida de comparação em termos de linchamento: o maior número de linchamentos, a maior proporção de linchamentos *per capita*, o maior número de linchamentos sem prisão e condenação, o maior número de vítimas mulheres, o maior número de linchamentos múltiplos e assim por diante.[3] Escrevendo sobre sua juventude no Mississippi nos anos 1920, Richard Wright observou: "As coisas que influenciaram minha conduta como negro não precisavam acontecer diretamente comigo; eu só precisava ouvir sobre elas para sentir todos os efeitos nas camadas mais profundas da minha consciência. Na verdade, a brutalidade branca que não vi foi uma influência mais efetiva no meu comportamento que aquelas de que eu ficava sabendo."[4]

Mamie era assombrada pela história de uma garotinha negra que estava brincando com uma menina branca na casa da família branca onde a mãe trabalhava. A menina branca ficou irritada com a garota negra e correu para contar ao pai, que chegava do trabalho. O pai, furioso, agarrou a garota negra, sacudiu-a como uma boneca de pano e jogou-a contra uma árvore no quintal. "E a mãe da garota teve de terminar seu dia de trabalho antes de cuidar da filha, que foi deixada se contorcendo em dores pelo resto do dia", recordou Mamie muitos anos depois. "A garotinha acabou morrendo por causa dos ferimentos." Isso era uma "história de alerta", disse, uma história de terror baseada numa experiência real, fosse ou não verdadeira em seus detalhes específicos. "A história era verdadeira? Não sei. Só sei de uma coisa: a realidade em que vivíamos ficava em algum lugar entre os fatos que conhecíamos e a angústia que sentíamos."[5]

Apesar de Argo ser tão perto que poderia fazer parte de Chicago, a realidade que a família Carthan vivia era a de "uma cidadezinha sonolenta onde os brancos chamavam os negros pelo primeiro nome e onde os negros nunca se atreveriam a fazer o mesmo".[6] A segregação era aleatória e imprevisível. "Alguns garotos ou adultos brancos de Argo poderiam se mostrar malvados e maltratar crianças negras só por ruindade", lembra Gerald V. Stokes, que cresceu em Argo durante os anos 1950. As crianças negras de Argo eram ensinadas a jamais entrar em restaurantes ou estabelecimentos comerciais a não ser na companhia de um adulto: "Elas eram alertadas para nunca tomarem atalhos que passassem por bairros brancos para ir à escola. Eram alertadas para nunca falar com estranhos, principalmente com estranhos brancos, ou responder [a] pessoas brancas." Em Argo, de acordo com Stokes, "aconteciam coisas ruins com criancinhas negras nas mãos de brancos estranhos".[7]

Argo era uma comunidade formada por imigrantes, quase todos do Mississippi, que chegaram em busca da Terra Prometida e encontraram algo bem menos grandioso. Mesmo assim, as crianças brincavam alegremente nas ruas até o anoitecer. Mães e pais sentavam-se em bancos e riam em voz alta sem se preocupar com quem os ouvisse. Os bairros compartilhavam o acesso a telefones, que eram raros, ou simplesmente gritavam para se comunicarem com amigos nas ruas. "Todo mundo falava alto e livremente", escreve Stokes. "Eles se sentiam seguros no negrume de suas vidas."[8] Mamie concorda: "A gente podia mais ou menos ver tudo do nosso lado, na calçada na frente das casas. A escola elementar era bem do outro lado da rua, a igreja não era muito longe na mesma rua, e à direita, preenchendo o horizonte distante, via-se a fábrica da refinaria de milho. Era todo o nosso mundo."[9]

Todos os vizinhos próximos dos Carthans eram membros de famílias vindas do Mississippi. Tia Marie, o tio Kid e seu primo "June Bug" moravam a oeste dos Carthans. Tio Crosby e sua família moravam a leste. Logo atrás moravam tia Babe e o tio Emmett. O tio-avô de Mamie, Lee Green, morava do outro lado da rua. Isso deve ter amenizado um pouco o fato terrivelmente difícil de o pai de Mamie ter abandonado a família em 1932, quando ela tinha onze anos, a fim de se mudar para Detroit e se casar com outra mulher. Mesmo depois da partida do pai, Mamie cresceu no seio de sua família estendida, muito amada e protegida dos vários perigos multifacetados do Mississippi e da Chicago que E. Franklin Frazier chamava de "A Cidade da Destruição".[10]

Não só parentes do Mississippi eram bem-vindos e se sentiam à vontade na casa dos Carthans. "Nossa casa era um ponto de encontro, um local de reuniões, o centro da comunidade", lembra-se Mamie, cuja profunda ligação com a mãe nunca diminuiu. "Era o lugar onde *mama* tinha ajudado [a mãe dela] a fundar a Igreja do Templo de Deus em Cristo de Argo e onde ela recrutava novos membros em praticamente cada novo migrante do Mississippi." No "Pequeno Mississippi" eles estabeleceram uma vida nova, apoiados pela refinaria de produtos de milho e rodeados pela família, mas continuavam ligados ao Sul.[11] No verão, os negros de Argo sentiam a obrigação implícita de visitar a família no Mississippi e se reconectar com o mundo social e espiritual que continuava definindo suas vidas.[12]

No dia 14 de outubro de 1940, com dezoito anos, Mamie se casou com Louis Till, um jogador atlético e corpulento adepto dos jogos de azar e do pôquer e que adorava boxe. "Eu engravidei logo de cara e, como já era meio gordinha, logo comecei a engordar", contou ela depois a um repórter. "Isso provocou muito falatório na vizinhança." Emmett Louis Till nasceu no Hospital do Condado de Cook em 25 de julho de 1941, depois de um longo e difícil trabalho de parto. Complicações médicas resultantes de um nascimento fora de posição deixaram cicatrizes no bebê por causa dos instrumentos e um dos joelhos bem machucado, entre outros ferimentos. Os médicos acharam que alguns danos poderiam ser permanentes, mas felizmente estavam enganados. Mamie ficou com a saúde abalada durante meses, mas com dois meses de idade Emmett "era um lindo bebê, com uma atitude solar e todos os sinais de que seria normal". Segundo o relato de Mamie, seu marido não foi nenhuma vez ao hospital para ver o filho ou a mulher.[13]

A família já tinha dado o apelido de "Bobo" antes mesmo de o bebê nascer, e o nome pegou. Por ter nascido com a pele muito clara, cabelos louros e olhos azuis, os vizinhos bisbilhotaram: o leiteiro e o sorveteiro se tornaram suspeitos, segundo Mamie. Porém, logo o cabelo de Emmett escureceu, seus olhos ficaram castanhos e ele gostava tanto de Louis que não houve dúvidas quanto à paternidade.[14]

Autoritário e mal-humorado, Louis Till não gostava que a mulher passasse tanto tempo na casa da mãe depois do nascimento de Emmett. Queria encontrar o jantar esperando por ele quando voltasse para casa de seu emprego na refinaria. Se Mamie e o bebê ainda estivessem na casa da mãe, ele se mostrava abusivo e violento quando ela voltava. Em um desses episódios Mamie jogou água fervendo no marido. Mamie e o bebê acaram indo morar na casa da mãe, e em 1942 ela e Louis se separaram defitivamente.[15]

Os esforços de Louis para se reconciliar também se tornaram abusivos, e Mamie obteve uma ordem de restrição contra ele, as quais Louis continuou violando de forma persistente. Ela conta que poucos anos depois um juiz finalmente deu a Louis a escolha entre a prisão e o serviço militar. Ele entrou para o Exército e mandava regularmente para a família uma pensão para o filho de 22 dólares por mês. Em julho de 1945 os cheques pararam de chegar e um telegrama do Departamento de Defesa informou que Louis havia sido executado na Itália por "má conduta intencional". Depois o Exército mandou ao advogado dela um registro da corte marcial, que teria explicado que Louis fora condenado por estupro de duas mulheres e pela morte de outra enquanto estava acantonado na Itália. O Exército mandou seus poucos pertences a Argo, inclusive um anel de prata gravado com as iniciais "L.T". Mamie guardou o anel, achando que Emmett poderia ficar com ele algum dia.[16]

Quando aprontava alguma reinação, Emmett se enfiava embaixo da cama e ficava espiando para ver se havia alguém atrás dele. Mamie se sentia totalmente desarmada diante de suas traquinagens divertidas e mal conseguia pensar em chamar sua atenção.[17] A mãe dela era a responsável pela ordem e pela disciplina na casa. Do ponto de vista de Alma Carthan, ela agora tinha dois filhos. "Eu era a filha mais velha, Emmett era o caçula", explicou Mamie. "Nós parecíamos mais irmão e irmã, como amigos, naquele tempo, e isso acrescentou uma dimensão singular na ligação entre mãe e filho que forjaríamos nos anos seguintes."[18]

Esse elo ficou ainda mais forte depois de uma crise que se abateu sobre eles no verão de 1946. Emmett tinha acabado de completar seis anos. A mãe percebeu que, apesar de ter bastante energia durante o dia, ele parecia murchar de cansaço todas as noites. Não era típico dele, que normalmente era um dínamo até a hora de dormir. Logo depois, sua temperatura começou a subir bruscamente todas as noites. Alma e Mamie esfregavam "gordura de ganso" em seu corpo e o faziam tomar "chá de casco" todas as noites. "Esses remédios supostamente curavam um monte de coisas", escreveu Mamie. "Nunca soube como ou por quê. Nem sabia de que bicho vinha o casco daquela caixinha de chá. Tampouco sabia como funcionava [a gordura de ganso]. Só sabia que todo o pessoal do Mississippi usava."[19]

Mas Emmett só piorava com os remédios caseiros, por isso elas chamaram um médico, cujo diagnóstico partiu o coração de Mamie: "Poliomielite era a pior coisa que podia acontecer naquela época. Não matava, mas assim mesmo podia acabar com a vida de alguém." A poliomielite ameaçava danificar os membros de forma permanente e incapacitar pelo resto da vida. O médico ordenou que Emmett ficasse em casa de quarentena; não podia sair de casa, e tampouco ninguém podia vir visitá-lo, um decreto contra o qual o garoto de seis anos se opôs. "*Mama* tinha de ficar com Emmett o tempo todo, praticamente o segurando na cama", lembra-se Mamie.[20]

Depois de trinta dias "ele tinha vencido a doença [...] Finalmente estava de pé e correndo de novo e praticamente abriu um buraco na janela para sair".[21] A pólio deixou-o com uma gagueira perceptível e os tornozelos fracos, que o impediam de se movimentar incansavelmente pelo mundo. Afetivo e vivaz, ele tinha vários brinquedos e muitos amigos, de forma que o quintal de sua avó se tornou uma espécie de parquinho da vizinhança. Ele e os amigos jogavam beisebol e basquete no pátio da escola e no parque ali perto, e em ocasiões especiais eles gostavam de ir ao zoológico de Brookfield, a uns cinco quilômetros de distância.

Na mesma época em que Emmett se recuperou da pólio e começou a ir ao campo de beisebol, os primos de Mamie, Hallie e Wheeler Parker pai, se mudaram do Mississippi para a casa ao lado. Era a casa onde seu tio Crosby morara até resolver voltar para o Mississippi. Emmett e Wheeler Jr., que era dois anos mais velho, se tornaram melhores amigos.[22]

À parte aquele mês de dores e a solidão da quarentena, os três anos em Argos, de 1947 a 1950, foram um paraíso para Emmett, rodeado de companheiros de brincadeiras e com o melhor amigo morando na casa ao lado. Por isso, quando Mamie e Emmett se mudaram para Detroit, em 1950, onde Mamie foi trabalhar no centro de treinamento de Fort Wayne e morar com o pai, Emmett se sentiu muito triste. No ano seguinte Mamie conheceu Pink Bradley, operário da fábrica de automóveis da Chrysler, e casou-se com ele depois de um breve romance. Ao ver a tristeza de Emmett aumentar cada vez mais, Mamie resolveu que o garoto devia voltar a Argo e morar com o tio Kid e a tia Marie.[23] Quando Pink perdeu o emprego na Chrysler, ele e Mamie se estabeleceram em Chicago, onde ocuparam um apartamento na South St. Lawrence, bem perto do apartamento para o qual a mãe dela havia se mudado pouco antes. Emmett ficou contente em se juntar a eles.[24]

Mas Pink começou a passar os fins de semana em Detroit, a umas cinco horas de distância de carro. Aos poucos foi passando cada vez mais tempo em Detroit, afastando-se do casamento. Quando ficou sabendo que Pink tinha outra mulher em Detroit, Mamie e a mãe trocaram as fechaduras e jogaram as roupas dele no quintal.[25]

Agora Alma, Mamie e Emmett estavam juntos de novo, com Emmett, traquinas e imitador por natureza, mantendo todos entretidos. "Desde o comecinho a gente dava risada com Emmett", escreveu Mamie. "Eu ouvia piadas de galinhas atravessando a rua e outras adivinhações de criança. Aquelas velhas e cansativas piadas que ainda eram novas para ele. Às vezes propunha charadas que pareciam ter sido inventadas por ele, pois não faziam sentido. Ou talvez você precisasse ser [criança] para entender."²⁶ Elas compraram uma televisão, e Emmett aprendeu a imitar os primeiros comediantes. "Ele conhecia a rotina de todos os maiores cômicos da televisão", recorda Simeon Wright. "Red Skelton, Jack Benny, Abbott e Costello, e George Gobel. Gobel, com seu rosto inexpressivo, era um dos favoritos de Bobo."²⁷

A plateia de Emmett incluía o bando de garotos com que andava nos fins de semana em Argo, onde podia chegar em menos de uma hora no ônibus que passava pela 63ʳᵈ Street. Os primos Wheeler, William e Milton Parker eram companheiros fixos de brincadeiras, assim como os primos Crosby "Sunny" Smith, Sam Lynch e Tyrone Modiest, e os amigos Donny Lee Taylor e depois Lindsey Hill. "Quando aqueles garotos se reuniam a gente ria sem parar", relembra sua mãe.²⁸

Às vezes a mãe levava os meninos à praia do lago Michigan. Era preciso tomar cuidado, claro, pois a segregação nas praias públicas, apesar de não haver leis a respeito, era um fato da vida nos anos 1950.²⁹ Mas isso não estragava o prazer dos meninos. Um dia a turma de Argo resolveu vestir os trajes de banho em casa e levar as roupas na mão. "Donny Lee cometeu o erro de adormecer no carro com Bo", escreveu Mamie. "Quando acordou, percebeu que estava com a cueca na cabeça."³⁰

Em noites quentes os garotos encenavam o *doo-wop** embaixo de um poste de iluminação. O mais provável é que fosse Emmett, que todo mundo descrevia como um *showman* por natureza, que "gostava de holofotes", e que tinha apresentado essa forma de diversão aos primos.³¹ Durante os anos 1950, as apresentações de *doo-wop* nas esquinas da zona sul misturavam harmonias de gospel com letras pop e produziram

---

*. *Doo-wop*: estilo de música pop caracterizado pelo uso de vocais harmônicos cantando letras sem sentido, originado nos EUA nos anos 1950. [N.T.]

grupos como os Dells e os Flamingos, além de cantores como Curtis Mayfield e Jerry Butler.[32] Segundo Mamie, contudo, os garotos de Argo não corriam o risco de fazer sucesso: "Para esse grupo de garotos embaixo de um poste de iluminação na calçada, a música era desafinada, era fora de ritmo, era perfeita. A apogiatura de suas vidas juvenis."[33]

Emmett pareceu florescer nos anos em que morou em Chicago e brincava em Argo. Matriculou-se no quinto ano da Escola Elementar James McCosh, a dois quarteirões de onde morava, na South St. Lawrence. A McCosh era uma escola só para negros com 1.600 alunos, que abrangia desde a pré-escola até a oitava série e uma faculdade inter-racial. "Emmett nunca teve problemas disciplinares", disse o diretor aos repórteres. "Tendia a ser mais calado. Como estudante, sempre ficou na média." Os professores notaram que era muito próximo da mãe e que frequentava a igreja regularmente.

O pastor da Igreja de Deus em Cristo de Argo — a igreja fundada muitos anos antes na casa de Alma Carthan — contou que o jovem Emmett tomava o ônibus da 63rd Street todas as manhãs de domingo para ir à igreja que frequentava na infância. Wheeler Parker pai, tio de Emmett e superintendente da escola dominical, explicou que Emmett teve um registro de presença quase perfeito durante todos os anos.[34] "Ele gostava de ir à igreja", disse sua mãe, que ia com muito menos frequência, "e era influenciado pela avó, uma mulher muito religiosa."[35]

Quando o casamento da mãe com Pink Bradley terminou, em 1953, Emmett assumiu responsabilidades domésticas mais adultas. "Como eu precisava trabalhar para ganhar a vida, Bo fazia todas as tarefas de casa e ainda lavava a roupa", contou Mamie. "Eu cozinhava, mas até isso ele aprendeu um pouco. Era um bom dono de casa."[36] Eva Johnson, que morava na casa ao lado, se recorda "da vez em que ele tentou fazer uma surpresa para a mãe com um bolo". Saiu um bolo amarelo "feito com ovos, como um bolo inglês, só que usando mistura pronta". Emmett pediu a Johnson para dizer o que havia de errado com o bolo. "Pelo amor de Deus, ele ficou olhando até o bolo começar a crescer e aí começou a mexer a massa! Eu disse que o bolo estava arruinado [e] que era melhor ele simplesmente desistir."[37]

As responsabilidades cada vez maiores levaram o jovem Emmett rapidamente à beira da idade adulta. "Mesmo tomando conta de cada vez mais coisas para mim, nos intervalos ele não deixava de fazer suas próprias coisas", observou Mamie. Usava um chapéu de palha e gravata quando ia à igreja, e até no campo de beisebol tentava estar sempre elegante. Mas, se isso era para impressionar as garotas, parecia que ele não era muito bom nisso. Até os quatorze anos ele só tinha saído com uma garota, e nunca realmente teve uma namorada. Às vezes ainda gaguejava, um efeito da pólio que perdurou. Só tinha 1,65 metro de altura, mas era troncudo e pesava uns setenta quilos. O tio-avô Moses concorda: "Ele parecia um homem."[38]

Por isso, é compreensível que a mãe tenha concordado com a proposta da viagem para Money, mas também que tenha feito longos discursos sobre as diferenças entre o Mississippi e Chicago. Insistiu em que Emmett evitasse conversar com brancos, que falasse somente quando alguém perguntasse alguma coisa e que sempre dissesse "Sim, senhora" e "Sim, senhor", ou "Não, senhora" e "Não, senhor". Se uma mulher branca vir andando na sua direção na calçada, passe pelo meio-fio e abaixe os olhos. Se surgir qualquer discussão com alguma pessoa branca, seja humilde e concorde com ela. Emmett disse que já sabia de tudo isso, que a mãe já o tinha ensinado como se comportar.

No foco das atenções que se seguiu ao assassinato do filho, Mamie afirmou: "Essa foi a primeira vez que cheguei a falar com Emmett sobre raça." Pode ser. "Afinal de contas, como se dá um curso rápido sobre ódio a um garoto que só conheceu o amor?" Certamente é verdade que Emmett foi criado cercado de amor, e não há registro de ele ter participado de qualquer batalha racial em Chicago. Mas é improvável que esta tenha sido a primeira vez que ela disse que o filho precisava tomar cuidado. Na Chicago segregacionista e quase sempre violenta dos anos 1950, Emmett não precisava pegar um trem para o sul para descobrir que ser negro o transformava em um alvo em potencial, assim como não precisava que a mãe explicasse esses fatos a ele.

Mamie e Emmett ficaram de se encontrar com o tio Moses e Wheeler na estação de Englewood mais ou menos às oito horas da manhã. Ficava praticamente na esquina, mas mesmo assim quando o trem apitou Mamie ainda estava comprando a passagem de Emmett e eles tiveram de correr para pegar o trem. "Ele gostava de chegar por último", disse Wright mais tarde. "Se tivesse chegado cinco minutos mais tarde, ele teria perdido o trem." Depois de um beijo rápido ele partiu, usando o anel de prata do pai com as iniciais "L.T." e acenando para a mãe na plataforma.[39]

5

CORONHADAS NO NATAL

"A cor da nossa pele não fazia diferença nenhuma quando éramos jovens", mentiu Carolyn Bryant com certa tristeza, olhando para oito décadas atrás. Estava bem acompanhada em sua falsa afirmação. Mas, ao contrário de outros americanos brancos, Carolyn era capaz de ser honesta e até lúcida em questões raciais. "Quando fiquei mais velha", continuou, "aprendi que não era legal ter amigos negros, [apesar de que] nossos pais nos ensinaram que todo mundo merece respeito."[1]

Carolyn Holloway nasceu numa tarde quente e úmida de 23 de julho de 1934 na fazenda da família Archer, a cerca de dezesseis quilômetros de Cruger, Mississippi, perto de uma estrada de asfalto empolado do Delta. Nasceu prematura, pesando somente dois quilos, no dia do aniversário do pai.[2]

"Nós morávamos numa casa grande na fazenda", contou-me Carolyn. "Não era *a* casa-grande, só uma casa grande, construída para o administrador da fazenda." O pai, Tom Holloway, tinha reputação de ser um eficiente administrador agrícola e bom produtor de algodão. Proprietários de lavouras competiam por seus serviços, por isso a família Holloway se mudava constantemente. Mudanças de residência se tornaram cada vez mais comuns no Sul rural durante a Depressão, com meeiros sulistas se mudando para perto na mesma estrada, enquanto brancos pobres seguiam a "rodovia dos caipiras" até Detroit e os afro-americanos embarcavam no "expresso dos ossos de galinha" para Chicago. Todos saíam em busca de melhores oportunidades.[3] O conceito de lar era frágil para os Holloways, mas eles nunca viajaram para muito longe. Apesar de terem morado em várias fazendas diferentes no Delta do Mississippi, o coração de Carolyn sempre pertenceu a Cruger, onde moravam seus avós maternos e a tia Mabel, irmã mais velha de sua mãe.

Além de ser administrador agrícola, Tom Holloway trabalhava como guarda prisional em Lambert, um dos campos remotos da notória Penitenciária Estadual do Mississippi, mais conhecida como Fazenda Parchman. Os prisioneiros "eram todos negros, todos homens negros. E meu pai trabalhava no Campo A, o primeiro. Eles tinham um sargento, um primeiro cavaleiro e um segundo cavaleiro. Meu pai era o primeiro cavaleiro." Todos os cavaleiros eram homens brancos, cada um com um chicote, uma escopeta e uma espingarda, que vigiavam os prisioneiros a cavalo. Os detentos, com seus uniformes listrados em preto e branco, se dirigiam aos cavaleiros como "Capitão".[4]

O Campo A tinha sido parte da Fazenda O'Keefe, no condado de Quitman, até o Departamento Prisional do Mississippi comprar as terras, em 1916. A estrutura física dos campos parecia uma *plantation* da época da escravidão. Detentos negros ocupavam o lugar dos escravos, mas fora isso o sistema era idêntico — as mesmas lavouras crescendo da mesma maneira e sob a mesma disciplina. Nos dois casos o funcionamento da fazenda dependia de um punhado de homens brancos pobres supervisionando os trabalhadores cativos.

O instrumento de autoridade nos campos de prisioneiros do Mississippi era uma tira de couro de um metro de comprimento e quinze centímetros de largura, apelidada de "Black

Annie" e pendurada no cinto de cada cavaleiro. Um ex-detento observou: "Eles batem em você por qualquer razão ou sem razão nenhuma. É o maior prazer da vida deles." Não era incomum cavaleiros chicotearem um detento por trabalhar muito devagar ou por quebrar uma pá. "O cavaleiro parecia estar em toda parte, 'dirigindo, repreendendo, dando ordens ou batendo nas costas da gente com o chicote'." Um castigo mais formal era um açoitamento à noite, na frente de todos os homens, com a vítima estendida no chão de braços abertos. "Eles chicoteavam a gente com uma tira de amolar navalha, grande e larga. Não batiam na roupa. Açoitavam as nádegas nuas. Com dois homens segurando a gente [ou] tantos quantos precisassem." Ofensas rotineiras como brigar, roubar e mostrar "desrespeito" a um cavaleiro mereciam de cinco a quinze chibatadas; tentativas de fuga resultavam no castigo de açoitamentos sem limite — açoitamentos que às vezes eram fatais. "Eles podiam simplesmente matar alguém desse jeito."[5]

Durante os anos 1930 até boa parte dos anos 1950 o chicote gozava de grande apoio público entre os brancos no Mississippi. Editores, grupos de igrejas, funcionários públicos, xerifes e autoridades prisionais pareciam apoiar o açoitamento como "o instrumento perfeito de disciplina numa prisão cuja população era formada pelas crianças revoltadas de ex-escravos", escreve o historiador David Oshinsky. Os campos de prisioneiros eram "um forte elo com o passado — um local de disciplina racial onde negros de roupas listradas trabalhavam em plantações de algodão para o enriquecimento de outros. E continuaria nesses moldes por mais meio século, até o movimento pelos direitos civis eliminar metodicamente essa prática."[6]

Ninguém esperaria que uma garotinha fosse informada ou que entendesse a realidade do trabalho e da vida em um dos campos de prisioneiros ligados à Fazenda Parchman, principalmente se o pai trabalhasse lá. Por outro lado, é forçar a imaginação pensar que a sensibilidade de um homem escolhido para ser o primeiro cavaleiro na Fazenda Parchman pudesse ser tão delicada a ponto de ele ser poupado dos rigores brutais de seu trabalho. Mas Carolyn se manteve firme ao garantir que o pai nunca tomou parte dessas rotinas. "O sargento disse que era a vez dele no açoitamento da noite", contou ela. "Meu pai se recusava a fazer isso. E na noite de açoitamento ele voltava pra casa, entrava no quarto, fechava porta e ia pra cama."

Em sua sala de estar banhada pela luz do sol, com décadas separando-a dos últimos anos violentos das leis Jim Crow no Mississippi, Carolyn relembrou o momento em que a segregação e a supremacia branca tornaram-se um imperativo bem demarcatório: um passeio de bicicleta que ela não fez com Barnes Freeman muito tempo atrás.

Barnes era filho de trabalhadores negros. Sua mãe, Annie Freeman, limpava a casa dos Holloways e mantinha a residência funcionando, enquanto Isadore, o pai de pele mais escura, trabalhava como cavalariço em uma das fazendas administradas pelo pai de Carolyn. Uma família branca não precisava ser afluente para ter empregados negros. Nos anos 1960, quando eu ainda era garoto, esse era um padrão onipresente no Sul: empregadas domésticas negras preparando e servindo o jantar para famílias brancas, jamais se sentando para compartilhar da refeição, é claro. A prática deu origem a outra inevitável mentira que os brancos contavam para si mesmos: que empregados negros eram "parte da família". As apólices de seguro, os testamentos familiares, as épocas de férias e as mesas de jantar, para não falar de igrejas, escolas, bairros e instalações públicas, contavam uma história mais honesta. "Barnes era nosso amigo, como parte da família, quase", insistia Carolyn. "Sabe como é, ele estava na nossa casa e tudo mais, e eu não achava nada de mais. Nós gostávamos mesmo dele."

Barnes tinha "pele mais clara" que os pais, "meio que cor de chocolate ao leite", me explicou Carolyn. "Acho que era meio grande para a idade." Era quatro ou cinco anos mais velho que Carolyn, mas apesar da diferença de idade os dois costumavam brincar juntos. As brincadeiras de Barnes eram criativas, "como pendurar um pneu velho numa árvore com uma corda, e Barnes empurrava a gente naquele pneu. Enfiávamos as pernas pelo pneu e ele nos balançava." Com a distância do passado, ela definiu Barnes como seu companheiro favorito, com a possível exceção da tia Mabel, que ficava muito com Carolyn na casa da família em Cruger, a uns dezesseis quilômetros das várias casas em diferentes fazendas onde a família morou quando ela era menina. Cruger era onde ela costumava brincar com Barnes.

Tia Mabel estava mais para uma avó amorosa que para tia e nunca contrariava sua sobrinha favorita. Mabel teve poliomielite quando criança e passou a mancar desde sua recuperação; já adulta, tomou um tombo e fraturou o quadril; desde então, passava a maior parte do tempo numa cadeira de rodas. Por isso, o tempo que Carolyn ficava com a tia era quase sempre sedentário, uma bênção para os dias mais quentes do verão. Um alpendre estendia-se pela frente da casa e dava para uma estrada de terra que levava à cidade, um termo generoso quando aplicado a Cruger. "Era uma cidadezinha minúscula [que] só tinha uma fileira de lojas e nada mais", explicou Carolyn. Seu avô, Lee Pikes, era dono de algumas terras perto de Cruger e de "uma cabaninha perto do lago onde vendia peixe, tinha um moinho de grãos e sementes e vendia bebida ilegalmente". No calor escaldante e úmido do verão, Carolyn e a tia Mabel passavam a maior parte do tempo na varanda descascando ervilhas, separando feijão ou simplesmente sentadas. "Eu quase nunca queria ficar dentro de casa e me sentia contente no balanço da varanda, tentando não me mexer pra não sentir tanto calor."

Mas de vez em quando Carolyn se irritava com o ritmo mais calmo da casa da tia. Uma tarde de verão, quando ela tinha dez ou onze anos e Barnes tinha quatorze ou quinze, a mesma idade de Emmett Till quando colidiu com as regras do Mississippi, Carolyn estava sozinha na varanda quando Barnes passou de bicicleta pela frente da casa e fez um aceno. "Oi, Barnes", gritou Carolyn. "Aonde você vai?"

"Vou até a loja comprar uma coisa pra minha mãe", respondeu.

Carolyn me disse que perguntou "Posso ir com você?"

"Sim, claro. Pode subir na garupa."

"Ele tinha uma cestinha atrás, como nas bicicletas antigas [...] Saí correndo da varanda e bati a porta, como de costume. E montei na garupa da bicicleta."

Quase no mesmo instante, antes de Barnes ter tempo de sair com a bicicleta, tia Mabel saiu da casa, abriu a porta de tela e gritou a plenos pulmões: "Saia dessa bicicleta e volte pra casa, agora mesmo!"

"Fiquei assustada quando ouvi aquele grito, pois ela nunca tinha levantado a voz para mim. Fiz o que ela mandou imediatamente, mas fiquei confusa, pois ela parecia estar brava comigo." Quando Carolyn perguntou por que ela estava zangada, a tia respondeu: "Porque você não precisa andar de bicicleta com garotos, as pessoas vão falar de você."

"Na época eu não me dei conta", escreveu Carolyn muitos anos depois, "mas a verdadeira razão de ela ter ficado zangada e gritado comigo foi por Barnes ser um garoto negro [...] Assim era o Mississippi. Naquela época tudo bem [para crianças pequenas] brincar com amigos negros no quintal [mas] era completamente inaceitável eu estar com Barnes e ir até uma loja na garupa da bicicleta dele."[7] Ela me disse: "Não me lembro de me encontrar muito com ele depois disso. Então acho que eu e ele fomos corrigidos, sabe?"

Carolyn tinha quinze anos em 1949, estudava numa escola perto de Cruger e acabara de vencer o concurso de beleza da escola quando o pai sofreu uma série de derrames. Os dois primeiros o deixaram muito fraco e o impediram de trabalhar. O derrame final, aos 63 anos, o matou sentado na sala de estar. Carolyn ficou desolada, assim como a mãe, que só tinha 46 anos.

A mãe de Carolyn começou a estudar enfermagem, e os donos das fazendas foram bondosos e deixaram a família continuar na casa até ela se formar. Depois disso a família se mudou para Indianola, uma cidadezinha próxima, sede do condado de Sunflower. Lá, a mãe trabalhava muitas horas no hospital e as duas moravam num pequeno apartamento do outro lado da estrada. Carolyn mal tinha 1,5 metro de altura, pesava menos de cinquenta quilos, com belos cabelos castanhos e lábios carnudos. Seus novos colegas de classe concordavam em que ela parecia uma estrela de cinema, pois logo venceu seu segundo concurso de beleza. Para ajudar nas despesas da casa, Carolyn trabalhava como balconista na loja de variedades Morgan & Lindsay e como babá para várias famílias locais. Quando a mãe trabalhava até tarde, Carolyn tomava conta dos irmãos mais novos.[8]

O distanciamento do que Carolyn via como o paraíso da fazenda do Delta parece ter se refletido nas suas lembranças de raça. Indianola, onde o Conselho de Cidadãos um dia seria fundado, era intensa e veementemente segregacionista. "Não havia nenhuma criança negra na escola conosco — isso não era diferente do Delta, é claro — e nenhuma família negra no nosso bairro. Na verdade, o único contato com pessoas negras que eu tinha era quando as atendia na Morgan & Lindsay."

Foi nessa cidade que Carolyn aprendeu os costumes rígidos em termos raciais. Esperava-se que pessoas negras dissessem "Sim, senhora" e "Sim, senhor" quando falavam com brancos, até mesmo brancos mais novos. "Se não saíssem da frente quando encontrassem algum branco na mesma calçada, os negros estavam se mostrando arrogantes ou não estavam reconhecendo seu devido lugar. Era melhor não olharem os brancos nos olhos também, pois poderiam ser esmurrados." Carolyn afirmou que nesse quesito Indianola "com certeza era diferente da fazenda onde fui criada", mas pode ser que sua consciência das regras raciais tenha aumentado conforme ficou mais velha.

Claro que a separação racial ia mais fundo que a organização social pública. O idílio com Barnes e a Cruger de sua infância tinham acabado. "Nós não podíamos mais ter amigos negros quando morávamos em Indianola", escreveu. "Não era uma coisa imposta diretamente, mas algo que entendíamos como o jeito que eram as coisas."[9] Ao menos em suas lembranças, a mudança de um paternalismo racial mais íntimo que representava um tipo de vida no Delta rural pareceu a Carolyn relacionada à perda do pai da família e a uma espécie de perda da inocência.

Mas Indianola tinha seus encantos para uma garota branca bonita. Na nova escola, Carolyn logo arranjou um namorado que já tinha carro. Um dia ele a levou a um passeio no campo para mostrar "a árvore dos enforcados". Explicou que "muito tempo atrás" homens brancos enforcavam homens negros "quando eles se comportavam mal e não ficavam em seus devidos lugares". Carolyn sabia como uma ofensa trivial poderia constituir uma violação das normas raciais. "Não sei bem o que ele quis dizer com 'muito tempo atrás'", explicou ela quando me contou a história. "Mas eu disse a ele: 'Claro, eu quero ver essa árvore'." O rapaz parou o carro em frente a uma velha árvore numa estrada lateral deserta. Carolyn viu nos galhos mais baixos e grossos um velho pedaço de corda esfiapada amarrado, de uns trinta centímetros e com um nó de forca na ponta.

As histórias de infância de Carolyn são uma narrativa de decadência de classe. Dão a entender que ela e a família estavam um ou dois degraus acima da família a que passou a pertencer depois de casada, por serem capazes de uma generosidade paternalista em relação a pessoas negras de uma forma que seus novos parentes não eram. Há alguma verdade aqui, por certo, mas também se trata de uma história autoexculpante: sugere que, se ela não tivesse se misturado com o clã Milam-Bryant, o horrível linchamento de Till e suas consequências jamais teriam acontecido. É quase certo que isso seja verdade. Carolyn afirmou que sua criação e mesmo seu caráter tiveram uma influência mais sensível que a dos Milams e Bryants. Definiu-se como uma inocente fazendo parte de um lugar a que não pertencia.

A matriarca de um clã obstinado, nascida Eula Lee Morgan, deu à luz oito filhos e três filhas de dois homens diferentes. Cinco homens herdaram o nome da família Milam: Edward, o mais velho; Spencer Lamar, que ela chamava de Bud ou Buddy; seguidos por John William (J.W.), Dan e Leslie. O pai morreu num acidente na construção de uma estrada ao cair num poço de cascalho com três outros membros da equipe.[10] Eula Lee depois se casou com um primo de seu finado marido, Henry Ezra Bryant, que todos chamavam de "Big Boy", e teve mais seis filhos: Mary Louise, que se casou com Melvin Campbell; dois gêmeos, Raymond e Roy; depois Aileen, James e finalmente Doris, nascida com graves problemas mentais.

Normalmente, de manhã Eula Lee preparava o desjejum enquanto Big Boy abria a loja da família, na casa ao lado. O marido chegava um pouco mais tarde para o café da manhã, enquanto a esposa tomava conta da loja. No resto do dia os dois trabalhavam juntos na loja. Certa manhã, Eula Lee comeu seus ovos com linguiça e ficou esperando o marido, mas ele não voltou para casa. Quando foi procurá-lo na loja, encontrou a caixa registradora vazia, e um dos carros não estava lá.

"Aí ela ligou para o banco para saber sobre a conta conjunta, que tinha sido encerrada", me contou Carolyn. "Ele tinha ido embora com outra mulher." Big Boy e essa mulher fugiram para o Arkansas, onde viveram por sete anos, depois do que a lei do Mississippi da época garantia um divórcio automático. Posteriormente ele se casou com a mulher e voltou para o Mississippi para administrar uma loja na pequena comunidade de Curtis Station, a 65 quilômetros a nordeste de Eula Lee. Às vezes Roy, que tinha dezesseis ou dezessete anos quando o pai abandonou a família, ia até lá com Carolyn para ver o pai, mas tinha o cuidado de manter essas viagens em segredo, principalmente da mãe, que jurou que mataria "Big Boy" se o visse de novo, razão pela qual portava sempre um revólver calibre 38, onde quer que estivesse. A senhora Bryant sempre dizia: "Se eu vir aquele sujeito de novo", e abanava a cabeça, reafirmando seu juramento homicida. "A pistola vivia na bolsa dela", disse Carolyn. "Sempre."

Carolyn conheceu Roy Bryant em uma festa quando tinha quatorze anos e fazia uma visita à irmã mais velha e sua família em Tutwiler. "Ele tinha uns dezessete anos e era muito bonito", relembrou. Alguns dias depois, Roy passou pela casa da irmã dela e a convidou a ir com ele e alguns amigos a uma festa. A irmã de Carolyn disse que não, mas os olhos de Carolyn disseram sim, e Roy percebeu.

Só voltou a ver Roy depois da morte do pai. "A família de Roy tinha se mudado para Indianola mais ou menos na mesma época em que nós fomos para lá", explicou com um brilho de entusiasmo ainda cintilando nos olhos 65 anos depois. "Um dia eu estava voltando da escola e Roy Bryant passou por mim no seu Chevrolet 49." Abriu um sorriso e ofereceu uma carona. "Eu não hesitei um segundo." Depois disso Roy começou a aparecer regularmente para dar carona e às vezes parando para comer um hambúrguer e tomar uma cola no caminho. "Eu dava umas escapulidas com ele algumas vezes, mas sabia que precisava voltar pra casa e trabalhar como babá."

Aos dezoito anos Roy se alistou na 82ª Divisão Aerotransportada e ficou aquartelado em Fort Bragg, na Carolina do Norte. Equilibrando os estudos, o emprego e suas funções domésticas, Carolyn esperava ansiosamente pelas folgas de Roy. "Parecia que ficávamos cada vez mais próximos, e eu não via a hora de ele me visitar quando estava de licença. Eu sabia que estava apaixonada." Em um lindo dia na primavera de 1951, Roy a pediu em casamento. "Nós resolvemos fugir no dia seguinte", explicou, porque eu só tinha dezesseis anos e ainda não havia concluído o curso médio. "Mamãe jamais permitiria que eu me casasse." No dia seguinte Carolyn fingiu que ia à escola, mas na verdade foi encontrar o namorado no posto de correio de Indianola. Eles obtiveram uma licença na prefeitura, foram ao presbitério da Segunda Igreja Batista de Greenwood e se casaram na sala de estar, com o primo de Roy e a esposa do pastor como testemunhas. Em seguida foram direto para um motel para consumar o casamento.

"Saímos do motel no final da tarde", lembra-se Carolyn. Na estrada, os dois cruzaram com a irmã dela e o cunhado indo na direção contrária. Os dois carros pararam no acostamento e Carolyn deu a notícia à irmã. "Minha irmã nos abraçou, desejou felicidades e correu pra contar para mamãe." O casal de pombinhos voltou para o carro e foram para Itta Bena, onde a família de Roy tinha se reunido para comemorar a união; a decisão de fugirem juntos não era segredo para os Bryants e Milams. Todos participaram de um grande jantar e de uma noite festiva, mas Roy tinha de pegar um ônibus para voltar a Fort Bragg na mesma noite. "Lá estávamos nós, casados há algumas horas, e ele já ia me deixar [sozinha]", ela escreveu depois. "Eu fiquei arrasada."[11]

Carolyn achou bizarro que a sogra, Eula Lee, tomasse uísque no café da manhã e levasse sempre uma pistola na bolsa. Baixa, rechonchuda e mandona, Eula Lee "podia deixar um marinheiro envergonhado com seus palavrões [...] E bebia bem. A primeira coisa que ela fazia de manhã era preparar um achocolatado quente. Com bourbon." O cunhado Melvin Campbell também tomava muito uísque. "O tempo todo, desde o momento em que acordava até desmaiar." Melvin, em especial, "podia explodir num minuto. Realmente tinha um pavio muito curto". Os irmãos de Roy também bebiam bastante, e também se irritavam com facilidade. "Bem, era assim com todos eles. Roy era assim. Era o jeito de ser de todos eles."

Além de beberem muito, andarem armados e serem mal-humorados, fazer manifestações ostensivas de supremacia branca integravam o jeito de a família Milam-Bryant se conduzir no mundo. "Eles eram racistas, a família inteira", confidenciou Carolyn, eximindo-se implicitamente. "Uma das coisas era o uso da palavra 'crioulo' o tempo todo. 'Tem um crioulo trabalhando aqui fazendo isso, eu vou cobrar aquele crioulo lá que ainda não me pagou.'"

Seu aprendizado dos modos do clã Milam-Bryant começou logo no início do casamento, numa festa de Natal na loja da sogra em Sharkey. "Quase todos estávamos na cozinha", lembra Carolyn, mas Eula Lee, Roy, Mary Louise e Melvin estavam na frente da loja. Um senhor de idade negro entrou na loja e disse alguma coisa para uma das mulheres, que desagradou Melvin. "Acho que por não ter falado 'Sim, senhora' ou 'Não, senhora' ou algo assim." Melvin sacou a pistola e deu uma coronhada na cabeça do homem. Apesar de ter usado a .45 só como um porrete, a arma disparou e abriu um buraco na parede da loja.

O barulho do tiro "deixou a gente muito assustada", recorda Carolyn, e o golpe abriu o escalpo do homem. "Melvin bateu na cabeça dele e é claro que o sangue se espalhou. Você sabe como um ferimento na cabeça sangra bastante." Mary Louise "estava por perto e usava uma blusa branca novinha, que ficou toda suja de sangue. E assim que saímos para ver o que estava acontecendo, ela apareceu coberta de sangue, e Melvin, com a pistola na mão, e nós pensamos: 'Oh! Melvin atirou em Marie Louise!' Mas ela estava rindo de tudo aquilo. Todos eles davam risada."

O novo marido de Carolyn não achou graça do incidente, conta ela. Roy se mostrou preocupado com o negro espancado e sangrando. Carolyn se lembra de ter perguntado à mãe dele o que deveria pôr no ferimento da cabeça do homem. Eula Lee sugeriu aguarrás. Mas antes disso Roy lavou o corte com água e sabão. Só então, disse Carolyn, ele aplicou a aguarrás, depois do que pegou a picape da mãe emprestada e levou o pobre homem para casa.

Aqui, extraído da memória de Carolyn, houve um gesto misericordioso que ele não fez uma década depois, quando a vida de um garoto negro de quatorze anos estava em risco; era o que ela queria que o marido tivesse feito na ocasião. Fora alguns detalhes, os incidentes apresentam uma semelhança nefasta: um afro-americano comete uma transgressão na caixa registradora, insultando uma mulher da família Milam-Bryant; logo surge uma violência feia e brutal, policiando aquela linha divisória de cor. Mas, nessa lembrança de Carolyn, Roy reage com uma preocupação paternalista; Roy se torna um sujeito responsável. O cunhado Melvin "era muito dedicado à família, à mulher e aos filhos, mas, bem, ele também era cruel como uma serpente".

A história do Mississippi empilhou o mundo social do Jim Crow como panquecas, claramente com os afro-americanos na base. Ideólogos pró-escravidão do final dos anos 1850 teriam chamado os negros do Mississippi de "lumpesinato", uma classe fundamental para realizar os trabalhos necessários da vida para que as classes mais altas pudessem buscar as metas essenciais da civilização.[12] Um dos problemas dessa estrutura social era que os brancos da classe média e das classes mais baixas lutavam e se esforçavam para encontrar um lugar satisfatório para si mesmos. A única realização inegável, que lhes conferia um status social que não poderia ser negado, era o fato de terem nascido brancos. Meeiros brancos, cujos membros de classe mais baixa eram silenciosamente definidos até mesmo por afro-americanos como "lixo branco pobre", ocupavam os degraus pouco acima dos negros. Trabalhadores e pequenos comerciantes como os Milams e os Bryants, que ganhavam a vida vendendo cigarro e rapé, uísque ilegal, petiscos e outros artigos, só ocupavam um nível mais alto marginalmente; seus superiores os chamavam jocosamente de "pobretões".

Apesar de gostar de se divertir, Eula Lee era obtusa. "Se você [não] quisesse saber a verdade, [você não] perguntava a ela", disse a nora dando risada. "A única coisa que cheguei a ouvi-la dizer sobre [o assassinato de Till] foi que era uma pena que ela tivesse deixado o revólver no carro, se não, teria evitado todo aquele problema." Apesar de ser dura como madeira nodosa, Eula Lee mantinha os filhos por perto e os ensinou a trabalhar arduamente e a se manterem unidos. Estava sempre organizando reuniões familiares, geralmente no seu armazém em Swan Lake ou no de Sharkey, com grandes banquetes e um bocado de uísque. Alguém trazia frango frito ou costeletas de porco. "Parecia que todo fim de semana nós íamos à casa de alguém ou alguém vinha à nossa casa", recorda Carolyn. "E sempre tínhamos sobras de comida, feijão, ervilha, milho, batata e todas essas coisas." Muito pouco era guardado em segredo. "Tudo que a gente fazia ou conseguia, fosse o que fosse, todo mundo ficava sabendo", explicou Carolyn. "E todo mundo se envolvia."[13]

Os irmãos Milam-Bryant eram especialmente próximos, trabalhavam juntos, jogavam baralho e bebiam juntos. "Não dava para notar que eram [só] meios-irmãos, a não ser que alguém dissesse", dizia a mãe deles. Todos andavam armados. Sete dos oito irmãos tinham servido no Exército.[14] E a maioria acabou administrando pequenas mercearias nos condados de Leflore, Tallahatchie e Sunflower, em Swan Lake, Glendora, Minter City, Itta Bena, Ruleville e Money. Segundo os registros das agências da lei locais, as lojas vendiam uísque, violando a Lei Seca do estado.[15]

Os filhos de Eula Lee praticavam um estilo rude de camaradagem masculina, que orbitava em torno de armas, caçadas, pesca, pôquer e bebida. Eram coisas de homem, as mulheres ficavam de fora. Carolyn continuou: "Eles faziam coisas muito malucas o tempo todo, mas não dava pra questionar o que faziam. 'Bem, você quer ver se podemos encontrar um cervo?' Isso às duas horas da madrugada. Ou então: 'Vamos até a casa de fulano jogar baralho.'" Deixavam a jovem Carolyn chocada ao discutirem aos gritos sobre praticamente qualquer coisa. "Eles discutiam feio, quase brigavam nos jogos de pôquer. Era de se pensar que iriam brigar fisicamente, mesmo." Eula Lee tentava tranquilizar a nora. "Eu dizia: 'Ai, meu Deus', logo que entrei na família, sabe, e pensava 'Ah, o que está acontecendo, eles estão prontos para brigar'. Aí a senhora Bryant dizia: 'Ah, não dê atenção, eles não vão brigar.'" Carolyn acreditava nela, até certo ponto. "Nunca dava para saber o que ia acontecer com esse tipo de gente. Mas eles eram *difíceis*."

Os Milams e Bryants acreditavam "que podiam fazer o que quisessem e se sair bem porque tinham muita força", como definiu Carolyn anos mais tarde. Essa confiança se devia à associação deles como o xerife recém-eleito do condado de

Tallahatchie, Henry Clarence Strider, conhecido como "H. C". O xerife era um ex-jogador de futebol americano de 120 quilos e dono de 1.500 acres das melhores culturas de algodão do Delta, tendo dezenas de famílias negras como meeiras. Carolyn definiu Strider como "uma espécie de chefão no Mississippi da época. Todo mundo fazia o que ele mandava." Talvez por causa de seu apoio político, os Milams e os Bryants gozavam da proteção da lei e de todos os demais. "Uma das razões de eles serem como eram era por pensaram ter uma ligação forte com o xerife." Apesar de Strider se mostrar um aliado senhorial, seus vassalos continuavam sendo pobretões sem dinheiro.

Assim que Roy e Carolyn conseguiram reunir dinheiro para as passagens, ela abandonou o curso médio e se mudou para a Carolina do Norte com o marido. Nunca tinha saído do Mississippi. Cinco meses depois estava grávida e fez a longa viagem de ônibus de volta à casa da mãe; o generoso motorista parou várias vezes para a nauseada passageira vomitar. Poucos meses depois ela voltou à Carolina do Norte com um menino de três meses, e engravidou de novo quase de imediato.[16]

Quando Roy foi dispensado do Exército, não houve dúvidas sobre onde o casal queria criar sua família. Eles alugaram uma casinha em Glendora, onde moravam J. W. e a mulher, Juanita. Tinha um alpendre na frente e outro atrás, como na casa da tia Mabel em Cruger. Ajudaram a deixar o lugar mais fresco no primeiro verão, quando ela estava grávida e sentia muito calor. "Eu estava grávida de Lamar, e Juanita estava grávida de Harley [e] ela vinha quase todo dia pra me ajudar com Roy Jr." Carolyn gostava da cunhada e a admirava, uma mulher calada e de voz mansa que os fotógrafos presentes no julgamento de Till consideraram muito atraente: "Muito sensual", segundo palavras de Carolyn. "Quando eu precisava ir ao médico, ela me levava, ou trazia o carro para eu ir depois de deixá-la em casa. Eu podia confiar nela." Quando Carolyn entrou em trabalho de parto, Roy pegou emprestado o carro de J. W. para ir ao hospital, onde ela deu à luz seu segundo filho.

Roy queria ter sua própria transportadora, como J. W., por isso o jovem pai investiu o dinheiro que ganhou com a dispensa do Exército e as economias de Carolyn para comprar um caminhão basculante. Começou a transportar cascalho e fez um pouco de dinheiro. Logo contratou e começou a treinar outro motorista, mas o aluno bateu o caminhão; os dois escaparam vivos das chamas, mas o veículo sofreu perda total. Pior ainda, Roy ficou sabendo que a companhia seguradora contratada tinha ido à bancarrota pouco antes do acidente. Sem dinheiro para substituir o caminhão, seu sonho acabou e ele foi trabalhar para J. W.

Certo dia, no final de 1953, Roy chegou em casa e disse a Carolyn que eles estavam de mudança. Tinha comprado uma loja em Money com a ajuda de J. W. O imóvel era alugado, mas ele tinha comprado todo seu estoque. Carolyn não sabia se era ou não uma boa ideia. "Roy nunca me consultou sobre seus planos de empreendimentos comerciais com a família", escreveu. "Eu simplesmente aceitava que ele era o ganha-pão da nossa família e [que] eu precisava fazer o que ele pedisse." Graças à loja, eles tinham todas as necessidades cotidianas à mão, mas fora isso continuavam pobres, sem dinheiro para comprar um automóvel ou uma televisão.[17]

A mercearia e casa de carnes de Bryant ficavam no primeiro andar, em frente a um prédio de tijolos de dois andares. A loja se tornou o ponto de comércio local para artigos em geral, como tabaco, cerveja, petiscos e bebidas, um lugar onde as pessoas iam para passar parte do dia.[18] O posto de correio, o posto de gasolina e a mercearia compunham a região comercial de Money. Os Bryants moravam no primeiro andar, nos fundos da loja.[19] A maioria dos clientes era de negros. Na frente, embaixo de um toldo, Roy e Carolyn "tornaram as coisas bem confortáveis para os negros que frequentavam a loja", escreveu um jornalista, enquanto os brancos conversavam no lado de dentro. Vários bancos de madeira e dois ou três tabuleiros de damas com tampinhas de garrafa como peças eram muito usados na varanda.[20]

Roy e Carolyn estocavam as prateleiras com rapé, cigarros e charutos e caixas de refrigerantes e sodas de uva. No balcão coberto de vidro ficavam expostos diversos doces em tabletes: Mounds, Baby Ruths, Kits, Paydays, Almond Joys, Butternuts, Hershey's, Butterfingers e Milky Ways. Havia ainda doces de um centavo — balas de canela e Mary Jane, Milk Duds, bengalas doces, Dum-Dum e Slow Pokes — além de Juicy Fruit, Doublemint, Dentyne e chicles Double-Bubble. A seleção de biscoitos incluía Stage Planks, Jack's, Moon Pies e todos os tipos de "Nabs", como eram chamados os salgadinhos Nabisco, bolachas cracker e salgadinhos semelhantes. Sobre o balcão havia um jarro alto com pés de porco salgados, um de picles e um de ovos em conserva, com pedaços de papel encerado para pegá-los. Vendiam sardinhas, feijão com porco, leite, pão de forma, ovos, farinha, toucinho, torresmo, manteiga, bananas, biscoitos de canela, produtos de limpeza e diversos artigos de uso doméstico. O balcão de carnes ficava no fundo da loja.[21]

Se um dos filhos tinha herdado o temperamento feroz de Eula Lee, era o filho do meio, muito grande, da primeira série de cinco filhos de Milam. Era, de corpo e espírito, o dominante entre todos. "J. W. Milam era muito dominador, e por isso tinha de estar no controle o tempo todo", segundo Carolyn. Com 1,90 de altura e pesando mais de cem quilos, um herói de guerra condecorado e extrovertido, com cabelos pretos ao redor da grande cabeça calva. Eles o chamavam de "Big" porque ele ocupava muito espaço, de forma literal e figurada.[22]

Nascido em 1919 no condado de Tallahatchie, John William Milam estudou até a décima série.* Serviu na 2ª Divisão Blindada do Exército dos EUA de 1941 até a primavera de 1946.[23] Durante a guerra ele lutou na Alemanha, participando de constantes combates corpo a corpo ou de casa em casa. Foi promovido a tenente no campo de batalha, ganhou uma Estrela de Prata e um Coração Púrpura, além de várias outras medalhas.[24] "Eu me lembro de ver J. W. sem camisa uma vez, e ele tinha uns buracos fundos nas costas, e quando perguntei a Juanita sobre aquilo ela disse que eram de estilhaços de quando foi ferido no Exército", relembrou Carolyn. A mãe dele se gabava: "Ele começou como soldado raso e foi promovido do jeito mais difícil." O jornalista William Bradford Huie definiu Milam como "um experiente líder de pelotão, perito em batalhas urbanas, perito em patrulhas noturnas, perito com uma [metralhadora Thompson], perito em qualquer dispositivo para matar a curta distância".[25] Sua arma favorita, contudo, era a pistola calibre 45. "Eu sei o quanto ele era bom com aquela velha pistola", gabou-se seu filho aos agentes do FBI anos mais tarde. "Já o vi acertar abelhas em pleno voo com ela."[26]

J. J. Breland, um advogado local, considerava J. W. uma espécie de necessidade para a ordem social da supremacia branca. "Ele vem de uma família grande, cruel e dominadora", disse Breland sem rodeios. "Não leva desaforo pra casa. Foi por isso que ele conseguiu essa promoção no campo de batalha na Europa; ele gosta de matar gente. Mas, que inferno, nós precisamos ter os nossos Milams para lutar nossas guerras e manter os crioulos na linha." Um dos quatro advogados que defenderam Milam e Bryant, Breland disse a Huie que ele deveria declarar ao país que integração era uma coisa fora de questão no Mississippi. "Os brancos são donos de tudo

---

*. Equivalente à segunda série do ensino médio no Brasil. [N.T.]

no condado de Tallahatchie. Não precisamos mais desses crioulos."²⁷ Claro que não era o caso dos Bryants e Milams, que dependiam quase totalmente dos afro-americanos para seu sustento. Nem teriam concordado com Breland, apesar de sua relativa pobreza, sobre a posição social que ocupavam no Mississippi branco.

Nos primeiros tempos do casamento, Carolyn entrou em conflito com J. W. pelo menos em uma ocasião. "Uma coisa que aconteceu me deixou muito chateada, e eu e J. W. falamos a respeito." A lembrança era nítida, mesmo sessenta anos depois. "Eu falei: 'Precisamos saber onde votar.' Ele me respondeu: 'Ah, você não precisa se preocupar com isso... Eu já votei por você.' Era minha primeira eleição, e ele já tinha votado por mim." O ressentimento de Carolyn ainda parecia autêntico. "Foi o que ele me disse: 'Você não pode voltar lá pra votar, eu já votei por você.' Eu respondi: 'Nunca mais faça isso.' Eu fiquei esperando todo aquele tempo para votar e não consegui."

Se Roy fez alguma objeção por seu meio-irmão ter votado pela mulher dele, Carolyn não se lembrou. J. W., quatorze anos mais velho, exercia certa ascendência sobre Roy. Quando as pessoas perguntavam por que eles tinham sobrenomes diferentes, ou se referiam aos dois como "meios-irmãos", Roy respondia: "Nós não nos consideramos meios-irmãos. Nós somos irmãos." Quando Big Boy Bryant se afastou da família, Big Milam assumiu o papel da figura paterna, principalmente para Roy.²⁸ O mais novo com certeza o respeitava e seguia os conselhos do irmão mais velho e mais forte.

J. W. morava numa pequena comunidade em Glendora, onde tinha uma loja, um posto de gasolina e uma casa pequena. Também era proprietário de uma empresa de caminhões de transporte e de serviços agrícolas; tinha adquirido vários caminhões grandes e sabia consertar e operar maquinário agrícola pesado. Quando precisava fazer longas viagens ao

Texas ou a Louisiana, costumava deixar Roy cuidando dos negócios.[29] Contratava afro-americanos locais para nivelar e consertar rodovias e estradas de cascalho e tomar conta de seus caminhões. Eles também "lavavam sua picape e o automóvel de Juanita e coisas assim", lembra-se sua cunhada. "Limpar, varrer a loja, levar o lixo pra fora", escreveu Huie: "Os que o conhecem dizem que ele sabe lidar com os negros melhor do qualquer um no condado." O próprio Milam concordava com a avaliação, só que acrescentava uma mentira: "Eu nunca machuquei um preto na minha vida."[30] Décadas depois, Carolyn disse a respeito do cunhado, falando mais do que queria dizer e do que talvez soubesse: "Milam parecia ter uma boa relação com os negros, e acho que provavelmente eles tinham medo dele também."

6

O INCIDENTE

Na noite de quarta-feira, 24 de agosto de 1955, o reverendo Moses Wright conduzia uma missa na Igreja de Deus em Cristo de East Money. Seus três filhos, além de Wheeler Parker e Emmett Till tinham colhido algodão durante toda a manhã e parte da tarde. O verão estava chegando ao fim e eles iriam se separar pelo menos durante o ano letivo. Por isso Wright não forçou os garotos a irem à igreja. Emprestou seu Ford 1941 e recomendou que não fossem mais longe que a loja mais próxima do condado, pois Maurice, que iria dirigir, não tinha carta. Seis garotos e uma menina fizeram a viagem. O mais velho era Thelton "Pete" Parker, de dezenove anos, que morava ali perto, além de Mae Crawford, de dezoito anos, e o irmão Roosevelt Crawford, de quinze. Os dois mais novos eram Simeon, de doze, e Emmett, de quatorze. Wheeler e Maurice tinham dezesseis. Depois de Maurice ter deixado os pais na igreja, o grupo desconsiderou a ordem de Wright e foi até a mercearia e casa de carnes de Bryant em Money, a apenas cinco quilômetros de distância.[1]

Ao chegarem, reuniram-se na frente do estabelecimento; tinham vindo comprar doces e refrigerantes, mas não estavam com pressa. "Notei um grupo de jovens reunidos na varanda", relembrou Carolyn Bryant. "Não era incomum as pessoas ficarem na varanda, pois havia muitos tabuleiros de damas que os locais jogavam do lado de fora." "Locais" foi uma cortesia usada décadas depois desses eventos. Na época, ao menos em círculos mais educados, eles eram chamados de "negros", e a loja subsistia porque eles se reuniam naquela varanda "quase diariamente".²

Enquanto conversavam naquele dia, é possível que Emmett tenha dito que estudava numa escola com garotas brancas e que até já tinha saído com algumas. Um dos primos lembrou que Emmett tinha a foto de uma garota branca na carteira e mostrou-a aos outros, gabando-se de que era sua namorada. Mamie Bradley escreveu depois que a carteira de Emmett fora comprada com uma foto da estrela de cinema Hedy Lamarr, embora pudesse estar tentando defender a reputação do filho contra qualquer imputação de que ele tivesse algum interesse sexual por garotas brancas, o que teria contaminado a percepção do público sobre sua inocência.³ Nenhuma das testemunhas interrogadas logo depois do incidente mencionou fotografia ou atitude arrogante alguma por parte de Emmett, por isso as histórias podem ter sido exageradas. As testemunhas concordam em que um garoto não identificado, não um dos que vieram com o grupo, sugeriu que Emmett entrasse na loja ao menos para dar uma olhada em Carolyn Bryant. Wheeler, por exemplo, declarou a um repórter: "Um dos garotos disse a Emmett que havia uma garota bonita na loja e que ele deveria entrar para vê-la."⁴ Wheeler entrou primeiro, com Emmett não muito atrás, para comprar um chicle de bola. Wheeler fez sua compra e saiu logo, deixando Emmett na loja. "Ele ficou menos de um minuto sozinho na loja com Carolyn Bryant, a mulher branca que ficava na caixa registradora", escreveu Simeon. "O que ele disse, se disse alguma coisa, eu não sei."⁵

Nós também não sabemos. No dia 2 de setembro, quando Carolyn contou a seu advogado, em particular, o que havia acontecido na loja, ela disse apenas: "Eu o atendi e quando fui pegar o dinheiro ele agarrou minha mão e perguntou que tal um encontro, e quando eu me afastei ele falou: 'Qual é o problema, querida, você não tá a fim? Depois saiu pela porta e disse 'Até mais' e eu fui até o carro e peguei [a] pistola e quando voltei ele assobiou para mim — isso enquanto eu estava indo pegar [a] pistola. E não fez mais nada depois que viu [a] pistola." É crucial notar que essa acusação não inclui o assédio físico que no tribunal, vinte dias depois, ela afirmou ter sofrido.[6] O *Greenwood Morning Star*, depois de entrevistar o xerife George Smith do condado de Leflore, publicou no dia 1º de setembro: "Os Bryants disseram ter ficado ofendidos quando o jovem Till acenou para a mulher e disse 'até mais' ao sair da lojinha naquela noite de sábado."[7] Dois dias depois, Smith acrescentou a declaração: "Till fez uma observação ofensiva à senhorita Brandt."[8] Outro relato indicou que Emmett foi "insolente" com Carolyn, tendo deixado de dizer "Sim, senhora" quando falou com ela.[9] Quando J. W. e Roy invadiram a casa de Wright armados e sequestraram Emmett, eles o definiram como "aquele que *deu uma de espertinho* em Money", como se estivessem se referindo a uma ofensa verbal. Se Emmett tivesse encostado a mão em Carolyn, é inimaginável que J. W. ou Roy não tivessem mencionado esse fato. "Dar uma de espertinho", "uma observação ofensiva" — até esse ponto ninguém mencionou ou mesmo sugeriu que qualquer coisa física, sexual ou ameaçadora tivesse acontecido.

Anos depois, Ruthie Mae Crawford disse em entrevista ao documentarista Keith Beauchamp que viu Emmett pela vitrine o tempo todo. Insistiu em que o único erro que ele cometeu foi pôr o dinheiro do doce diretamente na mão de Carolyn, em vez de deixar no balcão, como era a prática comum entre brancos e negros.[10] Só isso já teria violado a etiqueta racial do Mississippi. O quanto uma violação era grave era inteiramente uma questão de costumes, não de leis. Claro que mesmo olhar diretamente nos olhos de Carolyn já seria desrespeitar o "conjunto de costumes" que acompanhavam a segregação legal.[11]

Em uma entrevista em 2005, Simeon confirmou a lembrança de Ruthie Mae, declarando a um repórter que Emmett tinha pagado o chicle colocando o dinheiro na mão de Bryant, violando um tabu do Mississippi sobre o qual ele nada devia saber.[12] Seja o que for que Simeon tenha visto, isso o levou a agir: entrou rapidamente na loja, talvez para resgatar Emmett de uma encrenca em potencial. "Depois de alguns minutos", escreveu Simeon, "ele pagou os produtos e nós saímos juntos da loja."[13]

Wheeler disse que Emmett ficou na loja sozinho com Bryant por "menos de um minuto"; Simeon calculou que foram "uns poucos minutos". O que poderia ter transcorrido em tão pouco tempo? Entre "um minuto" e "uns poucos minutos" é o período de tempo que precisamos preencher. Entre Parker e Till entrando na loja, entre Parker deixando o primo sozinho na loja e Wright e Till saindo da loja, aconteceu alguma coisa que irritou Carolyn o suficiente para ela ir buscar uma pistola. Quando saiu da loja, Maurice Wright relatou que Till se virou e disse a Carolyn Bryant: "Até mais."

Antes que os sete jovens negros se dispersassem, Carolyn saiu da loja com passos decisivos, indo direto até o carro do cunhado, estacionado perto da porta. Se ela estivesse com medo, se tivesse passado por algo parecido com um assédio sexual, como testemunhou no tribunal, passar pelo meio do grupo teria sido uma escolha estranha; seria mais fácil ela trancar a porta da frente e ficar lá dentro. A impressão é de que, seja o que for que tenha acontecido dentro da loja, foi algo que a deixou mais zangada do que amedrontada.

"Ela foi pegar uma arma", disse um dos garotos, segundo Wheeler.[14] Carolyn enfiou a mão embaixo do banco do motorista para pegar a .45 automática do marido. Todos concordaram que nesse momento Emmett deu um "assobio de fiu-fiu". "Até hoje não sei o que deu em Emmett pra fazer aquilo", disse Simeon. "Nós não o estimulamos a fazer aquilo. Muitos livros e histórias dizem que nós o desafiamos a fazer isso, mas não é verdade. Ele fez aquilo por conta própria, e não temos a menor ideia de por quê."[15]

"Ele assobiou", contou-me Carolyn, "mas foi depois de ele já ter saído [da loja] e de eu ter ido pegar a pistola."

Mais tarde, Simeon escreveu: "Todos nos entreolhamos, percebendo que Bobo tinha violado uma lei não escrita muito antiga, um tabu social sobre o comportamento entre negros e brancos no Sul." Os jovens do local ficaram chocados. "De repente sentimos que estávamos em perigo e olhamos um para o outro, todos com a mesma expressão de medo e pânico. Corremos para o carro como um bando de garotos que tivesse atirado uma pedra na janela de alguém."[16]

O velho Ford saiu em velocidade pela rua asfaltada, mas qualquer alívio que os jovens possam ter sentido evaporou-se quando um deles olhou pelo retrovisor e viu faróis vindos rapidamente na direção deles. Convencidos de que estavam sendo seguidos, eles resolveram estacionar o carro e fugir a pé. Espalhando-se por todas as direções na escuridão da lavoura de algodão, só pararam quando o carro passou sem sequer reduzir a velocidade. Dando algumas risadas, decidiram que o medo tinha sido uma paranoia e se amontoaram no Ford para voltarem para casa. Chegaram a uma conclusão próxima daquela a que Carolyn Bryant chegaria décadas mais tarde: que o primo não tinha feito nada de mais na loja.

Mesmo assim, quando se aproximaram da casa dos Wrights, Emmett insistiu para o primo não contar ao tio e à tia sobre o incidente. Todos concordaram, temendo que, se os adultos soubessem da história, Emmett poderia acabar num trem para Chicago mais cedo do que o planejado.

Porém, alguém contou a Elizabeth Wright, e o marido também logo ficou sabendo, mas não ficou muito claro quem contou a história. A notícia começou a se espalhar. Na noite seguinte, Simeon escreveu: "Uma garota que morava perto nos contou que tinha ouvido falar sobre o que tinha acontecido em Money e que o problema estava fermentando. 'Eu conheço os Bryants, e eles não vão esquecer o que aconteceu', ela nos preveniu."[17]

7

NO TERCEIRO DIA

Assim que Emmett foi raptado, Elizabeth Wright correu até a casa de uns vizinhos brancos para pedir ajuda. Ainda não eram três horas da madrugada. A escuridão era total, mas a urgência guiou seus passos pelas lavouras até a casa distante onde o fazendeiro e a mulher ainda dormiam. Talvez ela tenha sido tímida demais para se explicar bem. Talvez uma mulher negra chorando na porta por um garoto de quatorze anos raptado por homens brancos armados tenha assustado o casal. Por mais que ela pedisse ajuda, a mulher gostaria de ajudar mas o marido não concordaria, e Elizabeth voltou para casa em lágrimas, jurando que iria embora do Mississippi para sempre. Insistiu para que Moses a levasse até a casa do irmão dela em Sumner. Os dois deixaram os cinco garotos na cama e dirigiram cerca de meia hora até a casa de Crosby Smith.

Elizabeth quase não parou em sua fuga para o Norte. Depois de dizer o que tinha a dizer ao irmão, Moses levou-a de carro de Sumner a Clarksdale naquela mesma manhã, onde ela tomou o trem para Chicago ao nascer do sol. Elizabeth nunca mais voltaria à sua casa no Mississippi.[1] Moses recebeu uma carta dela, de Chicago, datada de 30 de agosto, dois dias depois do sequestro. "Venha para cá", escreveu, "e diga a Simeon para pegar meu espartilho, um ou dos chinelos e um ou dois vestidos e trazer para mim. Se Eula mandou o meu vestido, traga também, assim como minhas meias. Eu quero que você venha mesmo."²

No caminho da volta da estação ferroviária, Moses apanhou o cunhado, Crosby Smith, antes de retornar a Money. Pretendia falar diretamente com os homens que tinham ameaçado sua vida e raptado seu sobrinho e pedir que devolvessem o garoto — se ainda estivesse vivo. Mais ou menos às cinco da manhã, numa rua deserta, os dois bateram na porta dos fundos da mercearia e casa de carnes de Bryant. Sem saber se seriam recebidos normalmente ou com um tiro de escopeta, eles fizeram menos barulho que Roy e J. W. tinham feito na varanda dos Wrights poucas horas antes.

"Eu ouvi alguém batendo na porta", lembrou Carolyn. Não muito alto. Ela estava sozinha com os filhos e preferiu ficar em silêncio, com medo de quem estaria batendo àquela hora. "Ouvi outra voz, uma voz diferente. Parecia voz de um homem negro, dizendo a outra pessoa: 'Parece que não tem ninguém.' Ouvi a porta de um carro bater, depois o carro se afastando." Os dois foram até a casa dos Wrights em East Money para esperar o dia amanhecer.³

Por volta das nove da manhã do dia do sequestro, Curtis Jones, um dos três primos de Chicago que estavam com os Wrights, foi até uma casa vizinha e ligou para a mãe, Willie Mae, para contar a terrível notícia. Mae ligou para a mãe de Emmett: "Não sei como te contar. Bo." Mamie ficou horrorizada. "Alguns homens levaram seu filho ontem à noite." Mamie foi de carro até o apartamento da mãe a toda velocidade para compartilhar a notícia e sua angústia. A mãe avisou sua igreja para que a congregação rezasse por Emmett. Em seguida Mamie fez uma coisa curiosa, que prenunciou a coragem com que ela lidaria com essa tragédia. Começou a telefonar para os jornais de Chicago, que logo mandaram repórteres ao apartamento de Alma.⁴

É importante lembrar o que era e o que não era possível em 1955. Mamie por certo sabia que não existia uma autoridade local no Mississippi em que pudesse confiar, tampouco havia uma autoridade federal que pudesse ter esperança de recrutar. A única exceção era a imprensa, especialmente os jornais negros de Chicago. Em algum momento ela também ligou para Rayfield Mooty, um parente distante e experiente funcionário do sindicato trabalhista, que sabia tudo sobre os atores políticos afro-americanos de Chicago e que se tornaria um importante assessor. Quando Mooty chegou ao apartamento de Alma, Mamie disse a ele: "Senhor Mooty, nós queremos que cuide desse caso. Meu pai tem muita confiança no senhor e diz que pode fazer alguma coisa."[5] Embora provavelmente ainda não tivesse em mente um plano completo, Mamie já estava determinada a não se manter em silêncio.

Observando o dia amanhecer nas suas lavouras e na varanda, Moses Wright ainda tinha esperança de que Emmett voltasse vivo, que os homens brancos pensassem melhor antes de matar o garoto e o trouxessem para casa. Depois de algumas horas, porém, ele e Crosby Smith foram ao gabinete do xerife George Smith, do condado de Leflore. O xerife Smith conhecia bem Roy e J. W., e logo deduziu que eles tinham matado o garoto e jogado seu corpo no rio.[6] Os três saíram atrás de pistas: Crosby Smith foi com um dos auxiliares, enquanto Moses partiu com o próprio xerife Smith. "Nós olhamos embaixo de muitas pontes naquele dia", relembrou Crosby Smith. "Porque foi a primeira coisa em que Moses pensou. Era o costume, o que se fazia por ali naqueles tempos. Nós seguíamos o costume quando alguma coisa assim acontecia, era o que eles normalmente faziam nesses casos."[7]

Mas ninguém encontrou nada. Pouco antes das duas da tarde, eles cancelaram as buscas e o xerife partiu para interrogar

Roy. Quando Moses chegou em casa, foi recebido por visitantes solidários. "Por volta do meio-dia de domingo, todos os negros em quilômetros ao redor já sabiam a respeito", contou. "As pessoas continuavam chegando e nós não parávamos de rezar." Começaram a se espalhar boatos de que J. W. Milam e Roy Bryant tinham matado o sobrinho de Chicago do reverendo Wright.[8]

Enquanto a casa de Wright rezava para que Emmett ainda estivesse vivo, Roy Bryant dormia. Da forma como Carolyn descreve a cena a partir de sua lembrança, Roy chegou em casa na primeira luz da manhã, e ela perguntou por onde ele tinha andado e o que ele e J. W. tinham feito com o garoto. Esse cenário apoia o depoimento posterior de que os irmãos trouxeram Emmett à loja para que ela o identificasse. No entanto, não elimina a especulação se Carolyn estava mesmo no veículo escondido no escuro no terreno de Wright às duas da madrugada para identificar Emmett como o garoto que a havia assediado.

Roy garantiu que estivera jogando pôquer a noite inteira com os irmãos na loja de J. W. em Glendora, com Melvin Campbell e alguns outros amigos. Segundo Carolyn, ele insistiu: "Nós só açoitamos o garoto e deixamos ele na beira da estrada. Só isso. Não fizemos mais nada com ele." Anos depois, ela ainda afirmava que acreditou nele na ocasião.[9]

Roy ainda estava dormindo quando o xerife Smith estacionou sua viatura em frente ao armazém da família às duas da tarde. Ele só acordou quando ouviu as batidas na porta de trás; vestiu-se rapidamente e saiu da casa, onde o xerife e seu auxiliar, John Ed Cothran, estavam esperando. Smith e Roy entraram no carro da polícia para conversar. "Eu perguntei sobre ele ter ido lá [na casa dos Wrights] e pegado o pretinho", testemunhou Smith. Roy admitiu que tinha feito isso. "Perguntei por que ele tinha ido lá e pegado o garotinho preto." Roy disse que tinha ouvido falar que o garoto havia feito alguns "comentários ofensivos" à sua esposa. Depois "contou que foi lá e pegou [Emmett Till] para a esposa fazer uma identificação, e que ela disse que não era o garoto e que o tinha soltado". Smith perguntou onde ele tinha deixado Till. "Ele disse que foi bem em frente à loja. Falou que o garoto foi procurar um pessoal dele — não me lembro mais quem ele disse que era — e que depois ficou jogando cartas pelo resto da noite." O xerife prendeu Roy por sequestro e o fichou na cadeia do condado de Leflore.[10]

O restante do país nem sabia que Emmett estava desaparecido — ainda não. Mamie só estava falando com os jornalistas de Chicago. Moses havia mandado o neto Wheeler a Greenwood para tomar o trem de volta a Chicago, e ficou com os três filhos e um neto. Ele ainda tinha 25 acres de algodão para colher e vender, dinheiro que seria necessário sob quaisquer circunstâncias, e precisava da ajuda dos garotos.

O xerife Smith continuou a sua busca por um cadáver, e parecia determinado a abrir um processo que resultasse em condenações. Na segunda-feira, 29 de agosto, um dia depois de o xerife ter prendido Roy, o clã Bryant-Milam se reuniu na loja de Eula Lee em Sharkey para discutir a situação. Era terrível que Roy tivesse sido preso, é claro, mas agora eles queriam garantir que as coisas não saíssem de controle e atingissem toda a família. Roy não era o elo mais forte da corrente, e havia certa preocupação com que pudesse ceder sob pressão e implicar todo mundo. Foi decidido que J. W. se deixaria ser preso a fim de evitar que Roy "abrisse a boca" e mudasse a história que tinham combinado contar. J. W. foi direto ao gabinete do xerife, onde foi imediatamente preso por sequestro. Ele reconheceu que havia raptado o garoto, mas afirmou tê-lo libertado naquela mesma noite, recusando-se a implicar qualquer outra pessoa, até mesmo Roy. Fora isso, J. W. não disse mais nada.[11]

Na quarta-feira, 31 de agosto, o terceiro dia depois do sequestro, o corpo de Emmett apareceu boiando em águas escuras. "Eu vi os pés e dois joelhos", disse o garoto que o encontrou. Robert Hodges, de dezessete anos, estava andando pela margem do rio pouco depois do amanhecer. Filho de um meeiro, Hodges mantinha diversas linhas de pesca estendidas nas águas lamacentas do Tallahatchie, e esperava encontrá-las balançando com alguma lampreia que habitasse as profundezas frias e fundas do rio. Mas, naquela manhã, quando a luz do sol dissipou a névoa do rio, o garoto viu artelhos emergindo da água: "[O corpo] estava preso a um galho no fundo do rio."[12]

Décadas mais tarde, Carolyn Bryant ainda se lembrava da notícia sobre o cadáver como um choque traumático. Depois da prisão de Roy, ela e os dois filhos foram levados por parentes de Milam e Bryant. "Imagino que tenham entrado em contato com Leslie ou Melvin e eles fizeram os arranjos", me explicou. A família a manteve isolada das consequências do linchamento e nem sequer a deixavam falar com qualquer um ao telefone. No terceiro dia, Carolyn estava na loja de Buddy Milam quando Raymond, o irmão gêmeo de seu marido, entrou pela porta. "Eles encontraram um corpo hoje de manhã", anunciou. "Eles acham que é [de Emmett Till]."

"E [Raymond] disse: 'Bem, Roy não fez isso. Foi Melvin Campbell.' Foi então que eu perguntei: 'E por que Roy e J. W. estão na cadeia e Melvin está solto? Por que eles prenderam Roy então?' E ele disse que não era pra contar a ninguém que tinha sido Melvin. Acho que Raymond contou o que eu disse [para o resto da família], porque naquela noite eles nos levaram para a casa de uma cunhada em Lambert, Mississippi. E nós ficamos totalmente isolados lá."

A fazenda de Lambert ficava a 45 minutos de carro da loja de Bryant em Money. Carolyn e os filhos só ficaram lá alguns dias, pois logo depois o clã Milam-Bryant pediu a outro parente para levá-los para outro local seguro. "Não me lembro de quem nos pegou, mas era sempre alguém [dos Milams]. Eu e meus dois filhos ficamos ali algumas noites, e depois eles me levaram até outro parente, onde ficamos mais algumas noites." Os Milams se recusavam a deixá-la telefonar até para a mãe ou para os irmãos, que ficaram assustados quando não souberam mais dela. "Meu irmão veio me procurar, mas um dos irmãos Milam disse que não queria que eles soubessem onde eu estava, que eu não queria falar com eles", contou-me Carolyn, ainda parecendo ofendida. "Eles estavam me mantendo longe de todo mundo. Tinham medo que eu pudesse dizer alguma coisa que não queriam que eu dissesse ou que pudesse revelar algo que não eles queriam que fosse revelado."[13]

Em 30 de agosto, o xerife Smith disse aos repórteres do *Greenwood Morning Star* que queria trazer Carolyn para ser interrogada. Ela deveria saber alguma coisa útil; afinal, foram os "supostos comentários ofensivos" dirigidos a ela que tinham provocado o sequestro.[14] No dia seguinte, no mesmo dia em que o corpo de Emmett foi encontrado, o *New York Post* noticiou que as autoridades do condado de Leflore tinham expedido um mandado de prisão contra Carolyn Bryant acusando-a de sequestro.[15] O *Chicago Daily Tribune* informou que o Gabinete do Xerife não conseguia encontrá-la para entregar o mandado.[16] Dois dias depois, por mais estranho que pareça, o [racista] *Birmingham News*, do Alabama, anunciou: "Aparentemente as autoridades abandonaram as buscas pela senhora Roy Bryant." O promotor-público do condado de Leflore, Stanny Sanders, tinha declarado aos repórteres do *Birmingham* que não havia "planos no presente para prender a senhora Bryant".[17] Cinquenta anos depois o FBI informou a Carolyn que havia um mandado de prisão com seu nome; segundo escreveu em suas memórias, foi a primeira vez que ela ouviu falar a respeito do mandado.[18]

No dia 2 de setembro, um porta-voz do gabinete do xerife do condado de Leflore declarou ao *Memphis Commercial-Appeal*: "Nós sabemos onde ela está e temos certeza de que podemos prendê-la se for necessário."[19] Porém, no dia seguinte, o xerife Smith parece ter decidido deixar Carolyn totalmente de fora. Alegou um impulso cavalheiresco que parecia eliminar a possibilidade de que ela tivesse participado do sequestro. O *Greenwood Morning Star* publicou: "Os policiais não interrogaram a bela morena esposa de Bryant, com pouco mais de vinte anos, que se acredita ter ficado no carro com um homem não identificado quando Bryant e Milam tiraram Till da casa de seu tio em Money, no Mississippi." "Nós não vamos incomodar a mulher", declarou Smith aos repórteres no dia 3 de setembro. "Ela tem dois filhos pequenos para cuidar."[20]

Apesar da inquietante visão de pés humanos aparecendo na água, Robert Hodges terminou de verificar suas linhas de pesca antes de correr para casa e avisar o pai, que contou o que Robert havia visto a B. L. Mims, seu senhorio. Mims chamou o irmão, Charles Fred Mims, então auxiliar do xerife Garland Melton, do gabinete do xerife do condado de Tallahatchie. O auxiliar ligou para o xerife H. C. Strider, que telefonou ao filho adolescente. "Meu pai me ligou e perguntou se eu tinha algum barco no rio e eu disse que tinha", contou Clarence Strider Jr. "Aí ele me disse que estaria lá e mandou os auxiliares do xerife irem comigo."[21]

Os auxiliares Melton e Ed Weber pegaram o jovem Strider e foram até o desembarcadouro de Pecan Point, a vinte quilômetros ao norte de Money, onde se encontraram com Robert Hodges e o pai. Seguiram pelo rio barrento nos botes dos garotos e logo localizaram o que Robert havia visto. "Bem, nós vimos uma pessoa, do joelho para baixo, incluindo os pés", disse B. L. Mims. "Vimos aquilo boiando na água. E dava para dizer que era uma pessoa de cor." Com o motor em marcha lenta, eles navegaram por cima do corpo. Alguma coisa estava mantendo a cabeça embaixo da água. Os homens amarraram uma corda nas pernas e usaram o motor para arrastar o corpo alguns metros rio acima, até o peso que mantinha a cabeça submersa se soltar do que o prendia no fundo do rio. Rebocaram o corpo até o atracadouro e o arrastaram para a margem. Viram que um ventilador de ferro, do tipo usado em descaroçadores de algodão, estava amarrado ao pescoço do cadáver por alguns metros de arame farpado. Com a lama acumulada do fundo do rio, o ventilador pesava uns setenta quilos. Quem tinha desovado o cadáver pretendia que ele nunca voltasse à superfície.[22]

Enquanto os homens examinavam o corpo, o auxiliar do xerife John Ed Cothran, do condado de Leflore, chegou, junto com o xerife Strider, do condado de Tallahatchie. Strider notou o que parecia ser um ferimento de bala acima da orelha direita e que o outro lado do rosto do garoto tinha um "ferimento muito feio, como que feito por um machado". O lado esquerdo "tinha sido golpeado ou cortado... pela chumbada no crânio". O xerife calculou que o corpo inchado "estava na água há uns dois dias".[23] Despachou Cothran e outro auxiliar a Money de modo que eles trouxessem Moses Wright para identificar o corpo. Cothran também entrou em contato com Chester Miller, um agente funerário negro da Associação Funerária Century de Greenwood, que, junto com um de seus assistentes, foi se encontrar com eles.

Miller testemunhou que, quando se aproximou, o corpo estava de bruços num barco. Ao virar o cadáver, viu o que parecia uma pesada roda presa ao corpo por um pedaço de arame farpado "bem amarrado ao redor do pescoço". Ele desatou o arame para retirar o ventilador. Miller virou-se para Moses Wright e perguntou: "Você pode identificar o corpo como sendo o do garoto que foi levado da sua casa?"[24]

"Eu estava bem perto dele", lembra-se Wright. "Quando eles o viraram, eu vi o corpo todo." Wright acenou que sim para Miller, que não viu razão para ele ter qualquer problema em identificar o cadáver, apesar dos ferimentos e do estado de decomposição. Pouco depois o auxiliar Cothran disse aos repórteres que Wright "identificou com certeza que o corpo era o do garoto". Os policiais pediram a Miller para retirar o anel de prata do dedo de Till. Miller fez sinal para seu assistente, que estava com luvas de borracha. "Bem, ele estava de luvas", explicou Miller, "então eu disse: 'Tire [o anel] do dedo.' Ele tirou e deu o anel para mim. Coloquei o anel no banco da ambulância", referindo-se ao carro funerário no qual havia ido até o rio. Miller notou que o anel tinha as iniciais "L. T." gravadas"[25]

Enquanto se preparava para transferir o corpo para um caixão, Miller ficou chocado com a extensão dos ferimentos. "O topo da cabeça estava afundado e rachado, e um pedaço do crânio tinha caído no barco, talvez de uns oito centímetros de comprimento [e] seis centímetros de largura, algo assim." Havia um buraco de mais de um centímetro acima da orelha direita, que Miller deduziu ser um furo de bala. Ele e o assistente depositaram o corpo no caixão, empurraram até o carro funerário num estojo de metal e de lá se dirigiram à Associação Funerária Century.

Em vista do estado do corpo, a arte do agente funerário não poderia fazer muita mágica; o mais adequado parecia ser usar um caixão fechado. Um policial do Departamento de Polícia de Greenwood tirou fotos do cadáver. Miller deduziu que a família entraria em contato com ele sobre o funeral, mas o xerife Strider ligou para Miller com um estranho pedido: levar o corpo para a Igreja de Deus em Cristo do reverendo Wright em East Money para ser enterrado *naquele mesmo dia*. Aparentemente, Strider não queria que ninguém visse o estado do cadáver. Miller atendeu ao pedido: "Entreguei o caixão ao cemitério de Money."[26]

Strider anunciou sua jurisdição no caso de Milam e Bryant antes mesmo de as acusações por assassinato serem registradas contra eles. Apesar de o rapto ter ocorrido em Money, que pertence ao condado de Leflore, e de ninguém saber onde o garoto fora morto, Strider afirmou que o corpo tinha sido posto no rio "uns bons dezesseis quilômetros" já dentro do condado de Tallahatchie e que devia ter sido posto ali "porque não poderia se arrastar rio acima".[27] O procurador-geral Sanders ficou do lado de Strider: o jovem havia sido raptado no condado de Leflore, mas o corpo fora recuperado no condado de Tallahatchie, dando assim a Tallahatchie a jurisdição para conduzir o processo.[28]

Com a autoridade sobre o caso confirmada, o xerife Strider determinou que o corpo fosse enterrado imediatamente. Encarregado de investigar um provável assassinato, ele não viu razão para uma autópsia. Era preciso seguir logo com aquilo, considerou. Ninguém precisava ver o corpo. Alguém notificou alguns membros da família de Till no Mississippi que o corpo seria enterrado imediatamente e que talvez eles quisessem estar presentes. O fato de terem concordado logo talvez ilustre bem o quanto não era seguro para afro-americanos contestarem os brancos no Mississippi dos anos 1950, o que era ainda mais verdadeiro se o homem em questão fosse o xerife H. C. Strider. Moses Wright começou a escrever uma eulogia, enquanto outros preparavam as roupas para o enterro.

Quando Curtis Jones, primo de Emmett de Chicago, soube dos preparativos para os procedimentos do funeral, telefonou para a mãe em Chicago, que notificou Mamie. Mamie ficou furiosa, pois já havia decidido fazer o enterro em Chicago. Ligou para o tio Crosby Smith em Sumner, que prometeu "trazer o corpo de Emmett para Chicago nem se tivesse de colocá-lo no gelo e levar no seu caminhão".[29] Ele dirigiu até o cemitério com Chester Miller e um dos auxiliares do xerife do condado de Leflore que se mostrara solidário. "[Os coveiros] já tinham levado o corpo para o cemitério e estavam abrindo a sepultura", contou Smith. "Eu cheguei lá junto com o auxiliar do xerife. Ele mandou que fizessem o que eu queria." Smith disse aos coveiros: "'Não, o corpo não vai ser enterrado aqui.' O corpo foi para Chicago."[30]

Foi um momento em que o caso de Till poderia ter se tornado apenas mais uma morte anônima, mais um apelo de uma mãe à sua igreja e à imprensa local por justiça. Se o corpo tivesse sido enterrado às pressas no Mississippi, a maioria do que se sucedeu quase certamente não teria acontecido. Teria havido um julgamento e certa indignação, mas, sem o funeral em Chicago, será que o resto dos Estados Unidos, sem falar do mundo, teria prestado atenção?

Miller, que já tinha transportado o corpo do rio para a casa funerária de Greenwood e de lá para o cemitério de Money, pediu a ajuda de Smith para colocar o caixão de novo no carro funerário e voltar a Greenwood. Mas disse a Wright: "Eu não me atrevo a deixar esse corpo no meu estabelecimento esta noite." Considerava má sorte, para dizer o mínimo, confrontar o xerife Strider. "Eu perderia minha agência e provavelmente já não estaria vivo de manhã." Wright ligou então para um agente funerário branco, C. M. Nelson, em Tutwiler, a sessenta quilômetros a oeste de Greenwood, e pediu para ele vir buscar o corpo. Nelson era dono de duas casas funerárias: uma para negros e outra para brancos. Além de dono de uma considerável fortuna, era também prefeito de Tutwiler.

Nelson concordou em preparar o corpo de Till, com uma condição: Wright tinha de prometer que a vedação do caixão não seria aberta e que ninguém veria o corpo. Wright concordou, fazendo uma promessa que não poderia cumprir, mas logo os acontecimentos começaram a tomar outra direção. Por estar muito inchado, não era possível fazer um embalsamento intravenoso do corpo. Para garantir ao menos um mínimo de preservação, o embalsamador de Nelson imergiu o corpo num tonel de formaldeído e fez incisões para liberar o gás dos tecidos.[31]

Graças a Mamie, os jornais, rádios e televisões de Chicago já estavam começando a cobrir o linchamento. Um boletim de notícias da TV chegou a interromper a série *I Love Lucy* para informar sobre a descoberta do corpo. Logo depois foi divulgada a notícia de que o corpo de Emmett Till estava voltando para Chicago. Agora Mamie via o propósito de Deus para sua vida — e para a vida do filho: "Transformei a privacidade da minha dor numa questão pública, numa questão política, numa questão que pôs em movimento a força dinâmica que em última análise liderou uma geração de progressos legais e sociais neste país."[32] Ao contrário de qualquer outro jornal branco, o *Pittsburgh Courier* previu que o "grito de agonia" daquela mãe poderia muito bem se tornar "a primeira arma em uma guerra contra o Sul, que pode reverberar pelo mundo todo".[33] Ativistas de todo o país tinham esperança e acreditavam que essa tragédia pudesse ser um manancial de mudanças positivas. Mamie tinha garantido que seu grito de mãe agora seria acrescido pelas acusações estampadas no corpo de Emmett.

Um colega escreveu para a ativista Anne Braden logo depois do linchamento: "A crucificação desse garoto de quatorze anos vai fortalecer e esclarecer a causa da dessegregação, da fraternidade humana e da liberdade."[34] Caberia a Mamie Bradley transformar a crucificação em uma ressurreição.

8

MAMÃE FEZ A TERRA TREMER

Na sexta-feira, 2 de setembro de 1955, a mãe de Emmett Till fez grande parte da Chicago negra concentrar-se no assassinato do filho e no movimento que isso poderia ajudar a desencadear. "Quando chegamos à estação ferroviária na Twelfth Street naquela manhã de sexta-feira, já havia uma multidão enorme", escreveu Mamie anos mais tarde. Mil pessoas lotavam a plataforma. "Eu tive de ser levada numa cadeira de rodas. Estava muito fraca e não consegui ficar de pé no momento em que o trem chegou."[1] Repórteres e fotógrafos de praticamente todos os jornais de Chicago registraram a cena. O *Chicago Defender* noticiou: "Imobilizada pela tristeza numa cadeira de rodas em meio a uma imensa multidão de espectadores, a senhora Bradley gritou: 'Senhor, você deu seu único filho para remediar uma situação, mas quem sabe se a morte de meu único filho poderá levar ao fim dos linchamentos.'"[2] O *Chicago Sun-Times* descreveu uma "cena histérica" quando o trem transportando o corpo de Till chegou. "A senhora Mamie E. Bradley levantou-se de sua cadeira de rodas na sexta-feira quando o trem da Illinois Central Railroad's Panama Limited parou. Atravessou três trilhos até o vagão de carga em que jazia o corpo em um caixão de pinho." Chorando convulsivamente, ela caiu de joelhos. "Meu querido, meu querido, eu atravessaria um mundo em chamas para recuperar você."

Com parentes em pranto formando um círculo em torno dela e o carro fúnebre no fundo da cena, Mamie voltou a gritar: "Meu querido, meu querido. Eu sei que você estava pensando em mim quando morreu." Quando os carregadores levaram o caixão de pinho para o carro fúnebre, o *Sun-Times* registrou: "'Você não morreu em vão', disse Mamie em voz baixa."[3]

A inquietação que sentiu quanto à viagem de Emmett ao Mississippi, o medo que a assolou quando soube que homens armados o tiraram de casa, o horror quando o pior que poderia acontecer se tornou um fato inegável, tudo isso começou a se expressar de repente. "E eu continuei chorando enquanto as câmeras fotografavam", escreveu, "em um longo e explosivo momento que seria registrado pelas edições matinais."[4]

Essa frase sintetiza os muitos meses que se sucederam em sua vida.

Tio Crosby Smith, que viera com o corpo do Mississippi, ficou ao lado de Mamie na plataforma, assim como o namorado dela, Gene Mobley, e Rayfield Mooty, agora mais ou menos seu assessor político. Consta que Smith puxou Mooty de lado e recomendou: "Não deixe ninguém ver esse caixão, nem deixe ninguém abrir o caixão. Não deixe Mamie ver lá dentro de jeito nenhum."[5] Mooty ficou ali perto, assim como o bispo Louis Henry Ford e o bispo Isaiah Roberts, que empurrava a cadeira de rodas de Mamie e rezava com ela. A imagem dos carregadores erguendo aquele imenso caixão de pinho e empurrando-o na direção do carro fúnebre à espera fez com que Mamie se levantasse e caísse de joelhos. Os dois ministros a seguraram pelos ombros. "Senhor, leve minha alma, me mostre o que deseja que eu faça", gritou Mamie, "e dê-me forças para fazer isso."[6]

Mamie estava longe de ser a primeira mãe americana a chorar lágrimas de amargura por um filho linchado no Mississippi. No dia 2 de outubro de 1942, segundo um relatório de investigadores da NAACP, dois garotos negros de quatorze anos, Charlie Lang e Ernest Green, foram vistos, por um motorista que passava, brincando com uma garota branca perto de uma ponte; depois foram acusados de tentativa de estupro. Uma turba os tirou da prisão de Quitman, cortaram o pênis dos garotos e arrancaram pedaços de seus corpos com tenazes. Um dos garotos teve uma chave de fenda cravada na garganta até sair pela nuca. Em seguida a turba enforcou os garotos na ponte, um local tradicional de linchamentos no condado de Clarke. Uma fotografia tirada sub-repticiamente dos corpos foi divulgada pelo serviço nacional de telégrafos, mas só um jornal branco a publicou, o *PM*, embora inúmeros jornais afro-americanos a tenham divulgado. O *New York Times* noticiou o linchamento sem a foto, numa reportagem de uma coluna na página 25.[7]

Poucas semanas antes do linchamento de Till, terroristas tinham assassinado o reverendo George Lee e Lamar Smith por seus esforços para registrar eleitores negros. A imprensa nacional e o governo federal ignoraram os assassinatos, parecendo aceitar esse tipo de comportamento como um fato na vida no estado da magnólia e uma questão de pouca importância fora dos círculos de ativistas no resto dos EUA. "Emmett Till foi uma espécie de fenômeno estranho, sabe?", declarou o líder da NAACP de Clarksdale, Aaron Henry, em uma entrevista em 1981. "Os brancos vêm matando garotos negros desde que eu nasci, jogando-os em rios, enterrando-os, toda essa merda. Não sei exatamente por que o assassinato de Emmett Till polarizou a consciência do país. Pode ter sido o começo da televisão e [o fato de] as pessoas poderem ver as coisas. O fato de aquele garoto negro ter sido morto por homens brancos não era nada incomum."[8]

O assassinato de Emmett jamais teria se tornado um momento histórico nem um divisor de águas se Mamie não tivesse encontrado forças para transformar sua tristeza pessoal numa questão pública. Aquele seria o dia em que ele teria voltado de trem com histórias para contar sobre o Delta, ansioso por saber se a mãe tinha consertado sua bicicleta, pronto para ir aos campinhos jogar e sonhar que era Don Newcombe disputando pelo Brooklyn na World Series. Deveria ter entrado em casa ansioso para ver seu cachorro, Mike, resgatado do abrigo de cães. Deveria voltar às aulas alguns dias depois e terminar a pintura da porta da garagem.[9] Mas agora uma das tarefas da mãe incluía encontrar uma maneira de enterrar o próprio coração, achar um jeito de seguir em frente sem uma razão para fazer isso, e devolver seu único filho a Deus. Ela faria tudo isso, e usaria a única influência que o sistema racial de casta dos EUA garantia: a tristeza em público e a indignação moral suficiente para envergonhar e enfurecer uma fração do país.

* * *

Rayfield Mooty disse que instou Mamie a abrir o caixão e mantê-lo aberto.[10] Mas mostrar o corpo arruinado do filho era uma escolha que só Mamie poderia fazer, e não há razão para duvidar de que ela tenha feito isso deliberadamente. Mesmo antes de saírem da estação ferroviária, o diretor da funerária, A. A. Rayner, que providenciou o carro fúnebre que levaria o corpo de Emmett para a casa funerária da zona sul, mostrou-se contrário à determinação de Mamie de abrir o caixão. Rayner já tinha concordado em não fazê-lo antes mesmo de o corpo sair do Mississippi; mas ela insistiu que ele fizesse isso.

Agindo da maneira tradicional dos agentes funerários, Rayner continuou sereno. Trabalhava na zona sul havia anos e sabia que muitos funerais geravam pequenas comoções sobre o que era melhor ou mais adequado. A tristeza levava as pessoas ao limite; o trabalho do diretor da funerária era absorver a tensão calmamente para garantir que as coisas fossem feitas de forma correta — nesse caso, que o caixão ficasse trancado. "Ele foi muito paciente comigo", recordou Mamie. "Ele organizou tudo para mim. Seria lacrado com o símbolo do estado do Mississippi."

"Senhora Bradley", explicou, "eu tive de assinar documentos, o agente funerário teve de assinar documentos, seus parentes tiveram de assinar documentos." Foram necessárias inúmeras promessas para tirar o caixão do Mississippi, sendo que a principal foi a de que ele não seria aberto. Ninguém precisava ver o que estava naquele caixão, explicou.

"Eu disse que ia abrir aquele caixão pessoalmente, mesmo se precisasse usar um martelo", escreveu Mamie. "Entenda, eu não assinei nenhum documento, e desafio todos eles a me processarem. Eles que venham a Chicago me processar." Afinal, Rayner se resignou.[11] Antes de saírem da estação ferroviária, Mamie ou um de seus companheiros disseram a Simeon Booker, repórter da revista *Jet*, que estavam a caminho da A. A. Rayner & Sons, e Booker mandou um fotógrafo para lá. "A senhora Till não conhecia ninguém mais da imprensa", informou.[12]

Enquanto se aproximavam da casa funerária, na esquina da 41st Street com a Cottage Grove, Mamie e seu *entourage* já começaram a sentir um cheiro desagradável. Lá dentro, os funcionários montaram tubos aspersores de desodorante para encobrir o cheiro, embora a tentativa não tenha dado certo. Rayner os levou à sala de espera para que sua equipe tivesse um pouco mais de tempo para preparar o corpo, mas Mamie exigiu ver o corpo do filho do jeito que estava. Relutante, Rayner levou Mamie, o pai dela e Gene Mobley à sala onde o corpo de Emmett jazia sobre uma laje para ser embalsamado. "Ele realmente achava que eu não devia ver Emmett daquele jeito", recordou Mamie. "Mas eu não parei de insistir."[13]

Seus dois acompanhantes a apoiaram, um de cada lado. "À primeira vista o corpo nem parecia humano", escreveu Mamie. Teve um sobressalto, horrorizada ao perceber que "aquele corpo tinha sido meu filho". Fez tudo para se controlar, tentando com dificuldade "ser tão insensível quanto um médico forense. Eu tinha um trabalho a fazer." Começou pelos pés, notando os tornozelos conhecidos, as pernas e os joelhos tão parecidos com os seus. Não havia cicatrizes visíveis no corpo, mas a língua inchada parecia entupir a boca do filho. O olho direito caía na bochecha, suspenso pelo nervo óptico, e o esquerdo tinha desaparecido completamente. O nariz parecia ter sido decepado com um machete de cortar carne, e o tampo da cabeça estava rachado de orelha a orelha. Um buraco de bala logo atrás da têmpora deixava a luz do dia passar através. A visão era horrorosa, mas Mamie tinha cumprido seu dever: era o corpo de Emmett.

"Esse é o Bobo", disse Gene Mobley, o barbeiro. "Eu conheço o corte do cabelo."

Os últimos pensamentos de Mamie quando ela se virou para o outro lado foram sobre o que seu garoto devia ter sentido naquela noite ao perceber que morreria. Sabia de coração que Emmett devia ter chamado o nome dela.[14]

Na casa funerária, segundo o *Chicago Sun-Times*, Mamie tomou a decisão de fazer o enterro com o caixão aberto, exclamando: "Vamos deixar as pessoas verem o que eles fizeram com o meu menino." Mandou Mooty falar com o pastor sobre usar a igreja. Mooty se lembra de ter dito ao homem: "Nós só queremos ter um lugar para colocar esse corpo, para que possa ser visto, só isso. Isso pode não parar [os linchamentos], mas será um começo do fim de todos os linchamentos que têm acontecido no Mississippi. Eles vêm jogando tudo no rio, até ele encher. Agora você tem a oportunidade de ser um grande homem se nos deixar usar esta igreja." Alguma coisa convenceu o pastor, pois as portas da igreja se abriram para visitação ao corpo naquela mesma noite.[15]

Quando Mamie informou a Rayner que queria o caixão aberto para visitação e durante a cerimônia do funeral, ele não tentou dissuadi-la. Perguntou apenas se queria que ele retocasse o corpo de Emmett para torná-lo um pouco mais apresentável. "'Não', respondi. Era daquele jeito que eu queria que fosse exposto. 'Vamos deixar o mundo ver o que eu vi.'"

Mesmo assim, Rayner tomou a liberdade de fazer uma pequena preparação no corpo. Costurou a boca para esconder a língua chocante, removeu o olho pendurado e fechou as duas pálpebras. No lado esquerdo da cabeça, onde os golpes foram mais fortes, suturou os pedaços do crânio o melhor que pôde. O corpo continuou sendo uma visão horrorosa. Mamie não se revoltou por aquela pequena subversão de sua vontade: "Eu disse ao senhor Rayner que ele tinha feito um belo trabalho."[16] Rayner colocou o caixão dentro de uma caixa hermética com tampa de vidro para conter o terrível odor.

Naquela noite, na primeira visitação pública, formaram-se longas filas ao redor do quarteirão para prestar homenagem e ver o corpo mutilado de Emmett Till; o *Chicago Defender* registrou "mais de cinquenta mil [pessoas]", embora as estimativas variassem.[17]

Minnie White Watson, uma arquivista do Tougaloo College no Mississippi, acreditava que seu amigo Medgar Evers, o secretário de campo da NAACP do Mississippi, tenha sido fundamental para "convencer a senhora Till de realizar [...] [um] funeral com o caixão aberto" para o filho. Mamie depois reconheceu que ficou "grata pela compaixão e pelo comprometimento de Evers. Ele realmente ficou comovido com o assassinato de Emmett. Foi o primeiro a conduzir uma investigação inicial para informar o diretório central da NAACP".[18] Evers e seus aliados no Mississippi haviam exposto o rosto desfigurado de George Lee num caixão aberto, com grande efeito. Apesar de as lembranças de Mamie não excluírem a possibilidade da influência de Evers, isso descreve de forma eloquente como ela chegou à sua decisão:

> Eu sabia que poderia falar sobre o que acontecera com meu filho pelo resto da vida, poderia explicar com grandes detalhes, poderia descrever o que vi deitado lá naquela laje na A. A. Rayner, um pedaço, uma polegada, uma parte do corpo de cada vez. Poderia fazer tudo isso e mesmo assim as pessoas não sentiriam todo o impacto [...] Elas precisavam ver o que eu tinha visto. O país inteiro tinha de testemunhar aquilo. Eu sabia que se elas passassem pelo caixão, se as pessoas abrissem as páginas da revista *Jet* ou do *Chicago Defender*, se outras pessoas vissem aquilo com os próprios olhos, nós encontraríamos juntas uma forma de expressar o que tínhamos visto.[19]

Mamie e Ray Mooty continuaram fazendo telefonemas e mantendo o caso na mídia de Chicago. Se não tivessem feito isso, seria difícil explicar a notícia no *Chicago Tribune* no dia seguinte, 3 de setembro: "Mais de quarenta mil pessoas viram o corpo à tarde e à noite." A fila se estendeu ao redor do quarteirão durante todo o dia e à noite. Tanta gente foi tomada de emoção pela visão do corpo que a casa funerária teve de montar uma ala especial de cadeiras do lado de fora para elas se sentarem e se recuperarem. Porteiros e mulheres de branco ficavam a postos para amparar os que desmaiavam.[20]

Pranteadores e curiosos congestionaram a 40th Street e a State Street esperando para entrar na fila e ver o corpo destroçado do garoto da sua cidade. Muitos tinham saído do Mississippi para fugir da violência das leis Jim Crow, que agora parecia se abater sobre eles em Chicago. Milhares devem ter mandando seus filhos para o Sul no verão para visitar primos e avós, fazendo os mesmos alertas de Mamie a Emmett sobre os modos dos brancos. Seria fácil seus filhos também serem mandados para casa num caixão de pinho, massacrados da mesma forma indizível. Essa percepção gerou mais raiva que medo, pois ali na zona sul, rodeados por dezenas de milhares de afro-americanos, com o apoio, ainda que tênue, de políticos e da mídia da cidade, de uma coisa eles tinham certeza: que não precisavam mais esconder sua raiva.[21]

Quando Mamie e sua família chegaram para o enterro na terça-feira, escoltadas em meio a uma multidão por meia dúzia de policiais, o santuário abobadado da Igreja de Deus em Cristo Roberts Temple estava totalmente lotado, com 1.500 pessoas dentro e milhares do lado de fora, onde foram instalados alto-falantes para transmitir o que acontecia na igreja. O bispo Ford proferiu um emocionante sermão baseado no texto impetuoso de Mateus 18:6. "Mas [seja quem for] que ofenda um desses pequenos que acreditam em mim, seria melhor que uma pedra de moinho fosse atada a seu pescoço e que ele se afogasse nas profundezas do oceano."[22] O reverendo Cornelius Adams pediu que a multidão contribuísse com "dólares pela luta" para ajudar no combate pela justiça racial; imediatamente foram arrecadados setecentos dólares para as custas legais.[23] Durante toda a visitação e o funeral houve coletas de fundos para a NAACP e para a família de Emmett, um processo que continuaria pelas semanas e meses seguintes.

"Eu não fazia ideia de como eu iria prosseguir", recordou Mamie. "Mas sabia que precisava fazer aquilo. E sabia que não ficaria mais fácil enquanto nos preparávamos para o que viria a seguir."[24] Agora que contava com a atenção do mundo, ela precisava decidir o que fazer com isso. Enquanto olhava para o caixão com tampa de vidro, Mamie sabia que haveria uma batalha política e espiritual à frente para atribuir à morte do filho um significado que sua vida não tivera tempo de ter. Diante dessa carga, ela começou a perder o ímpeto. O *Chicago Tribune* registrou que ela "desmaiou e teve de ser ajudada para se sentar após ter olhado pela última vez o corpo do filho".[25]

Com o comparecimento de cinquenta mil pessoas na noite de sexta-feira e de mais quarenta mil no sábado, e depois de mais três dias de multidões fazendo filas para ver o corpo de Emmett, é difícil dizer quantas pessoas testemunharam o fato. O *Chicago Tribune* noticiou: "O capitão Albert Anderson, no comando da grande força policial na igreja, disse que mais de cem mil pessoas visitaram os restos mortais do jovem." As estimativas do *Chicago Tribune* chegavam a mais do dobro desse número, 250 mil: "Todos estavam chocados, alguns horrorizados e assustados. Muitos rezavam, houve vários desmaios e praticamente todos choraram, homens, mulheres e crianças."[26]

No Mississippi, alguns dias depois, a primeira página do *Greenwood Morning Star* noticiou que o reverendo J. A. Perkins, de Tupelo, havia declarado na Convenção Nacional Batista de Chicago que o massacre de Emmett Till "mexeu de alguma forma com todos". Antes dessa tragédia, as opiniões entre os afro-americanos quanto ao caminho para a plena cidadania estavam divididas, ele reconheceu. Ainda haveria diferenças de opinião, mas a morte de Till impulsionou e unificou a luta contra a segregação. "Nós não vamos ter medo de ninguém", prometeu Perkins. "Vamos lutar pelo que é direito — como seres humanos — e vamos nos opor a este erro."[27]

David Jackson e Ernest Withers, fotógrafos da *Jet* e da *Ebony*, tiraram fotos do corpo de Emmett na casa funerária; Withers fez um close-up, e Jackson, uma foto de corpo inteiro.[28] Vários outros jornais e revistas publicaram fotografias, mas o *close-up* de Withers do rosto de Emmett, publicado na *Jet* em 15 de setembro, quatro dias antes de Roy Bryant e J. W. Milam irem a julgamento pelo crime, foi passado de mão em mão em barbearias, salões de beleza, campi de faculdades e igrejas negras, chegando a milhões de pessoas. Talvez nenhuma fotografia na história possa ser comparada em termos do impacto que causou entre os negros dos EUA.[29] "Acho que o retrato na revista *Jet* mostrando a mutilação de Emmett Till foi provavelmente o maior produto de mídia dos últimos quarenta ou cinquenta anos", disse o deputado Charles Diggs em 1987.[30]

A cobertura do caso pela televisão teve um impacto ainda maior. Pouca gente no verão e no outono de 1955 tinha noção do imenso poder da televisão. Mesmo jornalistas sofisticados e políticos experientes ainda não entendiam a existência de uma nova linguagem de massa se estabelecendo com a geração de Emmett Till. Foi o primeiro "circo de mídia" genuíno da televisão, e deixou claro que notícias sobre direitos civis não seriam confinadas a uma minoria de americanos ou a uma região específica. "As câmeras de televisão mostraram o estado do corpo e as grandes multidões", lembrou o jornalista Harry Marsh. "Todas as redes que operavam na época exibiram o filme das emissoras de Chicago." Foi a televisão, continua Marsh, que "galvanizou o interesse nacional pela história e que realizou a maior cobertura do julgamento".[31]

O sociólogo Adam Green observa que o espetáculo em torno da morte de Emmett Till "aglutinou" a Chicago negra e o Mississippi negro em uma congregação que trombeteou a tragédia para o mundo. Essas vozes de luto e de protesto surgiram exatamente como Mamie esperava. Membros dessa congregação nacional de negros fizeram manifestações e campanhas por meio de cartas, e organizaram coletas de fundos que transformaram o que poderia ser apenas mais uma das histórias de terror do Mississippi em um chamado à ação. Nesse chamado e nessa resposta, escreve Green, "cidades do Norte e cidades do Delta pareciam o mesmo lugar, e a necessidade de uma ação coletiva entre os afro-americanos em todo o país pareceu mais urgente que nunca".[32]

9

REGIMENTOS EM GUERRA NO MISSISSIPPI

De muitas maneiras, Emmett Till foi uma das baixas da revolta resultante da decisão da Suprema Corte dos EUA no processo *Brown v. Board of Education* [Secretaria de Educação], proferida em 17 de maio de 1954, inicialmente chamada de "Segunda-feira Negra" pelo deputado John Bell Williams, do Mississippi. O juiz Thomas Brady, do Tribunal de Recursos do Mississippi, especulou que o mandato para integrar as escolas públicas incitaria homens brancos de orientação direitista a cometer atos de violência contra jovens negros imprudentes. Matar seria necessário, até inevitável. "Se houver problemas", alertou Brady em um manifesto incendiário chamado "Segunda-feira Negra", "podemos prever como isso vai começar." O detonador seria o "jovem negro arrogante e loquaz que tenha morado por um tempo em Chicago ou Nova York e considere arcaicos os conselhos de seus parentes mais velhos". Essa criança negra "realizará um ato obsceno, ou fará um comentário obsceno, uma proposta vil ou assédio a alguma garota branca". Essa violação do mais sagrado tabu segregacionista provocaria um dilúvio de violência branca contra garotos negros. A estapafúrdia doutrina de igualdade entre raças, acautelava Brady, era "a razão que provocava manifestações, estupros e revoluções".[1]

As palavras de Brady são quase uma previsão lúgubre do assassinato de Emmett Till, mas à época não havia nada notável nessa ameaça fantasiosa de uma guerra racial. Essas ameaças de violência não eram novidade para os negros do Mississippi nem, aliás, para qualquer estudioso da Reconstrução* ou da época das leis Jim Crow. Porém, uma nova frente na guerra pelo Mississippi foi aberta em 1945, quando soldados afro-americanos voltaram da Europa e do Pacífico. Foi em meio a essas renovadas hostilidades que a Suprema Corte soltou a bomba *Brown v. Board of Education*. Milam e Bryant não estavam numa missão política quando esmurraram a porta de Moses Wright, nem tampouco quando raptaram Emmett Till sob a bandeira dos direitos do estado, da integridade racial ou da supremacia branca. Os homens brancos efetuaram sua brutal tarefa na atmosfera criada pelo Conselho de Cidadãos, pela Ku Klux Klan e pela massa da opinião pública branca, todos exigindo que os afro-americanos continuassem subservientes ao lumpesinato do Mississippi — se não quisessem morrer. Mas as batalhas desencadeadas pelo caso *Brown v. Board of Education* já vinham fermentando havia muito tempo.

Segundo William Bradford Huie, Milam justificou depois o linchamento de Till usando os termos das violentas políticas raciais e sexuais:

> Enquanto eu viver e puder fazer alguma coisa a respeito, os crioulos vão ficar em seu devido lugar. Crioulos não vão votar onde eu morar. Se votassem, eles controlariam o governo. Não vão frequentar a escola com meus filhos. E quando um preto chegar a mencionar sexo com uma mulher branca, é porque está cansado de viver. É provável que eu o mate. Eu e meu povo lutamos por este país, e temos alguns direitos [...]

---

*. Período da reconstrução do Sul dos EUA (1865-1877) logo após a derrota dos Estados Confederados na Guerra Civil Americana (1861--1865). [N.T.]

"Garoto de Chicago", falei, "estou cansado de eles mandarem os da sua laia pra cá para criar encrenca. Malditos sejam, eu vou fazer de você um exemplo para todo mundo ver como minha gente resiste."[2]

Essa espécie de lógica perversa, apesar de Milam ter se referido diretamente ao caso *Brown v. Board of Education*, também havia motivado o sangrento levante da Reconstrução no Mississippi em 1875, que foi a última vez em que o estado tinha superado o nível de conflitos raciais na região, em meados dos anos 1950. Resultou no violento massacre e no golpe em Wilmington, na Carolina do Norte, em 1898, que serviu de modelo para o "Tumulto Racial" de 1906, em Atlanta. Provocou uma grande violência de turbas contra as comunidades negras de Springfield, Illinois, em 1908, que ajudou a inspirar W. E. B. Du Bois e seus aliados brancos e negros a fundar a Associação Nacional pelo Avanço de Pessoas de Cor [NAACP, na sigla em inglês] no ano seguinte. Causou matanças em Elaine, Arkansas, em 1919; e os *pogroms* incendiários no leste de St. Louis em 1917, nos quais talvez duzentos negros tenham morrido; e em Tulsa em 1922, em que cerca de trezentos negros morreram e dez mil ficaram desabrigados. A lógica manifestada pelo juiz Brady e por J. W. Milam era muito conhecida por quase todos os americanos de pele escura.[3]

Assim como o juiz Brady, J. J. Breland, um dos advogados de Milam e funcionário do Conselho de Cidadãos, transferiu a culpa pelo linchamento para o Norte. Breland disse a Huie que Milam e Bryant "não teriam matado [Till] não fosse pela Segunda-feira Negra. A Suprema Corte é responsável pelo assassinato de Emmett Till."[4] Se isto foi realmente um pensamento de Milam, não era só dele como também de Breland. Líderes sulistas gostavam de fingir que haviam ficado chocados, chocados pela herética emboscada da Suprema Corte. Contudo, para qualquer um que estivesse prestando atenção, a decisão da Corte no caso *Brown v. Board of Education* não foi uma surpresa. Políticos brancos esbravejaram, como se o presidente da Suprema Corte, Earl Warren, tivesse ordenado o traiçoeiro ataque a Pearl Harbor, mas os exércitos da segregação já previam esse ataque. "Mais do que uma reação ao impensável", escreve o historiador Jason Morgan Ward, "o movimento segregacionista foi um ataque coordenado contra o previsível."[5]

Os contornos da renovada batalha já eram visíveis antes da Segunda Guerra Mundial. Em 1941, o ex-tenente e governador E. D. Schneider já defendia eleições primárias exclusivas para brancos e a cobrança de uma taxa para votar em uma feira de agricultura afro-americana em Clarksdale, prometendo que os negros jamais votariam no Mississippi. A multidão de negros o vaiou estrepitosamente. Em seguida o editor de um jornal negro levantou-se e disse à assembleia que, na verdade, os negros do Mississippi iriam votar, e em breve. E se necessário, continuou, haveria derramamento de sangue no Mississippi e também no exterior para garantir a democracia. No ano seguinte, um membro da Yazoo-Mississippi Delta Levee Board [Comitê de Manutenção dos Diques do Delta Yazzo-Mississippi] alertou: "No futuro estaremos muito próximos do tempo em que os escuros estarão protegidos pela lei federal em seus votos no Sul, e todos sabemos o que isso vai representar no Mississippi."[6] Richard Wright, do estado do Mississippi, escreveu naquele mesmo ano: "Quando um de nós nasce, já entra para um dos regimentos em guerra no Sul."[7]

O Mississippi surgiu como o líder do Partido Democrata pelos Direitos dos Estados, em 1948, mais conhecido como dixiecratas.** Liderados pelo governador do Mississippi, Fielding

---

**. Democratas do Dixie. Dixie se refere aos estados do Sul na Guerra de Secessão dos EUA. [N.T.]

Wright, e por Strom Thurmond, da Carolina do Sul, os dixiecratas romperam com o presidente Harry Truman, o portador da bandeira democrata, por causa de seu apoio à legislação dos direitos civis, a uma emenda contra os linchamentos, às medidas para eliminar as taxas cobradas dos eleitores e o estabelecimento de uma Comissão de Práticas Justas no Emprego. A revolta dos dixiecratas de 1948 angariou os votos eleitorais do Mississippi, da Louisiana, do Alabama e da Carolina do Sul, prenunciando o surgimento de um Sul bipartidário.[8] O juiz Brady já era então um dixiecrata furioso, conclamando um novo partido "em cujas fileiras todos os verdadeiros americanos conservadores, democratas e republicanos serão bem-vindos" para lutar contra "os elementos radicais deste país que se denominam liberais". O senador James Eastland do Mississippi definiu a revolta dixiecrata como "fases de abertura de uma luta" por princípios conservadores e pela supremacia branca e como "um movimento que jamais morrerá".[9]

Apesar da retórica confiante, o movimento segregacionista era atormentado por uma inquietante sensação de não mais contar com sua superioridade política. Walter Sillers Jr., produtor de algodão do Delta e deputado no Mississippi entre 1916 e 1966, já em 1950 escreveu que os afro-americanos estavam "bem à frente de nós" na batalha pelos direitos civis: "Eles realizam reuniões semanais em todos os condados do Delta e estão bem organizados, e se houver alguma emergência eles sabem exatamente para onde ir e o que fazer, enquanto nossa gente está desorganizada e vai se dispersar como um bando de codornas acuadas."[10] Mesmo que tenha superestimado o nível de organização dos negros do Mississippi, Sillers estava certo sobre suas intenções.

Uma das figuras-chave da resistência afro-americana ao sistema racial de castas no Mississippi foi um veterano da Segunda Guerra Mundial chamado Amzie Moore. Nada na vida regressa de Moore deveria tê-lo levado a imaginar um mundo sem a dominação branca. Nasceu em 1912 numa fazenda de algodão do Mississippi rural. Seu avô morreu aos 104 anos, tendo dividido sua terra entre sete filhos, que logo perderam tudo na Grande Depressão. A mãe de Amzie morreu quando ele ainda era garoto, "então meu pai veio e levou os dois filhos mais novos, e com quatorze anos eu já estava por conta própria". O jovem abandonado vivia com uma mão na frente e outra atrás, dependendo de vários parentes e professores, quase sempre faminto. Mesmo assim conseguiu se formar no ensino médio em 1929, uma raridade em sua geração de afro-americanos no Mississippi. Em 1935, Moore, corpulento e de ombros largos, arranjou emprego como zelador no Serviço Postal dos EUA e se mudou para perto de Cleveland, Mississippi. Naquela época, era um emprego excelente para um negro, e ele o manteve por mais de trinta anos. Também se virou para ganhar dinheiro como empreendedor.[11]

Para Moore a barreira da cor no Mississippi parecia tão inflexível e inexorável como se seguisse a vontade do Criador. "Por muito tempo eu tive a impressão de que um homem de pele branca era superior, porque me parecia que ele tinha tudo", relembra. "E imaginei que se Deus justificava que o homem branco tivesse tudo, esse Deus o tinha colocado numa posição para ser o melhor."[12] Numa entrevista, ele declarou: "Eu simplesmente achava que [os brancos] eram tão bons que Deus os amava muito, e dava a eles todas as coisas que tinham. E que, evidentemente, havia alguma coisa errada comigo."[13]

Esse sentimento profundamente internalizado acerca da supremacia branca nunca impediu que Moore tivesse esperança de que os negros do Mississippi um dia ascenderiam à autossuficiência econômica e a uma cidadania igualitária. Quando o movimento libertário começou a se agitar, Moore percebeu aquilo como um chamado às armas. Seu "primeiro contato com o movimento libertário" aconteceu em 1940, quando ele se reuniu com milhares de afro-americanos para falar sobre modernização da agricultura, igualdade nas escolas e desenvolvimento econômico. "Cerca de dez mil moradores do Delta do Mississippi organizaram uma reunião de massa", relembrou um de seus colegas em carta escrita 25 anos mais tarde. "Naquela época nós defendíamos a filosofia 'separados, porém iguais'. As escolas eram separadas, mas não iguais." Os palestrantes vieram do Instituto Tuskegee, da Alcorn College e de Washington.[14] Moore se lembrava da reunião na Faculdade Estadual do Delta como "nosso primeiro despertar" e "o começo da mudança".[15]

Assim como os afro-americanos que organizaram o encontro na Faculdade Estadual do Delta, Moore definia o levante racial como um sucesso empresarial: não era apenas a arma mais próxima à mão; estava entre as mais poderosas. No ano anterior ao encontro, Moore tornou-se o primeiro afro-americano nas imediações de Cleveland a conseguir um empréstimo da Secretaria Nacional de Habitação: "Eu comecei comprando lotes, construindo minha primeira casa em 1941, com um banheiro e tudo mais, gás, todas as conveniências, pois tinha de me convencer que eu tinha capacidade de fazer isso."[16] Sua primeira casa de tijolos foi construída no número 614 da South Chrisman Street no "Low End", o efervescente bairro comercial negro de Cleveland. "Amzie era de classe média", relembrou Charles McLaurin, um dos muitos jovens militantes pelos direitos civis que Moore influenciou.[17]

A Segunda Guerra Mundial interrompeu a ascensão de Moore em 1942, quando ele foi convocado, aos trinta anos de idade. Logo ficou conhecendo a dura verdade que, para a maioria de seus companheiros americanos, um negro de classe média de Cleveland, Mississippi, seria para sempre e acima de tudo um homem negro. "Eu realmente não sabia o que era segregação antes de entrar para o Exército", lembrou. Viveu a segregação e os maus-tratos dispensados a soldados negros em todas as bases militares do país.[18] E resistiu com algum sucesso. Matthew Skidmore, que serviu com ele em unidades segregadas, inclusive na Base Aérea do Exército em Walterboro, na Carolina do Sul, escreveu uma carta a Moore em 1955 quando viu uma foto do antigo camarada lutando pelos direitos civis no Mississippi: "Estava lendo a revista *Ebony* e vi sua fotografia e a razão de você estar lá. Lembra como nós lutamos contra o preconceito racial, principalmente na Carolina do Sul? Lembra como nós vencemos?"[19] Em outra carta o velho amigo relembra Moore de vários episódios de suas batalhas contra a supremacia branca — "o incidente no teatro" e "os ônibus". Ele escreveu: "Lembra que não podíamos usar as instalações daquele Tropical Club na base? Talvez não se lembre, mas tudo aquilo foi corrigido. Talvez você não se lembre, mas o prefeito prometeu que os brancos da cidadezinha dele seriam corteses e respeitosos."[20]

O que Moore mais lembrava eram o intermináveis menosprezos, os insultos e até os assassinatos ocorridos durante seu tempo no Exército. "Aonde quer que fôssemos, enfrentávamos essa coisa maligna — a segregação. Se estávamos aqui lutando pelas quatro liberdades de que Roosevelt e Churchill falavam, então com certeza achávamos que os soldados americanos deveriam ser os primeiros a serem livres."[21] Ao contrário dos soldados brancos convocados, os soldados negros já lutavam pela democracia bem antes de terem embarcados para o exterior. Moore considerava as ironias e idiotias dessas dificuldades raciais quase intoleráveis. "Lá estava eu sendo embarcado para o exterior e sendo segregado pelo homem que eu poderia ter de salvar, ou que podia salvar minha vida. Eu não deixava de observar essas coisas."[22]

Ironicamente, as autoridades militares escolheram Moore para vender aos seus compatriotas afro-americanos o papel que desempenhariam depois da guerra. Aquartelado com a Décima Força Aérea em Myitkyina, na Birmânia [Myanmar], Moore viajou por todo o sul da Ásia falando sobre democracia e a guerra. "Nós precisávamos contra-atacar a propaganda japonesa fazendo palestras para os nossos soldados. Essa era a minha função. Prometeram-nos que, quando a guerra acabasse, as coisas seriam diferentes, que os homens teriam oportunidade de ser livres. De uma forma ou de outra, alguns de nós não acreditamos nisso."[23] Tenha ou não o cabo Moore conseguido convencer qualquer soldado negro, ou até mesmo a si mesmo, que a guerra pela democracia também os incluía, suas viagens por todos os Estados Unidos e pelo México, pelo sul da Ásia, pela China, pelo Japão e pelo Egito ampliaram suas perspectivas sobre a luta pela liberdade no Mississippi. "Acho que o que Deus realmente fez comigo, nisso em particular, foi me pôr num navio e me mandar viajar pelo mundo. E me deixar viver em ambientes diferentes e entrar em contato com povos diferentes para realmente descobrir o que havia por trás."

Quando sua unidade foi mandada da Califórnia para a Índia, este descendente de escravos de repente se viu um dia passando ao lado do Grande Templo de Calcutá. Quando viu aquele esplendor da antiguidade ao lado de "pessoas morrendo nas ruas e gente passando como se elas não estivessem ali", Moore acreditou que a sabedoria que havia construído aquela venerável civilização tinha "regredido" e que o velho regime havia desmoronado. "Não se pode estabelecer uma aristocracia e esperar que ela flutue", refletiu. Moore se convenceu de que para cada ordem social que ascende "existe um declínio e, como na grande roda do tempo, cada raio que sobe depois desce para a terra". Naquele momento seus pensamentos se voltaram para os Estados Unidos — e sem dúvida para o

Mississippi. "Nós precisamos nos dar bem uns com os outros neste país, pois é a única forma de conseguirmos sobreviver mais cem, duzentos ou trezentos anos."[24]

Quando em 17 de janeiro de 1946 o Exército dos EUA dispensou com honras o cabo Amzie Moore em Camp Shelby, Mississippi, o ex-soldado teve uma viagem de ônibus de quatro horas para considerar como viveria o resto de seus dias.[25] Tinha planos de se assentar e construir uma vida, mas se sentia irritado com a contradição de lutar pela liberdade humana com um exército de Jim Crow. Ponderou se havia alguma verdade no que fora mandado dizer aos soldados negros sobre o período pós-guerra.[26] Quando chegou a Cleveland, obteve sua resposta: os brancos tinham organizado uma "guarda doméstica" para "proteger as famílias [brancas] dos soldados negros que voltavam para casa". Nos meses seguintes, vários veteranos negros da cidade foram mortos. "Acho que o propósito das mortes era amedrontar outros negros", afirmou Moore. "E com certeza teve seu efeito psicológico."[27]

Moore continuou determinado a ver sua propaganda dos tempos de guerra influenciar o país para além da retórica vazia. Com isso em mente, começou a organizar em todo o estado uma rede de ativistas afro-americanos para lutar pelo direito ao voto. Acreditava que, sem isso, nada mais parecia possível, e qualquer um que soubesse fazer contas podia ver que os votos negros mudariam as coisas no Delta.[28] No final de agosto de 1955, Moore era um homem de negócios bem-sucedido, dono de um posto de gasolina, salões de beleza e lojas de mantimentos. Também era presidente da sede da NAACP de Cleveland, Mississippi, com mais de quinhentos membros e uma presença estabelecida entre os que trabalhavam pelos direitos civis no Sul.

De acordo com Moore, foi pouco depois de J. W. Milam e Roy Bryant terem raptado Emmett Till que Moses Wright entrou em contato com ele pela primeira vez. Assim como para o reverendo Wright, a primeira reação de Moore foi de esperança: "Pensei comigo mesmo que, bem, ele deve estar em algum lugar em Greenwood. Nunca pensei que alguém lincharia o garoto. [Alguns dias depois] recebi outra ligação." Àquela altura, o pescador adolescente já tinha encontrado o corpo de Emmett nas correntezas do Tallahatchie. Agora seria necessário fazer escolhas mais difíceis.

Moore partiu para Money, apesar do alerta de amigos. "'É melhor não ir, eles estão de olho em você, eles vão te matar.' Mas eu fui até lá. E quando cheguei a Money ninguém me informava onde morava o senhor Wright. Ele morava fora de Money, mas ninguém dizia, só falavam que não sabiam onde ele estava. Então eu tive de voltar." Mas esse não foi o fim do envolvimento de Moore no caso.[29] Durante as 24 horas anteriores, decisões haviam sido tomadas, e os eventos seguiram um curso que se alastraria pelo Mississippi e por Chicago — e, afinal, pelos Estados Unidos e pelo mundo.

O caso Till afetou toda a rede de ativistas de Moore no Mississippi, muitos dos quais eram também veteranos da Segunda Guerra que se recusavam a aceitar os antigos costumes depois de uma custosa cruzada global, ostensivamente em favor da democracia universal. Eles se tornaram o que o historiador John Dittmer chama de "as tropas de choque do movimento de direitos civis moderno".[30] Muitos se tornaram líderes da NAACP, principalmente depois que as decisões do caso *Brown* de 1954 e 1955 apontaram um holofote para a dessegregação nas escolas e criaram novos líderes que rejeitavam o conceito de "separados, porém iguais". A rede de Moore incluía Medgar Evers; E. J. Stringer, dentista de Columbus que seria eleito presidente da conferência estadual das sedes da NAACP em 1954; Aaron Henry, farmacêutico de Clarksdale que se tornaria importante líder dos direitos civis; os defensores do direito ao voto, o reverendo George Lee e Gus Courts; e o doutor T. R. M. Howard, um carismático e corajoso médico de Mound Bayou.³¹

Poucos estavam mais envolvidos que o inteligente e compenetrado Medgar Evers. Seu serviço militar no centro do drama da Segunda Guerra na Europa o deixou muito maduro para a idade que tinha. "Ele entrou para o Exército, lutou pelo seu país e voltou, mas nós não estávamos tendo a liberdade pela qual lutamos", observou seu irmão Charles. Para Medgar, o voto era o teste essencial da democracia, principalmente no Mississippi. "Nossa única esperança é controlar o voto", afirmou.

Em 1946, Medgar, Charles e quatro amigos se registraram no tribunal eleitoral de Decatur, Mississippi. Porém, quando voltaram para depositar seus votos na eleição primária do Partido Democrata, em 2 de julho, uma pequena turba bloqueava a escadaria do tribunal. "Quando chegamos ao escritório [do secretário], uns quinze ou vinte homens brancos surgiram atrás de nós", recorda-se Medgar. Ameaçados por armas enquanto saíam, eles foram para casa, pegaram suas próprias armas e voltaram ao tribunal. Deixando as armas no carro, os irmãos Evers e seus companheiros tentaram entrar de novo, porém mais uma vez o caminho estava bloqueado. "Ficamos parados na escada do tribunal, olhando uns para os outros", contou Charles. Finalmente, Medgar resolveu evitar o que parecia um derramamento de sangue iminente e disse: "Vamos embora, a gente pega eles outra hora." Charles declarou: "Mais do que qualquer outra coisa, aquele dia em Decatur fez de mim e de Medgar ativistas dos direitos civis."³²

A primeira estratégia de Medgar foi usar seus direitos de ex-combatente para entrar numa faculdade. Matriculou-se na Alcorn State College naquele outono de 1946. Atlético e musculoso, jogava no time de futebol americano da Alcorn.

Também atuava como editor do *Greater Alcorn Herald* e foi eleito presidente da classe de calouros. Evers estudou muito, obteve boas notas, aperfeiçoou seu vocabulário e tornou-se um assíduo leitor de jornais. Conheceu e se casou com Myrlie Beasley, de Vicksburg, uma jovem linda e inteligente que se tornaria parceira em tempo integral em seu trabalho pelos direitos civis. Segundo um amigo, ele também entrou para um grupo inter-racial que realizava discussões mensais sobre questões internacionais na Millsaps College, exclusiva para brancos. Tornou-se admirador de Jomo Kenyatta, líder da luta anticolonial do Quênia contra os britânicos; aliás, em 1953, Medgar e Myrlie batizaram o filho com o nome de Darrell Kenyatta Evers. Kenyatta liderava uma revolução armada, e a admiração de Medgar sugere que ele estava disposto a considerar quaisquer meios necessários para desbancar a supremacia branca no Mississippi. Para os afro-americanos do Sul, as maneiras de efetuar mudanças eram sempre limitadas e cheias de riscos, mas a maior parte delas era ao menos considerada, com suas consequências cuidadosamente pesadas. O historiador Charles Payne escreve que Medgar "pensou muito e por muito tempo sobre a ideia de os negros se engajarem numa guerra de guerrilhas no Delta", mas afinal não conseguiu conciliar isso com suas convicções religiosas.[33]

Logo depois de se formar pela Alcorn, Medgar retomou contato com T. R. M. Howard e tornou-se representante de vendas da empresa de Howard, a Magnolia Mutual Life Insurance. Ele e a noiva se mudaram para Mound Bayou, a histórica comunidade só de negros no Delta. Seu novo emprego exigia que ele dirigisse pelas estradas desertas do Delta, e ele tomou consciência da vida difícil das famílias de meeiros negros no Mississippi. "Ele via famílias inteiras colhendo algodão, vivendo como escravos", contou Charles. Os irmãos Evers passaram a acreditar que o sofrimento dos negros do Mississippi era resultado da exploração econômica, da ameaça de violência física por parte dos brancos e da negação do direito ao voto. "Medgar jurou melhorar a vida daquelas pessoas", disse seu irmão.³⁴

Alto e de pele parda, Theodore Roosevelt Mason Howard era chefe da cirurgia do Hospital Taborian de Mound Bayou, cuja equipe formada exclusivamente por negros atendia a comunidade negra. Nenhum defensor dos direitos civis no estado do Mississippi tinha mais carisma, charme ou era mais rico que Howard. Além da própria fazenda, era dono de uma empresa de construção, de um restaurante e de uma cervejaria, tinha algum gado e uma companhia de seguros. Podia pagar empregados e motoristas; criava faisões, codornas e cães de caça, e era dono de uma frota de belos automóveis, além de uma submetralhadora Thompson e diversas outras armas. Eram simples reconhecimentos por ter alcançado uma estatura e uma influência numa sociedade que não permitia que ele as tivesse. "Só de olhar para ele via-se que era um líder", escreveu Myrlie Evers. "Bondoso, afluente e inteligente, era aquele tipo raro de negro no Mississippi que de alguma forma tinha vencido o sistema."³⁵

Howard recrutou Amzie Moore e alguns outros para entrarem no negócio com ele. De acordo com cheques descontados, Moore investiu mil dólares na Magnolia Mutual Life Insurance Company em 1951, quando Howard fundou a empresa. Em alguns meses Moore foi designado para a diretoria da Magnolia Mutual, junto com Aaron Henry. Pouco depois Medgar Evers juntou-se a eles.³⁶ Como sempre acontecia entre os líderes negros do Mississippi, a economia e a política andavam de mãos dadas.

Na manhã de 28 de dezembro de 1951, Howard, Moore e Henry, entre outros, fundaram o Delta Council of Negro

Leadership [Conselho de Liderança Negra do Delta], logo rebatizada de Regional Council of Negro Leadership (RCNL) [Conselho Regional da Liderança Negra], "para orientar a nossa gente em suas responsabilidades civis relacionadas a educação, registro e votação, aplicação da lei, pagamento de impostos, preservação da propriedade, vantagens de fazer poupança, e para nos orientar em todas as coisas que nos tornarão cidadãos estáveis, qualificados e conscienciosos, que levarão os negros no Delta do Mississippi e no estado do Mississippi à primeira classe da cidadania". Moore se tornou o primeiro vice-presidente, e Howard, o presidente fundador. Henry definia a RCNL como uma espécie de "NAACP caseira".[37]

O foco da RCNL era o que Moore chamava de "mudar o ponto de vista econômico", diferenciando-se da NAACP, que relevava o desenvolvimento econômico em favor dos direitos civis.[38] A RCNL se rotulava como uma organização "para o bem comum de todos os cidadãos da área do Delta e do estado, independentemente de raça ou credo".[39] Tentava assim apresentar a seus vizinhos brancos uma fachada mais aceitável que a "radical" NAACP.[40] Embora nos primeiros tempos da RCNL o desenvolvimento econômico fosse a principal preocupação, as questões cívicas — o voto, a brutalidade policial e as indignidades da segregação — logo vieram à tona. Mais tarde Moore afirmou que a RCNL contava com cem mil membros de quarenta condados só no Mississippi; estes incluíam inúmeros profissionais, "diretores de escolas, gente do Departamento de Agricultura, professores".[41]

Evers logo se tornou diretor de programas da RCNL, desempenhando um papel-chave numa campanha focada em instalações sanitárias em postos de gasolina, em 1952. Afro-americanos no Mississippi sabiam dos perigos e das indignidades encontradas por negros nas estradas do Sul. A maioria dos estabelecimentos de propriedade de brancos ao longo das estradas sinalizava "Só para brancos" em seus banheiros públicos e não ofereciam instalações para negros. Assim, mulheres, crianças e homens afro-americanos precisavam usar a vegetação e os arbustos ao lado das estradas para se aliviar, ou esperar desconfortavelmente até chegarem ao seu destino. Como se isso não bastasse, os guardas rodoviários do Mississippi eram bem conhecidos por tratarem motoristas negros com uma falta de cortesia que às vezes degenerava em brutalidade ostensiva. Por isso, a primeira cruzada da RCNL foi pela igualdade nas estradas públicas, criando o slogan "Não abasteça onde você não pode usar o banheiro".[42] Evers e Howard pagaram um profissional gráfico negro de Jackson para produzir dezenas de milhares de adesivos com essa frase e, segundo seu irmão, "distribuíram esses adesivos a centenas de negros por todo o estado — a qualquer um que quisesse".[43] "Com o passar do tempo", escreveu Myrlie mais tarde, "eu e Medgar víamos os pequenos adesivos com essas palavras nos velhos automóveis dos negros do Delta. Lá estava um presságio do que estava por vir."[44]

A cruzada da RCNL mobilizou um grande número de afro-americanos a deixar de comprar gasolina de postos que não lhes ofereciam instalações sanitárias. Ainda que tecnicamente o protesto se encaixasse bem dentro do sistema de segregação sulista de "separado, porém igual", a autoafirmação violava o arranjo social que a formulação segregacionista ensinava e defendia. A vitória representou uma brecha na velha ordem: a maioria dos postos de propriedade de brancos logo preferiu providenciar banheiros segregados, e muitos afixaram cartazes anunciando "Banheiros limpos para pessoas de cor".[45]

Por mais impressionantes que essas vitórias possam ter parecido para os negros do Delta no início dos anos 1950, as estupendas manifestações da RCNL em Mound Bayou eram sua marca registrada. Embaixo de uma enorme tenda de circo na fazenda de Howard, milhares de afro-americanos se reuniam para ouvir porta-vozes de todo o país e assistir a apresentações de renomados artistas musicais. Literalmente, toneladas de costeletas e de frangos eram servidas. Na primeira conferência anual da RCNL, em 1952, o deputado William Dawson de Chicago tornou-se o primeiro congressista negro a falar no Mississippi desde a Reconstrução, diante de uma plateia de sete mil pessoas. A grande cantora gospel Mahalia Jackson o acompanhou.[46] No terceiro encontro anual da RCNL, em 1954, apenas dez dias antes de sua histórica vitória no caso *Brown*, Thurgood Marshall falou para uma plateia de cerca de oito mil pessoas, acompanhado por oito bandas escolares e uma banda de sessenta componentes da Universidade Estadual A&I do Tennessee, que conduziu a "Grande Parada da Liberdade" pela rua principal enquanto Howard e Marshall acenavam de um conversível. O painel de discussões na tenda naquela noite foi "O negro em uma sociedade integrada".[47] Em 1955, a revista *Ebony* publicou uma fotografia da tenda de circo com treze mil pessoas reunidas para ouvir o recém-eleito congressista Charles Diggs, de Detroit.[48]

Em todas as manifestações anuais da RCNL, o Comitê de Voto e Registro organizava oficinas como parte de seu empenho para educar e registrar novos eleitores negros. Em muitas regiões do Mississippi, xerifes se recusavam a aceitar o pagamento das taxas de afro-americanos, efetivamente os proibindo de votar. Os funcionários do tribunal eleitoral olhavam para o outro lado, por nenhuma razão a não ser a própria objeção ao voto negro. Nos raros locais onde os testes para registro eram razoavelmente administrados, a RCNL ministrava aulas sobre a Constituição do estado do Mississippi para os negros que queriam votar passarem no teste. O número de afro-americanos registrados aumentou gradualmente para 22 mil em 1954, um recorde para o século XX.[49]

A campanha de registro de eleitores da RCNL aconteceu na contramão de uma crescente determinação dos brancos de proteger "o modo sulista de vida" contra a autoafirmação negra e a intervenção federal. Embora seu sistema econômico dependesse dos subsídios do governo no mínimo tanto quanto do mercado mundial de algodão, os fazendeiros do Mississippi temiam que o rio de dinheiro federal estivesse ligado a certas condições. A partir do momento em que os afro-americanos do Norte entraram na coalizão do New Deal da RCNL, os líderes da supremacia branca começaram a prever a ruína e a destruição das relações raciais no Mississippi. Convencidos de que a coalizão de liberais de Franklin Delano Roosevelt com afro-americanos e sindicatos trabalhistas punham em perigo "a democracia branca do Sul", os brancos mais reacionários do Dixie lançaram um movimento em defesa da segregação e pela preservação de seus poderes políticos, mesmo que isso significasse uma batalha sangrenta pelo controle do Partido Democrata ou o desligamento total do partido de seus pais. "Alguns democratas sulistas de mais visão perceberam em 1936 que o grande Rio Democrata estava começando a bifurcar", escreveu o juiz Brady em 1948, ao se aliar aos exércitos dixiecratas.

A educação e o voto configuraram anos divisórios antes da decisão do caso *Brown*. Em 1942, o editor do *Meridian Star* rejeitou a ideia de ajuda federal para a educação porque "camuflar a ajuda à educação" levaria o Mississippi "um passo mais próximo dos males interligados da regra hitlerista de totalitarismo e igualdade social". Dois anos depois um ex-governador do Mississippi, Mike Connor, atacou a decisão no caso *Smith v. Allwright*, que derrubou as "primárias exclusivamente brancas". Connor declarou que os adeptos do New Deal tinham aderido a "filosofias de governo não americanas e não democráticas" num esforço "para transformar a própria forma de governo de uma república em absolutismo, em um Estado totalitário de comunismo e nacional-socialismo que destruiria em casa tudo que nossas forças armadas no exterior estão lutando para preservar". O Partido Democrata nacional tinha se rebaixado tanto que iria "traficar com negros do Norte para colocar as botas negras da dominação negra no nosso pescoço". Na eleição de 1946, o notório senador Theodore Bilbo explicou por que era crucial deter os votos dos negros, citando a sabedoria popular que persistiria entre os brancos até os anos 1960: "Se deixarmos alguns se registrarem e votarem neste ano, no próximo ano eles serão o dobro, e a primeira coisa que vamos ficar sabendo é que a coisa toda está fora de controle." Bilbo se ofereceu a fornecer aos postos de registro dos condados, que ministravam os testes para votar, "pelo menos cem perguntas que nenhum crioulo conseguirá responder". E ainda acrescentou sua admoestação preferida: "O momento certo para controlar o voto dos pretos é a noite anterior à eleição."[50]

Os regimentos em guerra do Mississippi persistiram nessa vagarosa luta de trincheiras por muitos anos, até que nove homens de togas negras lançaram uma bomba na política segregação em escolas públicas.

10

SEGUNDA-FEIRA NEGRA

No dia 21 de maio de 1954, quatro dias depois da decisão da Suprema Corte dos EUA do caso *Brown v. Board of Education*, o juiz Brady escreveu a segunda de duas cartas abrasadoras ao deputado Walter Sillers Jr. exigindo uma resposta política. Ele imaginava uma nova formação política que "inclua todos os fatores, grupos políticos e incorpore líderes de todas as tendências". A carta continuava: "Todos os homens brancos de todas as tendências devem ser convocados. Deve ser a luta deles. Se os estados do Sul não se unificarem em pensamento e ação, a NAACP sairá vitoriosa."[1]

Brady cursou a academia preparatória de Lawrenceville, em Nova Jersey, e se formou pela Universidade Yale em 1927. Concluiu seu JD [*Juris Doctor*] em 1930 na Universidade do Mississippi, onde lecionou sociologia por dois anos e foi vice-presidente da ordem dos advogados do estado.[2] Desde então, exercia advocacia e vestia a toga de juiz na cidadezinha de Brookhaven. Depois de um tempo, passaria a servir na Suprema Corte do Mississippi.[3]

Uma semana após ter escrito sua carta a Sillers, Brady subiu ao palanque em uma reunião dos Filhos da Revolução Americana em Greenwood, Mississippi, de onde fez um discurso febril intitulado "Segunda-feira Negra". Os temas centrais eram as falácias legais e os perigos políticos do caso *Brown*.

A decisão da Corte se apoiava em argumentos sociológicos "comunísticos" e na Quarta Emenda, segundo seu argumento. Os primeiros eram perniciosos e irrelevantes, mas a garantia da emenda de cidadania federal assegurada em sua proteção igualitária e devidas cláusulas processuais "estava carregada de dinamite". Tropas federais e legislaturas aventureiras tinham imposto a ilegal Décima Quarta Emenda depois da Guerra entre os Estados, mas "nunca teve qualquer força moral no Sul". A decisão ilegítima do caso *Brown* ignorava mais de meio século de precedentes legais. A conspiração da NAACP e da Internacional Comunista eram as forças políticas que haviam motivado a decisão.[4] Brady lembra que, depois do discurso, "vários homens vieram até mim e disseram: 'Juiz, o senhor devia escrever isso em um livro.' Eu disse a diversos homens da procuradoria pública que esperaria até junho, e que se nada fosse feito a respeito do problema eu publicaria o livro. Nada foi feito, por isso eu o lancei."[5]

Brady esticou sua oratória para 97 páginas ao acrescentar um generoso abuso de clichês dos supremastistas brancos disfarçados de fatos científicos e delírios paranoicos apresentados como arrebatamentos patrióticos. Como quase todas as propostas semelhantes, o motor que a propelia era o terror corrosivo da "miscigenação" entre homens negros e mulheres brancas. O discurso e suas sequelas bombásticas inspiraram a fundação da Associação dos Conselhos de Cidadãos, que publicou o discurso em julho como um livreto intitulado *Black Monday: Segregation or Amalgamation. America Has Its Choice* [Segunda-feira Negra: segregação ou amálgama. A América tem sua escolha].[6] Florence Mars, uma nativa do Mississippi que compareceu ao julgamento dos assassinos de Emmett Till, chamou o livro de "um documento notável, não só por causa de seu grande impacto na luta contra o cumprimento da decisão, mas também porque [entre os brancos do Mississippi] seus pontos de vista sobre raça foram amplamente aceitos em sua totalidade durante anos".[7] A circulação do livro por todo o Sul Profundo talvez o tenha transformado na declaração política mais influente do Sul branco como consequência do caso *Brown*, particularmente depois que se tornou o manual de fundação e a escritura doutrinal do movimento do Conselho de Cidadãos.[8]

A imaginária luxúria bestial de homens negros por mulheres brancas capturou a imaginação política pornográfica de Brady, e as imaculadas mulheres brancas sulistas se tornaram o símbolo mais importante da superioridade branca masculina.[9] "A mais pura e adorável das criaturas de Deus, a coisa mais próxima de um ser angelical que caminha por este baile celestial é uma mulher branca sulista, culta e bem criada, ou sua filhinha de olhos azuis e cabelos dourados", escreveu Brady. "A manutenção de relações pacíficas e harmoniosas que vem conduzindo o bem-estar das raças negra e branca do Sul tem sido possível por causa da inviolabilidade da feminilidade sulista."[10]

Até hoje, insistiu Brady, a esperança de cidadãos negros se baseia em uma América regida por uma supremacia branca incontestada. "A data em que o navio holandês aportou na praia arenosa de Jamestown foi o dia mais grandioso da história do negro americano."[11] Seus benfeitores brancos obrigaram os escravos americanos a "deixar de lado o canibalismo" e outros "costumes bárbaros e selvagens". Os escravistas deram aos escravos uma língua, padrões morais e uma oportunidade de salvação cristã, ainda que os afro-americanos jamais tenham absorvido o suficiente para transcender sua natureza primitiva. "O verniz foi removido, mas o interior é fundamentalmente o mesmo. Sua cultura é superficial e adquirida, não inata e substancial."[12] Brady declarou: "Você pode vestir um chimpanzé, treiná-lo e ensiná-lo a usar uma faca e um garfo, mas serão necessárias gerações de desenvolvimento evolutivo, se chegar a acontecer, para convencê-lo de que uma lagarta ou uma barata não são uma iguaria." Os chimpanzés não estavam sozinhos em suas deficiências não civilizadas. "Da mesma forma que as preferências econômicas, políticas e religiosas dos negros continuam próximas da lagarta e da barata."[13]

Os malefícios do "amálgama" com esta raça inferior justificavam as medidas extremamente autoritárias em defesa da supremacia branca. A receita de Brady incluía a abolição de escolas públicas, se necessária; a intimidação de rebeldes afro-americanos com represálias econômicas; e a instituição de tribunais especiais para julgar e punir "todos os indesejáveis, os acusados de perjúrio, os subversivos, os sabotadores e os traidores".[14] Não lutar contra a usurpação da Constituição pela Suprema Corte "é moralmente errado, e o homem que deixar de condená-la e não fizer tudo o que puder para vê-la revertida não é um patriota americano".[15] Não foi a primeira nem a última vez que um funcionário público eleito pelo Sul nas garras da indignação racista pintava a desobediência da lei como patriotismo, mas a guerra fria forneceu a Brady um novo conjunto de pincéis. Ele forjou a causa maior como "deter e destruir os movimentos comunistas e socialistas neste país". A agitação racial era uma ferramenta da "Conspiração Vermelha", um meio para chegar a um fim "no esforço geral de socializar e implantar o comunismo em nosso governo".[16]

Alguns anos depois, Robert "Tut" Patterson, 32 anos, o primeiro secretário-executivo do Conselho de Cidadãos, disse ao juiz Brady que sua decisão de dedicar o resto de seus dias a lutar pela continuação da segregação lhe ocorreu depois de ter lido *Black Monday*. Produtor de algodão e pecuarista em Holly Ridge, Mississippi, Patterson escreveu uma carta de protesto que ajudou a inspirar a fundação do Conselho de Cidadãos. "De minha parte, eu daria minha vida com prazer para evitar a mestiçagem", escreveu. "Não existe uma causa maior." Considerava que os que compartilhavam de seu ponto de vista enfrentavam adversários formidáveis, mas que afinal triunfariam. "Se cada sulista que sentir o mesmo que eu, e eles são a grande maioria, fizer esse voto, nós derrotaremos essa doença comunista que está sendo forçada sobre nós."[17]

O autor de *Black Monday* já vinha observando a iminência da integração havia muito tempo, mas a ameaça ficava mais próxima a cada ano que se passava. Em 5 de junho de 1950, a Suprema Corte dos EUA decidiu, no caso *Sweatt v. Painter*, que a Faculdade de Direito da Universidade do Texas tinha de admitir afro-americanos, porque nenhuma outra escola de direito que o estado pudesse construir equivaleria em prestígio e oportunidades à escola de direito da universidade. No mesmo dia a Corte decidiu, no caso *McLaurin v. Oklahoma State Regents*, que a Faculdade de Direito da Universidade de Oklahoma não poderia simplesmente segregar estudantes negros dentro da mesma escola de direito.[18] O deputado pelo Mississippi William Colmer replicou: "Isso significa que haverá uma miscigenação cada vez maior entre negros e brancos em lugares públicos. É o prenúncio de uma decisão final da Corte, numa data não muito longínqua, negando a segregação em todas as instituições públicas, tanto estaduais como federais."[19]

A elite da política branca do Mississippi antecipara a decisão que ocorreu em *Brown* em 1954. Naquela primavera a legislatura estadual adiantou um programa de "equalização" para os salários dos professores, ônibus de transporte e edifícios escolares, mas atrasou o lançamento do programa até que fosse tomada uma decisão favorável por parte da Suprema Corte; qualquer decisão nas propostas de *Brown* o eliminaria. Os orçamentos das escolas normalmente eram válidos por um período de dois anos, mas em 1954-1955 o orçamento se aplicava apenas àquele ano; o caminho adiante só se tornaria claro com a decisão da Corte, raciocinaram. Naquela data tardia, em outras palavras, eles se ofereceram para cumprir a decisão "separados, porém iguais" de 1896 no caso *Plessy v. Ferguson*, se a Corte fizesse a bondade de não decidir contra eles em *Brown*. O fato de não conseguirem de jeito algum equalizar escolas negras e brancas sem um impensável aumento de impostos estava fora de cogitação.[20]

Com bem mais de 1,80 de altura e madeixas ruivas, Tut Patterson era um ex-astro de futebol americano do estado de Mississippi, orgulhoso por ter servido na Segunda Guerra Mundial. Depois da guerra ele se estabeleceu com a família nas fazendas de algodão do Delta, mas acabou concentrando suas energias nos "direitos dos estados e integridade racial", que logo seriam a bandeira do Conselho de Cidadãos.[21] No início de julho de 1954, Patterson conheceu David H. Hawkins, gerente de uma prensa de algodão de Indianola; Herman Moore, o presidente do banco local; e Arthur B. Clark Jr., um advogado local formado pela Faculdade de Direito de Harvard. No dia 11 de julho, dois meses após a decisão do caso *Brown*, esses homens se reuniram na casa de Hawkins com quatorze líderes civis e de negócios de Indianola, incluindo o prefeito e o promotor público. "Nós elegemos o banqueiro como presidente. Eu era o secretário", recorda Patterson. "E no período de poucos meses aquilo se espalhou. A organização se disseminou pelo Sul Profundo e por outros estados." O gerente, o banqueiro e o advogado iniciaram o movimento em uma reunião na prefeitura no final de julho com quase cem pessoas, fundando assim o primeiro Conselho de Cidadãos.[22]

O juiz Brady foi a principal atração na prefeitura de Indianola, onde proferiu outra versão de sua oratória da "Segunda-feira Negra". Primeiro enquadrou a nova organização como um grupo público legal, respeitável e respeitador da lei, que não incentivaria atos violentos nem participaria deles.

"Nenhum de vocês me parece membro da Ku Klux Klan", falou para todos. "Eu não entraria para uma Ku Klux — e não entrei — porque eles escondem seus rostos; porque eles fazem coisas que eu e vocês não aprovaríamos."[23] Mas daí em diante alimentou a multidão com a carne crua do tabu raça e sexo. "A integração nas escolas é o primeiro passo em direção ao casamento inter-racial", alertou. "Sempre que homens brancos misturaram seu sangue com o dos negros, o intelecto branco e a cultura branca pereceram. Foi um acontecimento trágico no Egito, na Babilônia, na Grécia, em Roma, na Índia, na Espanha e em Portugal. Quando a NAACP fez sua petição de integração à Corte, foi para abrir o dormitório das mulheres brancas para homens negros."[24]

"Eu entrei para o Conselho de Cidadãos", disse um médico do Delta. "Eles vieram com todo aquele negócio de como os garotos negros poderiam molestar as garotas brancas — esse era o medo. Claro, um dos temores expressados por gente como Jim Eastland, Ross Barnett, o juiz Brady e o homem da Lousiana, Leander Perez [era que] eles sempre invocavam o medo do casamento inter-racial." E assim aqueles homens brancos razoáveis e respeitáveis que reprovavam a Ku Klux Klan fermentavam seus temores raciais politizados até se sentirem confortáveis, tácita ou diretamente, com os horrores. O médico continuou: "Pessoas como Andrew Gainey, da cidade de Meridian, diriam: 'Bem, nós podemos partir para a deportação, podemos partir para o amálgama, ou podemos partir para o extermínio.'"[25]

A arenga de Brady refletia a sensação de pânico que prevalecia no Mississippi branco e fomentou o crescimento dos Conselhos de Cidadãos. "A principal forma de organização dos Conselhos era por meio de clubes de serviços", disse William Simmons, líder do Conselho de Cidadãos de Jackson e filho de um proeminente financista. "Eu e Patterson fazíamos palestras no Rotary ou no Kiwanis, no Civitans, no Exchange e no Lions. Explicávamos o que era o movimento do Conselho, o que os participantes estavam fazendo em diferentes comunidades. Invariavelmente, a resposta era favorável." Simmons e Patterson recrutaram dezenas de outros porta-vozes da causa do Conselho, espalhando-se por todo o estado.[26] As estimativas e alegações sobre o número de membros variam, mas os dezenove membros de julho de 1954 chegaram a aproximadamente 25 mil em outubro, quando Patterson estabeleceu a primeira sede estadual da Associação de Conselhos de Cidadãos do Mississippi em Winona, que logo foi transferida para Greenwood. Um ano depois da primeira reunião em Indianola, os Conselhos de Cidadãos alardeavam contar com sessenta mil membros em 253 comunidades espalhadas por sete estados.[27] Dezoito meses após sua fundação, Simmons afirmava que os Conselhos contavam com mais de meio milhão de membros; investigações independentes sugerem que na verdade não chegavam a trezentos mil.[28] Patterson ficou atônito, declarou que a aliança de homens que juravam proteger a feminilidade branca "se expandiria miraculosamente em uma organização poderosa e viril".[29]

O cerne feral da ideologia do Conselho de Cidadãos revelava quase o mesmo que W. J. Cash definira quinze anos antes como "o complexo de estupro do Sul" e a ilusão de que o comunismo internacional havia gerado o movimento dos direitos civis.[30] Na Segunda-feira Negra, a Associação dos Conselhos de Cidadãos do Mississippi acusou a Suprema Corte dos EUA de "basear sua decisão em textos de comunistas e socialistas".[31] A NAACP era "um órgão de destruição de esquerda enlouquecida pelo poder" que fora "infiltrada por simpatizantes do comunismo". Essa linguagem apresentava de novo a lógica que havia muito tempo servia de base para o racismo americano. Como muitos cidadãos brancos ao longo dos anos, os membros do Conselho acreditavam que qualquer coisa que enfraquecesse a supremacia branca ou desafiasse a hierarquia social existente de alguma forma era o socialismo. Mas isso era basicamente o código para preservar o sistema de casta racial do país, que vinha se construindo havia séculos. Animados por esse temor, o Conselho de Cidadãos se propunha a derrotar a integração e conseguir "uma reversão total da tendência elaborada em direção a uma sociedade sem raças e sem classes".[32]

A escritora sulista Lillian Smith definiu os Conselhos de Cidadãos de forma clara e sucinta: "Alguns desses homens são banqueiros, médicos, advogados, engenheiros, editores de jornais e de livros; alguns são pastores; alguns são poderosos industriais. É uma turba pacata e bem-nascida. Seus membros falam com vozes bem-educadas, têm modos corteses, alguns têm formação universitária e alguns usam ternos da Brooks Brothers. Mas ainda assim são uma turba. Pois não só protegem a escória e toleram sua violência, como também pensam do mesmo modo primitivo, compartilham as mesmas ansiedades irracionais, são tão fora da lei em suas maneiras pacatas e dominados pelo mesmo 'ideal sagrado' da supremacia branca."[33]

A deputada Wilma Sledge anunciou o nascimento do movimento do Conselho de Cidadãos no plenário do Legislativo do Mississippi, acrescentando: "Não é intenção ou propósito dos Conselhos de Cidadãos serem usados como máquina política." No entanto, eles se apressaram a exigir créditos pela aprovação de duas emendas constitucionais adotadas no final de 1954 e começaram a fazer pressão em políticos que apoiavam o seu programa.[34] Os Conselhos ganharam ainda o apoio do senador Eastland, de inúmeros servidores públicos eleitos e da família Hederman, que controlava o *Jackson Daily News* e o *Clarion-Ledger*.[35] Seus membros logo incluíam governadores, legisladores e prefeitos, além de praticamente todos os que tinham aspiração a esses cargos. Em apenas poucos meses o Conselho de Cidadãos havia se tornado uma enorme organização que podia falar em nome de todas as autoridades empossadas do Mississippi. "Os Conselhos eram eminentemente respeitáveis", escreve o historiador Charles Payne, "e no Mississippi era difícil distingui-los do governo do estado."[36] De fato, o governo do estado acabou provendo muitos fundos a eles. Em 1955, o *Jackson Daily News* imprimia comunicados do Conselho de Cidadãos como se fossem notícias apuradas. Anúncios de jornal para ingressar no Conselho não forneciam endereços ou números telefônicos para os que quisessem ingressar, mas dirigiam os leitores a se informar no "seu banco local".[37]

Parte do poder dos Conselhos vinha de seu sofisticado aparato de comunicação. Em pouco tempo uma única copiadora se transformou em um arsenal de propaganda ideológica abrangendo o rádio, a televisão e uma falange de oradores para qualquer ocasião. Logo passou a incluir legisladores, governadores, senadores, prefeitos e praticamente qualquer um que aspirasse a um cargo eletivo.[38] Parte dessa máquina de fazer barulho concentrava-se em corrigir visões imprecisas ou supostamente injustas sobre o Sul em geral e o Mississippi em particular. Mas a enxurrada de cartas que chegavam aos diretórios do Conselho consistia principalmente em literatura de ódio racial impressa por Ellet Lawrence, um homem cujo poder sem paralelo na organização se devia ao fato de ele ser dono de uma gráfica. Os títulos incluíam "material educacional" como "The Ugly Truth about the NAACP, Mixed Schools and Mixed Blood" [A terrível verdade sobre a NAACP, escolas mistas e sangue misto].[39] O suporte principal da literatura do Conselho continuava sendo fotografias sexualmente provocativas de homens negros e mulheres brancas bebendo, dançando ou se abraçando, acompanhadas por violentas diatribes contra a mistura racial.[40]

Essa propaganda incendiária foi assumida como verdade absoluta por boa parte do Sul branco. Isso ajuda a explicar a reação dos membros do Conselho ao desdém mundial lançado sobre o Mississippi na esteira do linchamento de Emmett Till. As condenações do exterior enfureciam os brancos do Mississippi, cuja maioria via as notícias da imprensa como injustas. Para resistir a essas calúnias contra o estado do Mississippi, a liderança do Conselho de Cidadãos lançou seu próprio jornal mensal, o *Citizen*, nos onze estados da antiga Confederação e no Missouri.[41] William Simmons se tornou o primeiro editor e escrevia a maior parte dos artigos, logo angariando quarenta mil assinantes. O jornal esclarecia os pontos de vista e as atividades dos Conselhos e retratava os sulistas negros como fiéis às suas origens, rematados bufões ou, como colocou um observador, "os mau-mau na África".[42]

Represálias econômicas contra qualquer um, negro ou branco, que apoiasse a igualdade racial eram um método padrão do Conselho. Professores negros que ultrapassassem os limites das leis Jim Crow, que favorecessem abertamente a igualdade racial ou fossem conhecidos por terem ingressado na NAACP podiam dar como certo que perderiam seus empregos. Meeiros negros que se registrassem para votar, assinassem a petição antissegregacionista de uma escola, frequentassem uma reunião da NAACP ou manifestassem sua insatisfação com a ordem social prevalecente estavam arranjando encrenca. "Nós não vamos descaroçar o algodão deles; não concederemos créditos a eles; e vamos tirá-los de suas casas se necessário, para mantê-los na linha", disse um agricultor do condado de Yazoo.[43]

Membros do Conselho obtinham o nome dos dissidentes e entravam em contato com seus empregadores. Se os empregadores fossem solidários, haveria um pedido para que dissessem aos empregados ofensivos para tirar umas férias. Se cessassem suas atividades ofensivas, o empregador poderia voltar a admiti-los no emprego. Se não, as "férias" seriam permanentes. Nos casos em que o intransigente cidadão fosse um comerciante independente, um fazendeiro ou artesão, cortava-se seu crédito, ou os atacadistas eram persuadidos a deixar de fornecer os suprimentos necessários. Se essas medidas não se mostrassem eficazes, tornava-se necessária uma visita de um dos membros do Conselho de Cidadãos local. "Eles chegavam e falavam: 'Você mora nesta comunidade há muito tempo e vai querer ficar aqui em paz, por isso é melhor tirar o seu nome da lista'", explicou Medgar Evers. As visitas pessoais tendiam a ser convincentes, pois as ameaças implícitas eram cada vez mais explícitas. Os Conselhos de Cidadãos podiam declarar publicamente sua relutância em usar da violência, pois outros brancos, inclusive membros do Conselho, se dispunham a exercê-la de boa vontade, e os afro-americanos, por não gozarem dos benefícios da lei ou da polícia, eram muito vulneráveis. A NAACP fazia o pouco que podia. "Estamos investigando todos os casos de intimidação que chegam à nossa atenção e tomaremos ações o mais rapidamente possível", relatou Ruby Hurley do Diretório Regional Sudeste da NAACP em setembro de 1955. "Nós discutimos com funcionários do Departamento de Justiça sobre os assassinatos e outros atos de violência e intimidações que têm acontecido no Mississippi."[44]

O presidente estadual da NAACP, E. J. Stringer, relatou todas as formas de pressão e represálias contra ele na sequência das petições escolares de 1954. Seu fornecedor de materiais odontológicos de repente cortou seu crédito. A companhia de seguros cancelou suas apólices. Pacientes fiéis disseram que precisavam procurar outros dentistas, sob risco de perder o emprego. O Imposto de Renda auditou suas finanças. Bancos do Mississippi se recusaram a emprestar dinheiro. Sua mulher perdeu o emprego de professora. Ameaças de morte transformaram o ato de atender a um telefonema num risco.

Os Stringers passaram a dormir em um cômodo no meio da casa para se precaver de bombas. "Eu tinha armas na minha casa", explica. "E não só na minha casa, eu portava armas quando ia ao consultório, pois sabia que havia gente querendo me pegar." Mantinha uma pistola escondida, mas sempre à mão, quando exercia seu trabalho como dentista ou cuidava da papelada. "Eu levava meu revólver comigo e o deixava na gaveta, bem onde eu trabalhava." Apesar de sua coragem de espírito, Stringer resolveu não se candidatar à reeleição no final de 1954, sendo substituído pelo doutor A. H. McCoy, um médico de Jackson.[45]

McCoy mal havia assumido quando começaram as ameaças de morte. O *Jackson Daily News* avisou que se a NAACP persistisse com petições para integração nas escolas o "derramamento de sangue" seria inevitável. Quando a NAACP preencheu sua petição local em Jackson, Ellis Wright, presidente do Conselho de Cidadãos local, disparou: "Agora vamos dizer ao pessoal da NAACP que eles começaram uma coisa que nunca vão terminar." No entanto, McCoy levou a decisão da Suprema Corte dos EUA ao pé da letra. E replicou: "Nós apenas concedemos a elas o título de cortesia de 'petições'. A natureza delas é mais a de 'ultimatos'." Se a violência eclodisse, assegurou aos leitores do jornal, não só sangue negro correria pelas ruas: "Algum sangue branco também vai correr."[46]

Em editorial de primeira página, os editores do *Jackson Daily News* alertaram que McCoy tinha ultrapassado um limite em suas observações desafiadoras e que "negros de respeito, cumpridores da lei, trabalhadores e amantes da paz" não "seguiriam [McCoy] na tentativa de forçar crianças negras em escolas de brancos". Não era possível que desejassem essas medidas radicais. Portanto, cabia a essa respeitável classe de afro-americanos "repudiar abertamente McCoy, colocar um cadeado em sua boca e [pôr] um fim sumário a suas atividades que, se não fossem interrompidas, levariam inevitavelmente a um derramamento de sangue [...] Se não for reprimido pelos de sua própria raça, ele se tornará um problema para o homem branco."[47]

Na fachada, os Conselhos de Cidadãos desaprovavam a violência e o tipo de ameaças que abateram Stringer. O juiz Brady chegou a afirmar que os Conselhos "eram o obstáculo, o único obstáculo que [impedia] a organização de turbas e o funcionamento das leis de linchamento no Mississippi".[48] Porém, a linguagem do dia a dia era a linguagem da batalha. Seus panfletos refletiam abertamente ameaças e intimidações. O diretório nacional da NAACP admitia que talvez o próprio Conselho de Cidadãos não ordenasse ou cometesse atos de terrorismo, violência e assassinatos, mas criava "a atmosfera na qual era possível que o garoto de Chicago, Emmett Till, fosse assassinado e que os executores do crime escapassem da justiça". O poder do Conselho certamente incentivava terroristas a acreditar que podiam agir sem medo de punições.[49]

Tut Patterson sabia que o terrorismo branco era endêmico na causa segregacionista, mas descartava a violência ocasional como erros irresponsáveis de "certos malucos, fanáticos e patriotas equivocados", pelos quais as ações do Conselho de Cidadãos dificilmente poderiam ser culpadas.[50] De fato, segundo alegavam, na verdade a organização existia em grande parte para evitar os conflitos que o extremismo da NAACP tornavam quase inevitáveis. Apesar da diretriz oficial, contudo, a violência costumava eclodir quando os esforços do Conselho local para coagir ou intimidar defensores dos direitos civis não sortiam os resultados desejados. A relação do Conselho com a violência ia mais fundo que isso, no entanto. Um dos fundadores e financiadores do movimento do Conselho de Cidadãos declarou sobre o assassinato de Till que era "uma pena que [Milam e Bryant] não tivessem rasgado o ventre [de Till] pois assim seu corpo não teria aparecido boiando no rio".⁵¹ Oito anos depois do assassinato, quando um membro do Conselho matou o secretário de campo da NAACP, Medgar Evers, três banqueiros de Greenwood chefiaram o White Citizens Legal Fund [Fundo Legal de Cidadãos Brancos] que pagou a defesa do assassino. O Conselho afirmou: "Nós não aprovamos o assassinato de Medgar Evers e, claro, não sabemos sobre a culpa ou inocência do acusado, mas acreditamos que ele tenha direito a um julgamento justo."⁵² Esse acordo recíproco era transparente. Quando, em meados dos anos 1950, uma pequena cidade colocou em debate a dessegregação das piscinas, um membro patrício do Conselho de Cidadãos sugeriu: "Imagino que no momento que um deles chegar perto da piscina nós podemos deixar algum caipira violento cuidar disso para nós."⁵³

Phillip Abbott Luce, um acadêmico branco que se infiltrou no Conselho de Cidadãos no Mississippi logo após o linchamento de Emmett Till, contou que foi informado de que "o Conselho pode fazer qualquer coisa que a Klan faça se tiver de fazer".⁵⁴ Poucos dias antes do assassinato de Till, Ruby Hurley escreveu a Gloster Current, diretor nacional das filiais da NAACP, para informar que no Delta do Mississippi "neste momento a situação está explosiva, especialmente na zona oeste do estado, que inclui o Delta". Hurley citou os "editoriais e colunas incendiárias" do *Jackson Daily News*. "Os Conselhos de Cidadãos Brancos estão se tornando mais atrevidos em suas táticas intimidatórias — ligações telefônicas; envio de carros funerários, como fizeram com Jasper Mims, da nossa filial em Yazoo City; cartas ameaçadoras pelo correio; circulação de literatura indecente em anexo, etc., etc." Ela também observou a popularidade do livro *Black Monday* do juiz Brady e o assassinato de um ativista pelo direito ao voto, perpetrado no gramado do Tribunal de Brookhaven. "Relatos de Cleveland" — a cidade natal de Amzie Moore — "são ruins." Ela lamentou ainda que um dos agentes do FBI enviado para investigar um assassinato em Belzoni era amigo íntimo de funcionários do Conselho de Cidadãos de um condado próximo. A última frase de seu relato, escrito apenas dias antes do assassinato de Emmett Till, dizia o seguinte: "Alguma coisa precisa ser feita para proteger nossa gente."[55]

* * *

Apesar do terror de meados dos anos 1950, tanto a RCNL quanto a NAACP do Mississippi tinham alguma razão para um modesto otimismo: as campanhas da RCNL tinham obtido pequenas vitórias, e suas manifestações atraíam milhares, e os membros da NAACP continuavam aumentando regularmente. Vários milhares de afro-americanos adicionaram seus nomes às listas de votação, alcançando o maior número de registros desde a destruição da Reconstrução, oito anos antes. Processos legais e a longa marcha da NAACP por todos os tribunais do país convenceram dois sucessivos governadores do Mississippi a começar a equiparar os salários dos professores e construir novas escolas para negros. Em 1953, um ano antes do caso *Brown*, a Câmara Estadual se recusou a aprovar uma proposta de emenda constitucional que teria permitido que o Legislativo abolisse as escolas públicas se a Suprema Corte dos EUA decidisse pela dessegregação escolar. Nessa atmosfera volátil, o caso *Brown* encorajou a NAACP do Mississippi a bater de frente com a segregação escolar e a exigir o direito ao voto. A resposta branca mergulhou o Mississippi em violentas batalhas raciais sem paralelo desde os sangrentos anos 1870.

Na esteira do caso *Brown*, o presidente estadual da NAACP, E. J. Stringer, resolveu seguir a agenda da NAACP nacional de buscar "a remoção de toda a segregação racial na educação pública [...] sem comprometer os princípios". Uma coisa era apresentar tais resoluções em Atlanta ou aprová-las em Nova York, mas propor uma ação dessas no Mississippi era bem diferente. Mesmo assim, Stringer forçou as filiais estaduais a fazer a petição para suas juntas locais "darem passos imediatos para reorganizar as escolas públicas [...] de acordo com os princípios constitucionais enunciados pela Suprema Corte em 17 de maio" e ameaçar uma ação legal, se necessário.[56]

A incerteza do poder legal dessas petições e a "inspiração comunista" da NAACP alimentaram a paranoia, senão o pânico de muitos brancos do Mississippi. No condado de Amite, uma turba de mais ou menos vinte brancos liderados pelo xerife e membros da diretoria escolar tomou de assalto uma reunião da NAACP na escola para negros local, apreendeu os registros e interrogou seus membros. No condado de Kemper, uma grande turba de brancos fortemente armados, liderada pelo xerife, apareceu no primeiro dia de aula em uma escola só de brancos por conta de alarmantes boatos de que um grupo de pais negros pretendia matricular ali seus filhos. No outono de 1954, o Legislativo do estado do Mississippi reapresentou uma emenda constitucional para lhes conceder poder legal para abolir as escolas públicas e substituí-las por academias "particulares" financiadas pelo poder público.

Naquele verão, trinta afro-americanos do condado de Walthall fizeram uma petição para que seus filhos frequentassem escolas locais antes exclusivas aos brancos. Os funcionários reagiram fechando as escolas para negros locais por duas semanas e demitindo um motorista de ônibus escolar que assinou a petição.[57] Na audiência que se seguiu, o presidente da diretoria exclamou: "Seu crioulo, você não quer retirar o seu nome dessa petição que diz que você quer ir à escola com crianças brancas?"[58] Depois de novos protestos e ameaças dos brancos locais, os trinta signatários da petição retiraram seus nomes. Alguns insistiram em que não haviam entendido o conteúdo da petição e acharam que estavam pedindo instalações educacionais equivalentes, não para frequentar escolas de brancos.[59]

É duvidoso que os signatários do condado de Walthall realmente tenham entendido mal a petição que assinaram. O mais certo é que sabiam que a busca por justiça punha seus filhos diretamente em perigo, o que ajuda a explicar o fato de alguns líderes afro-americanos do estado terem declarado que instituições equivalentes seriam o suficiente. Incapazes de chegar a um consenso duradouro entre eles mesmos, muitos pensaram que uma equiparação escolar — o cumprimento do caso *Plessy*, não de *Brown* — parecia tanto mais provável como talvez mais desejável. J. H. White, presidente do Colégio Vocacional do Mississippi, tentou convencer a liderança da NAACP a lutar por "instalações adequadas e outras coisas que nossa gente precisa primeiro, e quando estabelecer essa fundação vocês poderão fazer uma grande contribuição e muitos outros problemas serão resolvidos nos próximos anos".[60] Os brancos acreditavam que nenhum dos lados estava pronto para uma integração total. Um número cada vez maior de líderes negros simplesmente concordava com a astuta avaliação de T. R. M. Howard de que "fazer petições a diretorias escolares no Mississippi no atual momento é como sair para caçar ursos com uma pistola de rolha".[61]

É notável que a NAACP do Mississippi tenha continuado a batalhar pela não segregação nas escolas e pelo direito ao voto nesse clima. Seis dias depois de a Suprema Corte dos EUA ter dado seu parecer sobre o caso *Brown II*, dizendo às autoridades escolares para agir "como toda a velocidade deliberada", a NAACP do Mississippi orientou suas sucursais a organizar pais negros a apresentar petições às diretorias das escolas locais a fim de eliminar a segregação nas escolas. Nenhum desses pais poderia ter a menor ilusão quanto ao confronto em que estavam se envolvendo, quanto à certeza de que provocariam violência e à possibilidade de tal violência atingir seus filhos. Percy Greene, o editor negro conservador do *Jackson Advocate*, definiu a cruzada da NAACP de dessegregação nas escolas como "levar um grupo de negros não pensantes e irrealistas ao precipício para ser afogado e destruído no redemoinho do ódio e da destruição". A NAACP do Mississippi discordava. O capítulo Vicksburg preencheu a primeira petição em 18 de julho, exortando a junta educacional local a "tomar medidas concretas e imediatas que levassem logo à eliminação da segregação nas escolas públicas".[62]

A estrutura do poder branco reagiu com a força da opinião pública — e com ameaças implícitas. Quando o *Vicksburg Post* publicou os nomes de todos os pais que tinham assinado a petição, muitos deles pediram sua retirada. Em meados de agosto, seções da NAACP em Natchez, Jackson, Yazoo City e Clarksdale preencheram petições semelhantes. Como aconselhado pela conferência estadual, a sucursal de Yazoo City pediu à diretoria da escola uma "reorganização" do sistema escolar numa "base não discriminatória". Em todos os casos o Conselho de Cidadãos publicou os nomes, endereços e números telefônicos dos signatários, e inevitavelmente as ameaças se seguiram. "Se os brancos vissem seu nome na lista, você estava no inferno", disse Aaron Henry.[63]

Ameaças de morte se tornaram rotina para os signatários. Muitos perderam o emprego, assim como entes queridos. Os bancos locais cobravam seus empréstimos de volta ou obrigavam quem tivesse assinado a retirar seu dinheiro. Pedras e balas atravessavam janelas. Companhias de seguro cancelavam suas apólices. "Em todos os casos houve alguma forma de represália econômica ou intimidação física", relatou Medgar Evers ao diretório nacional. O número de signatários que retiravam suas assinaturas cresceu rapidamente: em Clarksdale, 83 de 303; em Vicksburg, 135 de 140; em Jackson, 13 de 42; e em Natchez, 54 de 89.[64]

"Em Yazoo City, em especial, os signatários foram demitidos de seus empregos", relatou Evers. "Telefonemas ameaçando pessoas de morte criaram uma atmosfera de tensão constante que manteve os dois grupos raciais da cidade inquietos." Cinquenta e um dos 53 signatários da petição de Yazoo logo retiraram seus nomes; os outros dois já tinham saído da cidade. Apesar de o número de membros da NAACP no Mississippi ter aumentado em 1954 e subido 50% em 1955, a sucursal de Yazoo City, que antes da petição contava com duzentos membros, logo deixou de existir.[65] Evers escreveu para o diretório central alguns meses depois: "Sinceramente, senhor Wilkins, não há muita esperança para Yazoo City. Os negros não se uniram e nosso ex-presidente não cooperou em nada. Parece que [membros do Conselho de Cidadãos] o procuraram e não conseguimos obter nenhum resultado, nem mesmo [convocar] uma reunião. Uma coisa é que as pessoas estão com medo — eu diria que é pior que estar atrás da Cortina de Ferro."[66]

Praticamente todos os ativistas negros do estado tinham ouvido rumores da "lista de morte" do Conselho de Cidadãos. Arrington High, que lançou um pequeno jornal em Jackson chamado *Eagle Eye: The Women's Voice*, escreveu em 20 de agosto de 1955, uma semana antes do assassinato de Emmett Till: "Os membros do Conselho de Cidadãos do condado de Leflore, segundo o *Eagle Eye*, se reuniram na última quinta-feira e prepararam uma lista de homens negros a serem assassinados." High observou que sua fonte era "um pica-pau".*

---

*. *Peckerwood*, no original, é uma gíria pejorativa para se referir aos brancos pobres, especialmente os do meio rural e sem escolaridade. A palavra teve origem ainda em meados do século XIX e é uma inversão de "woodpecker", o pica-pau, pássaro comumente usado para

Segundo High, o "Conselho de Cidadãos declarou que nenhum representante da lei no ignorante Mississippi protegerá nenhum negro que defenda seus direitos constitucionais". Também se dirigiu diretamente aos homens brancos que o ameaçavam: "Para os valentões que estão agora desfilando ao redor das instalações de Arrington W. High, editor e *publisher* do *Eagle Eye*, na Maple St., Jackson, 1006, Mississippi — o local está protegido por guardas armados."[67] Frederick Sullens, editor do *Jackson Daily News*, vaticinou, "Se for tomada a decisão de mandar os negros para a escola com crianças brancas, haverá uma carnificina As marcas dessa carnificina estarão nos degraus que levam à Suprema Corte."[68]

Foi nesse contexto que um adolescente de Chicago entrou na mercearia de Bryant e teve seu encontro fatal com Carolyn Bryant. Depois disso o advogado de defesa do caso de Till, J. J. Breland, disse a William Bradford Huie: "Não haverá integração. Não haverá voto para os negros." Ele via o assassinato como parte de uma luta maior: "Se sofrermos mais alguma pressão, o rio Tallahatchie não vai comportar todos os pretos que serão jogados nele."[69]

---

representar pessoas brancas, ao passo que o *blackbird* (melro-preto) simboliza pessoas negras. [N.E.]

11

GENTE QUE NÃO PRECISAMOS MAIS TER POR AQUI

A indiferença à vida dos negros não começou no século XXI. Tampouco o Mississippi era um país completamente estrangeiro para o resto dos EUA nos anos 1950. Apenas não interessava à maioria dos americanos brancos o que acontecia com os negros no Mississippi; eles não sabiam nem queriam saber, e o terrorismo rotineiro não interferiu nessa indiferença, até o caso de Emmett Till. Na esteira da decisão de 1954 do caso *Brown v. Board of Education*, por exemplo, um legislador do Delta declarou que "alguns assassinatos seriam a melhor coisa para o estado". Alguns assassinatos criteriosos agora, sugeriu, "poupariam um bocado de derramamento de sangue mais tarde".[1] Em discurso proferido Greenville, o presidente da Ordem dos Advogados do Mississippi incluiu "a arma e a tocha" entre os três principais modos de defender a segregação.[2] As atividades da NAACP no Mississippi resistiram a inúmeros atos de intimidação. Os brancos que se opunham à integração escolar e ao voto dos negros "punham um pistoleiro atrás de você", lembra-se Aaron Henry com relação àquela época. "Eu poderia citar uma lista de pessoas que morreram."[3] O reverendo George Lee de Belzoni, Mississippi, seria um dos primeiros dessa enumeração.

Pelos cálculos do Sul, bastava "uma gota" de sangue negro para tornar uma pessoa negra. Por isso George Lee, nascido em

1902 de pai branco com uma mulher negra, era negro. Tudo o que Lee sabia sobre o pai era o fato de ter sido um homem que morou no Delta. O pai adotivo de Lee era abusivo, e a mãe morreu quando ele ainda era pequeno; a irmã dela acolheu o garoto, que se formou no ensino médio, uma raridade na época.

Ainda adolescente, Lee partiu para a cidade portuária de Nova Orleans, a trezentos quilômetros ao sul. Trabalhou nas docas descarregando barcos de banana da Guatemala, de Honduras, da Jamaica, da Martinica, das ilhas Windward e da Costa do Marfim. À noite ele fazia cursos de datilografia, na esperança de aprender um ofício que recompensasse sua mente vigorosa e não seus músculos fortes. Bem no fundo, porém, mesmo antes de sair do Mississippi, Lee já sentira o apelo do Espírito Santo para se tornar pastor. Quando se mudou para Nova Orleans, ele "evadiu" o apelo por vários anos, conforme contou depois, mas finalmente cedeu ao Senhor. Nos anos 1930 ele voltou ao Mississippi para aceitar um púlpito em Belzoni, a sede do condado de Humphreys.[4]

Belzoni tinha uma população de quatro ou cinco mil habitantes, dois terços dos quais negros, quase todos vivendo em completa pobreza. Entre a rede de ativistas pelos direitos civis do Mississippi, a "Belzoni Sangrenta" tinha a reputação de ser "uma cidade filha da puta", onde homens da lei brancos policiavam incansavelmente a divisa de cor. Depois da decisão do caso *Brown*, brancos declararam a um jornalista que "os pica-paus locais" de Belzoni "matariam todos os pretos da cidade antes de deixar que um, veja bem, um que seja, entre numa escola para brancos".[5] O gerente branco de uma instalação local de engarrafamento da Coca-Cola disse a um repórter do *New Republic*: "Se minha filha começar a ir à escola com pretos agora, quando chegar à faculdade ela não vai achar nada de mais sair com um deles." Assim como namoros inter-raciais, o voto negro também era uma abominação evidente: "Esta cidade é 70% negra; se os crioulos votarem, crioulos serão eleitos."[6]

Embora em 1944 a Suprema Corte dos EUA tenha declarado as "primárias brancas" inconstitucionais, os democratas brancos do Mississippi continuaram insistindo em que aspirantes negros ao voto podiam ser barrados das primárias do Partido Democrata, como se fosse um clube privado. "Eu não acredito que seja permitido que os negros votem nas primárias democratas", disse Thomas Tubb, presidente do Comitê Executivo Democrata do Estado. "Foram os brancos que fundaram o Mississippi, e as coisas devem continuar dessa forma."[7] Uma manchete do *Jackson Daily News* declarou: "Candidatos dizem que os negros do Delta não são democratas", o que expressava o argumento público mais apresentável do editor contra o voto negro.[8] Era uma violação total tanto da Décima Quinta Emenda da Constituição dos EUA como da decisão da Suprema Corte que já estava em efeito havia mais de uma década. Mas o governo dos Estados Unidos não percebia que a honra nacional estava em jogo por conta da refutação ostensiva do Sul branco ao direito de voto dos cidadãos. Somente a NAACP e pequenos grupos de ativistas protestavam. A maioria dos americanos, do Norte e do Sul, se mantinha em silêncio.

Os que organizavam os esforços do Mississippi para não permitir que negros votassem faziam isso sem vergonha. No dia anterior ao assassinato de Emmett Till, Thomas Tubb anunciou que nenhum afro-americano jamais teria permissão para votar no condado de Clay, onde ele morava, "mas pretendemos cuidar disso de uma forma ordeira e razoável". Os negros "vão ficar melhor" se não votarem, continuou, do que "sendo chicoteados, como querem fazer alguns desses garotos do campo".[9] Dez dias depois, Tubb insistiu em dizer que não sabia de "nenhum empenho sistemático disseminado para negar o direito ao voto dos negros", mas no dia seguinte a essa negação ele designou um comitê estadual "para estudar formas de reduzir o número de negros votantes".[10]

O Mississippi tinha a maior porcentagem de afro-americanos do país e o menor percentual de negros registrados como eleitores. Nos treze condados com uma população de mais de 50% de afro-americanos, os negros somavam um total de quatorze votos. Em cinco desses condados, nenhum afro-americano era eleitor registrado; três deles tinham um afro-americano registrado que na verdade nunca tinha votado. Nos sete condados com uma população de mais de 60% de negros, os afro-americanos somavam um total de dois votos em 1954.[11] Mesmo assim, em 22 de abril de 1954, o Legislativo do Mississippi aprovou uma emenda constitucional designada explicitamente a manter os negros longe das urnas: exigia que cidadãos que quisessem votar apresentassem uma explicação por escrito da Constituição do Estado ao responsável pelo registro, que determinaria se a interpretação era "razoável".[12] Sete meses mais tarde, quando a primeira decisão do caso *Brown* abalou o estado, os eleitores do Mississippi ratificaram a emenda por uma margem de cinco a um.[13] Os Conselhos de Cidadãos Associados do Mississippi, determinados a impedir o voto dos afro-americanos a qualquer custo, declararam que era "impossível estimar o valor dessa emenda para a futura paz e tranquilidade doméstica neste estado".[14]

Para reduzir o número de votos negros, os Conselhos de Cidadãos confiavam principalmente em pressões econômicas, mas a mensagem também poderia chegar em termos consideravelmente mais ostensivos. Em 30 de julho de 1955, Caleb Lide, um dos poucos eleitores registrados em Crawford, recebeu uma carta anônima ameaçadora: "Último aviso. Se você estiver cansado de viver, vote e morra."[15]

Apesar das dificuldades em Belzoni, o árduo trabalho e a profundidade espiritual do reverendo Lee o ajudaram a conquistar uma boa vida ali. Pregador ardoroso e talentoso, Lee acabou se tornando pastor de três pequenas igrejas.[16] "Diferentes das de sua irmandade, suas pregações iam bem além do escopo da Bíblia, do Paraíso e do Caminho da Glória", escreveu o renomado jornalista negro Simeon Booker.[17] Lee não dizia nada de eterno sobre a ordem social das leis Jim Crow, e parece que suas convicções eram contagiantes. Em 1936, aos 32 anos, ele se casou com uma moça comedida e tranquila de 21 anos chamada Rose. Ele e Rose administravam um pequeno negócio de impressões rápidas no fundo da pequena mercearia que tinham em casa, na Hayden Street 230, no coração da comunidade negra de Belzoni, e o reverendo Lee tornou-se um líder na comunidade. "Ele tinha uma capacidade intelectual melhor do que a maioria, e por isso eles o procuravam", relembra sua esposa.[18]

No início dos anos 1950, o doutor T. R. M. Howard recrutou Lee como vice-presidente do Conselho Regional da Liderança Negra (RCNL). Os eloquentes discursos de Lee nas manifestações da RCNL se tornaram lendários. Em um muito louvado discurso para dez mil cidadãos negros reunidos em Mound Bayou, ele falou: "Não rezem para sua mamãe e seu papai. Eles foram para o céu. Rezem para conseguirem passar por este inferno."[19] Booker definia Lee como "um tipo atarracado e magnético, de pele morena", e considerava sua oratória irresistível: "Batendo nas costas dos agricultores e oferecendo a todos uma amostra de sua incendiária mensagem sobre direitos civis, Lee eletrizava multidões com seus diálogos "pé no chão" e seu sentido de sincronia política."[20] Muitos dos ouvintes de Lee passaram a considerá-lo como o pregador mais militante do Delta.[21]

Em 1952 e 1953, com a ajuda de Medgar Evers, Lee e seu amigo Gus Courts, um merceeiro, organizaram a sucursal da NAACP de Belzoni. Courts tornou-se o primeiro presidente da sucursal, e Lee foi o primeiro cidadão negro registrado para votar no condado de Humphreys desde o fim da Reconstrução.[22] Os dois organizaram uma série de reuniões sobre o direito ao voto, para as quais Lee imprimia panfletos. De acordo com Courts e Roy Wilkins, diretor-executivo da NAACP nacional, eles conseguiram registrar cerca de quatrocentos afro-americanos. Quando o xerife Ike Shelton se recusou a aceitar o pagamento das taxas eleitorais dos afro-americanos e mandou Lee "fazer os crioulos retirarem seus nomes do livro [de registros]", Lee e Courts ameaçaram processá-lo.[23]

Essa afronta provocou a ira do Conselho de Cidadãos, que lançou uma campanha de intimidações e represálias que logo forçou praticamente todos os votantes negros a retirar seus nomes das listas de votação. Em 7 de maio, o número de votantes afro-americanos no condado caiu para 92.[24] Os atacadistas brancos locais se recusaram a vender artigos para a loja de Courts ou estender seu crédito. Disseram que, se não retirasse seu nome da lista de votação, ele perderia sua licença. Indubitavelmente frustrados porque suas represálias econômicas não estavam funcionando, em seguida os líderes do Conselho de Cidadãos asseguraram a Lee que se os dois simplesmente retirassem seus nomes e cessassem seus esforços pelo registro, o Conselho protegeria a ele e Courts de qualquer ameaça.[25]

A ameaça implícita era algo a se pensar com sobriedade. Homens brancos haviam recentemente espancado pastores negros que defendiam o voto de afro-americanos em Starkville e em Tupelo.[26] Em Belzoni os adversários da NAACP reagiram ao sucesso do movimento de registro de eleitores quebrando o para-brisa de dezoito carros numa única rua na comunidade negra e estilhaçando as vitrines de várias lojas de propriedade de negros. Os vândalos deixaram um bilhete de alerta: "Seus crioulos que pagam taxas de votação, isso é só uma amostra do que vai acontecer com vocês."[27] Em uma noite da primavera de 1955, uma turba de homens brancos invadiu o Elks' Rest, um estabelecimento local para afro-americanos, e depredou o lugar, destruindo equipamentos, rasgando o livro de registro e deixando o seguinte aviso: "Vocês pretos pensam que vão votar, mas isso nunca vai acontecer. Isso é para mostrar o que vai acontecer, se vocês tentarem."[28]

No dia 7 de maio de 1955, Lee já havia recebido incontáveis ameaças de morte por cartas e telefonemas, incluindo uma anônima, que disse: "Seu preto, você é o número um de uma lista de pessoas que não precisamos mais ter por aqui." Naquela noite Lee foi de carro até o centro da cidade para pegar um terno na lavanderia a seco para ir à igreja no dia seguinte. Já passava das onze horas, mas as relações entre os comerciantes negros da cidade eram informais e Lee sabia que seu amigo, que morava no mesmo prédio onde tinha a lavanderia, não se incomodaria em tirar um terno limpo do quarto dos fundos.[29]

Quando voltava para casa, Lee passou por Peck Ray, um faz-tudo local, e por David Watson pai, um coveiro. Os dois eram membros do Conselho de Cidadãos local. Watson fora preso recentemente por ter disparado tiros na casa de um meeiro negro, mas o procurador-geral Stanny Sanders preferiu não levar o caso a julgamento. Segundo registros de uma investigação do FBI conduzida depois, testemunhas disseram que "viram dois homens saírem de uma esquina no centro onde estavam, entrarem no Mercury conversível bicolor de Ray, saírem dirigindo e voltarem pouco depois. Várias testemunhas viram um conversível que se encaixava nessa descrição seguindo Lee só com as lanternas acesas."[30]

Quando Lee se aproximou de sua casa, numa comunidade negra, o conversível estacionou atrás dele. Testemunhas acharam que um dos passageiros do carro parecia o xerife Ike Shelton.[31] O primeiro tiro esvaziou um dos pneus de Lee. Em seguida o Mercury parou ao lado do carro de Lee, e um tiro de escopeta calibre 20 detonou sua mandíbula. Desgovernado, o carro de Lee entrou numa casa próxima, derrubando a varanda e abrindo um enorme buraco na parede da frente. Com a cabeça sangrando, Lee saiu cambaleando dos escombros. Um taxista negro que passava o viu cair e o levou ao Hospital Memorial do condado de Humphreys, mas Lee morreu no banco traseiro. O legista declarou que ele morreu por perda de sangue de ferimentos causados por cerca de duas dúzias de partículas de chumbo grosso número três.[32] Mas a manchete do *Jackson Clarion-Ledger* do dia seguinte foi: "Líder negro morre em estranho acidente." O relatório do FBI sobre o caso observou: "O xerife I. J. Shelton fez uma declaração pública afirmando que os fragmentos de metal na mandíbula de Lee provavelmente eram obturações de seus dentes." Isso aconteceu pouco mais de três meses antes do assassinato de Emmett Till.[33]

Menos de uma hora depois do disparo de escopeta ter tirado a vida de Lee, consta que as operadoras do sistema telefônico de Belzoni começaram a dizer a clientes negros que todas as linhas de telefone interurbanas estavam ocupadas. Por isso, os amigos de Lee correram para Mound Bayou para informar o doutor Howard, que ligou para o deputado Charles Diggs em Michigan, que ligou para a Casa Branca. Outros se dirigiram a Jackson para informar Medgar Evers e A. H. McCoy, o presidente da conferência estadual das sucursais da NAACP. Evers reuniu todos os fatos conhecidos para a imprensa nacional. "Foi claramente um assassinato político", lembrou Roy Wilkins no diretório nacional, "mas os representantes da lei do local praticamente fingiram que nada tinha acontecido."[34] Em seu relatório anual para o diretório estadual de Mississippi, Evers foi contundente: "Os negócios independentes [de Lee], [isto é] a oficina de impressão e a mercearia, dificultaram qualquer pressão econômica, por isso a única alternativa que restou foi matá-lo."[35]

McCoy ligou para Ruby Hurley, diretora do distrito sudeste da NAACP, que estava a trabalho em Panama City, na Flórida. Ela embarcou de manhã no primeiro avião para Jackson, onde se encontrou com Evers, que a levou de carro até Belzoni. Ruby notou que Evers estava mais desafiante que o normal e que portava uma arma. "Medgar ainda era novo e tinha algumas ideias que precisávamos mudar", explicou, acrescentando que ele "não era nada violento". Percebendo um carro não identificado do xerife atrás deles, Ruby resolveu não falar nada a respeito: "Tive medo de que ele pudesse parar e perguntar ao homem por que ele estava nos seguindo." Em Belzoni eles encontraram a comunidade negra furiosa e amedrontada: muitos moradores tinham medo do que aconteceria a seguir, enquanto outros clamavam abertamente por vingança.[36]

Ruby convenceu Wilkins a fazer o diretório nacional oferecer a mesma recompensa de quinhentos dólares feita pela RCNL por qualquer informação que resultasse na prisão e condenação dos assassinos.[37] Evers e Ruby foram informados de que um homem chamado Alex Hudson e uma jovem professora tinham testemunhado o assassinato de Lee de uma varanda do outro lado da rua. Hudson tinha fugido para a casa de parentes no leste de St. Louis logo no dia seguinte.[38] A professora "tinha saído de casa de repente durante a noite e desde então ninguém sabia nada sobre ela", relatou um investigador da NAACP.[39]

Enquanto os diretórios da NAACP do Mississippi e de Nova York procuravam evidências, a família de Lee fazia os preparativos para o funeral. O plano original era realizar os procedimentos no santuário da Igreja Batista de Greengrove, a poucos quarteirões da casa de Lee; mas logo ficou claro que a igreja só abrigaria uma fração das duas mil pessoas que compareceriam. Por isso os diáconos puseram os bancos no gramado da igreja, enquanto o diretor da casa funerária e seus homens colocaram o caixão na traseira de uma grande carreta, que estacionaram perto da parede de tijolos atrás da igreja, onde improvisaram um altar e um palanque para os que iriam discursar.[40]

Raiva e tristeza tomaram a enorme multidão quando o reverendo W. M. Walton abriu os procedimentos.[41] A cerimônia foi interrompida várias vezes por gritos de "Ele foi assassinado!". O clima era de revolta, de vingança, até. Richard West, ativista da RCNL e membro de destaque da NAACP de Greenwood, foi ao funeral com um revólver calibre 38; sua esposa estava armada com um .32, e a mãe portava um canivete.[42] T. R. M. Howard dirigiu-se à multidão, declarando: "Nós não estamos com medo. Nós estamos temerosos [...] Alguns de nós aqui poderão se juntar a ele, mas nos juntaremos a ele como guerreiros corajosos e não como covardes encolhidos." Rose Lee mandou o caixão ser aberto para refutar a alegação do xerife de que o marido tinha morrido em um "acidente automobilístico". Pressagiando as fotografias que definiriam o caso Till, fotos na *Jet* e em vários jornais negros mostraram o lado esquerdo do queixo de Lee despedaçado e as centenas e mais centenas de enlutados.[43] Depois do funeral, membros da NAACP voltaram a Belzoni para ministrar aulas sobre como se registrar para votar.[44]

No dia 22 de maio, a NAACP patrocinou uma manifestação em memória de Lee que lotou o Elks' Rest em Belzoni com uma multidão estimada em mais de mil pessoas. Wilkins veio de Nova York para falar pela organização nacional, e Howard disse à plateia: "Ainda existem alguns negros no Mississippi que venderiam as avós por meio dólar, mas o reverendo Lee não era um deles." McCoy desafiou os homens da lei locais que os haviam visto entrando no local:

> O xerife Shelton está agora mesmo lá fora, ele e seus rapazes. Voltou da sua pescaria só para poder assistir a este encontro.

Eu digo que seria melhor ele estar investigando o assassinato do reverendo Lee do que assistindo a este encontro ou levando seu balde de metal com algumas iscas para pescar. O xerife diz que a morte do reverendo Lee foi um dos casos mais intrigantes que já viu. A única coisa intrigante a respeito é por que o xerife não prende os homens que o cometeram.[45]

Só que, claro, não era nada intrigante.

Tivesse o promotor público Sanders processado Joe David Watson pai por ter disparado na casa de um meeiro negro, talvez George Lee não houvesse sido morto. Ao deixar de agir, Sanders praticamente deu sinal verde para o assassinato, o qual também declinou de processar. A mensagem para a comunidade era clara: qualquer um que lutasse pelos direitos de voto dos negros poderia ser morto de forma impune. Segundo um memorando do FBI de 1956, Sanders reconheceu que a investigação da agência "demonstrou de forma conclusiva que a morte de Lee havia sido resultado de uma ação criminosa", mas concordou que a identidade dos agressores não estava "suficientemente estabelecida para ser usada como evidência a ser apresentada ao grande júri". Era inútil prosseguir, disse aos agentes do FBI, pois um grande júri do condado de Humphreys "provavelmente não decidiria por uma condenação, mesmo se houvesse evidências positivas". Ademais, as relações de raça tinham se estabilizado depois do assassinato, e a reabertura do caso só agitaria as coisas. O Departamento de Justiça se isentou de fazer acusações baseadas em direitos civis, afirmando que não havia provas suficientes de que o assassinato tivesse qualquer relação com o direito ao voto. Os agentes do FBI devolveram a Watson sua escopeta calibre 20 junto com os cartuchos.[46]

O dia seguinte ao assassinato de Lee foi um domingo, Dia das Mães, mas a mercearia de Gus Courts estava aberta.

Depois de ter perdido o melhor amigo, deve ter sido um soco no estômago ver Percy Ford, do Conselho de Cidadãos de Belzoni, apoiado no seu balcão.

"Eles pegaram o seu parceiro ontem à noite", teria dito Ford.

"Sim, vocês fizeram isso", replicou Courts em tom de acusação.

"Se não retirar o seu nome do registro, você vai ser o próximo. Não há nada a fazer a respeito de Lee, porque você não pode provar quem fez isso." Em seguida Ford foi ainda mais contundente: "Courts, eles vão se livrar de você. Não sei como e nem quero saber."

O comerciante de 65 anos disse a Ford que preferia morrer como um homem livre a viver como um covarde. De qualquer forma, continuou Courts, ele não pretendia tirar seu nome dos livros. Já tinha sido muito difícil inserir o nome neles.

O Conselho de Cidadãos cumpriu sua palavra. O senhorio de Courts logo aumentou tanto seu aluguel que ele foi obrigado a mudar a loja de lugar. Fazendeiros se recusavam a contratar quaisquer trabalhadores que ele transportasse na época da colheita com seu serviço de ônibus e caminhões. Os atacadistas de artigos alimentícios cancelaram seu crédito. Courts pagou em dinheiro durante duas semanas, mas depois disso os atacadistas se recusaram a lhe vender mais mercadorias. Ele precisava dirigir uma hora e meia até Jackson pessoalmente para comprar provisões.[47]

No condado de Humphreys o Conselho fornecia listas de afro-americanos registrados para comerciantes brancos locais. Evers explica que se qualquer empregador ou empregador em potencial encontrasse o nome de um negro na lista, ele diria: "Não podemos empregar você até que retire seu nome da lista." Com esse método eles reduziram o número de registrados para cerca de noventa nomes, e contra esse núcleo mais duro de eleitores negros o Conselho organizou outros tipos de pressão. Evers observou que o condado de Sunflower perdeu todos os seus 114 votantes devido a esses métodos, e o condado de Montgomery perdeu todos os seus 26. Indagado se aqueles números representavam as metas do Conselho de Cidadãos, Robert Patterson afirmou: "Nós não somos contra o voto de ninguém que esteja qualificado pela nossa nova lei de registro."[48]

Em 1º de agosto, um dia antes da primária do Partido Democrata de 1955, somente 22 eleitores afro-americanos continuavam nos livros do condado de Humphreys, a maioria deles aterrorizada. "Eu fui notificado naquela mesma manhã de que o primeiro negro que pusesse os pés no gramado do tribunal seria morto", conta Courts. Quase todos os eleitores negros ainda registrados se reuniram na mercearia de Courts mais tarde naquele dia para falar sobre o que deveriam fazer. "Eu disse a eles que nós iríamos votar, se eles quisessem. Eles disseram que queriam, e nós fomos votar."

Courts prossegue: "Quando chegamos ao diretório de registros, nos deram uma folha de papel com dez perguntas. Disseram que só poderíamos votar se respondêssemos as perguntas." A primeira pergunta era se eram membros do Partido Democrata. "A pergunta seguinte era 'Você quer que seus filhos frequentem a escola com crianças brancas?'. A pergunta seguinte era 'Você é membro ou apoia a NAACP?'." O oficial de registros não aceitou os votos deles. Nenhum voto negro foi contabilizado no condado de Humphreys em 1955.[49]

Na sequência, Courts e quatro de seus companheiros escreveram e enviaram uma petição ao governador Hugh White dizendo que seus direitos como eleitores estavam sendo negados e que suas vidas estavam sendo ameaçadas, pedindo portanto proteção, tanto dos votos como das próprias vidas. Mandaram uma cópia ao Departamento de Justiça dos EUA. A resposta foi assustadora. "O governador mandou a petição para o

Conselho de Cidadãos Brancos de Belzoni", explicou Courts. Percy Ford mostrou a petição original aos cinco signatários, um por um. "Vocês assinaram essa petição e a mandaram ao governador", Courts lembra-se de Ford ter dito. "Agora vocês sabem o quanto de proteção obtiveram do governador."[50]

Com a intensificação da coação, Courts escreveu um bilhete a Evers: "Estou comunicando alguns nomes sobre os quais o Conselho de Cidadãos está fazendo pressão. Senhor V. G. Hargrove, Tchula, Misss. [sic] Fazendeiro. Senhor Neely Jackson Tcula [sic.] Miss. fazendeiro. Senhor Fread Myls Belzoni Miss. comerciante, Senhor Will None, agricultor, Belzoni, Miss., Senhor Willie A. Harris, dono de um táxi, Belzoni, Miss. Senhor Gus Couters, comerciante de Belzoni e muitos outros dos quais não tenho os nomes. Todos esses homens receberam ordens de sair da NAACP. E receber de volta a taxa eleitoral ou abater da receita. Ao seu dispor, Gus Courts, First St. Belzoni 61, Miss."[51] Evers anexou à carta diversos relatos semelhantes. Os membros do Conselho de Cidadãos persistiram em alertar Courts a sair de Belzoni ou enfrentar as consequências.

Por volta das oito horas da noite de sexta-feira, 25 de novembro de 1955, uma mulher negra de 42 anos chamada Savannah Luton entrou na mercearia de Courts na First Street, em Belzoni. "Eu estava atendendo os clientes na minha loja", recorda Courts. Cumprimentou Luton, que estava atrás da velha máquina de refrigerante e da caixa registradora. "Estava comprando um pouco de óleo de carvão quando ouvi um barulho que parecia ser de bombinhas", Savannah contou mais tarde. "Eu me abaixei para olhar pela vitrine e disse ao senhor Courts: 'Tem alguns sujeitos brancos lá fora atirando na gente.' Ele nem sabia ainda que tinha sido atingido por um disparo."

A escopeta estava carregada com chumbo grosso, não convencional, e dois disparos rápidos se espalharam pela parte superior da traseira da picape de Courts e abriram furos irregulares na vitrine da loja. Quando Courts tocou o lado do corpo, sua mão voltou coberta de sangue: os tiros o haviam atingido no ventre e no braço direito. Desarmada, Savannah saiu correndo pela porta bem a tempo de ver um automóvel bicolor correndo em direção ao centro de Belzoni, espalhando poeira e cascalho. Havia um branco na direção e outras pessoas no carro, que Savannah não conseguiu reconhecer. Quando voltou para a loja, encontrou Courts caído. Uma de suas mãos fazia pressão no ferimento no lado do corpo, e a outra, no ferimento do braço. O sangue escorria por entre seus dedos e pingava no chão de madeira.[52]

Amigos e familiares correram com Courts para o hospital — não ao hospital local lá perto, mas ao Hospital Taborian em Mound Bayou. "Quando saí para entrar no carro, disse ao meu amigo Ernest White, que veio para me levar ao hospital, que eu queria ir ao hospital de Mound Bayou, que ficava a 120 quilômetros de distância. O xerife chegou à minha loja trinta minutos depois, quando eu já tinha saído para o hospital. Perguntou à minha mulher onde eu estava e falou que estava havia trinta minutos no hospital, a dois quarteirões da loja, esperando por mim." Quando a mulher disse que o marido tinha ido para Mound Bayou, o policial não ficou contente. "Acredito que eles teriam acabado comigo se eu tivesse ido para o hospital de Belzoni", contou Courts.[53] O xerife Shelton reclamou: "Eles levaram Courts passando por dois condados, a 120 quilômetros ao norte daqui, apesar de termos o melhor hospital do mundo e dois dos melhores médicos."

"Eu já sabia há muito tempo o que ia acontecer e tentei me preparar mentalmente para isso, mas é uma coisa difícil de fazer", disse Courts. "É ruim saber que você pode ser atingido por um tiro dentro da sua loja." Apesar de ter demorado mais de um ano para recuperar o uso do braço, Courts se restabeleceu do tiro de chumbo grosso. Outros ferimentos se mostraram mais difíceis de curar. Ninguém jamais foi acusado pelo caso. O *New York Times* publicou uma matéria minúscula sobre o assassinato do reverendo Lee, mas nenhum jornal nacional publicou o que aconteceu com Courts ou sobre a onda de intimidações contra eleitores negros em todo o estado. O procurador-geral dos EUA Herbert Brownell Jr. insistiu em que, pela lei federal, o Departamento de Justiça não tinha autoridade para abrir processo, embora os tribunais havia muito tivessem decidido que a Décima Quarta Emenda da Constituição dos EUA criava uma cidadania nacional e assim dava poderes ao governo federal para proteger o direito de todos os cidadãos ao voto.[54]

A exemplo de Lee e Courts, um produtor de algodão afro-americano de 63 anos chamado Lamar Smith decidiu que arriscaria tudo para ajudar a implantar o voto dos negros do Mississippi. Aproximadamente duas semanas antes de Milam e Bryant irem à casa de fazenda do reverendo Wright para pegar Emmett Till, Smith foi ao tribunal de Brookhaven, Mississippi, para conseguir mais votos que estava distribuindo pelo correio a afro-americanos, para que pudessem votar sem serem intimidados ou atacados.[55] Eram dez horas da manhã de sábado, e a praça estava cheia de gente. Pelo menos três homens brancos se aproximaram de Smith, que estava desarmado, quando ele atravessava o gramado do tribunal e o espancaram sem piedade. Em seguida, pelo menos dois deles o seguraram enquanto outro atirou em seu coração com um revólver calibre 38 e, segundo um relato, disparou um segundo tiro em sua boca. Dezenas de pessoas estavam ao redor. O xerife estava perto o suficiente para reconhecer pelo menos um dos assassinos e descrever as manchas de sangue na camisa de outro. A investigação do FBI afirmou claramente que os agressores mataram Smith "na frente do xerife".[56]

O jornal *Eagle Eye* de Arrington High afirmou que as dezenas de testemunhas do assassinato foram "obrigadas a calar suas bocas". Furioso, exigiu: "Será que esse homem foi morto por funcionários eleitos?"[57] A primeira página do *Jackson Advocate*, um jornal conservador negro, declarou que o assassinato de Smith foi "basicamente considerado como resultado de um sentimento criado contra líderes negros no estado pelos Conselhos de Cidadãos Brancos".[58] O próprio juiz de Brookhaven, Tom Brady, reconheceu que não houve um julgamento pela morte de Smith porque nenhum homem branco queria testemunhar contra outro pelo assassinato de um homem negro.[59]

No entanto, nem todos os brancos ficaram em silêncio. Quando o xerife não efetuou nenhuma prisão, apesar de ter testemunhado pessoalmente o assassinato, o promotor de Justiça do distrito, E. C. Barlow, tentou sem sucesso persuadir o governador a enviar policiais rodoviários para investigar, definindo o assassinato como "de inspiração política". O presidente do grande júri local, todo formado por brancos, se queixou amargamente em uma longa declaração aos jornais: "Com toda certeza alguém fez um bom trabalho ao tentar encobrir as provas neste caso e evitar que as partes culpadas, portanto, fossem levadas à Justiça." Embora "supostamente houvesse um grande número de pessoas ao redor e próximas ao dito assassinato, este Grande Júri foi incapaz de conseguir a evidência, apesar de se saber, ou de ser supostamente conhecido, quais eram as partes envolvidas no tiroteio". Afirmando falar em nome de todo o grande júri, o presidente esbravejou: "Consideramos impossível que pessoas estivessem a sete ou dez metros de uma situação em que uma parte foi atingida e tenha perdido a vida em plena luz do dia, e ninguém saiba nada a respeito ou não saiba quem fez isso."[60]

Apesar da natureza ostensivamente política do ataque no Mississippi, a mídia nacional pegou leve com os assassinatos de George Lee e Lamar Smith, além de pouco ter noticiado a tentativa de assassinato de Gus Courts. Por isso, é fácil entender por que os assassinos e os que simpatizavam com eles pensavam que o país não se incomodava com os direitos ou mesmo com as vidas de afro-americanos no Mississippi. E não surpreende que J. W. Milam e Roy Bryant deduzissem que poderiam matar Emmett Till sem sofrer quaisquer consequências.

Quando Courts recebeu alta do hospital de Mound Bayou, Evers e sua mulher o convenceram a se mudar com a família para Chicago, onde a NAACP o encarregou da gerência de um pequeno estabelecimento comercial de alimentos na zona sul.[61] Pistoleiros dispararam rajadas de balas nas casas de A. H. McCoy em Jackson. O doutor C. C. Battle, que fez a autópsia de George Lee, fugiu para Kansas City. O doutor Howard vendeu a casa e quase oitocentos acres de terra e se mudou, primeiro para a Califórnia e depois para Chicago, onde abriu um consultório e entrou para a política. Todos tinham certeza de que seriam mortos se continuassem no Mississippi.[62] Amzie Moore escreveu para um amigo em Chicago no final de 1955: "Aqui está difícil, e a vida de um homem não vale um tostão furado. Vou tentar ficar o quanto puder, mas talvez tenha de fugir daqui. Procure por mim logo depois do primeiro dia do ano."[63] Moore conseguiu ficar, mas transformou sua casa em um arsenal iluminado, como se fosse Natal todas as noites do ano.[64]

Courts não voltou mais a Belzoni. "Vocês têm diante de si um americano refugiado do terror do Mississippi", depôs dois anos depois ao Comitê Judiciário do Senado dos EUA. "Nós tivemos de fugir durante a noite. Somos os americanos refugiados do terror do Sul, só porque queremos votar."[65]

O que se dizia era que amigos o haviam retirado da cidade dentro de um caixão.[66]

12

OPINIÕES FORMADAS

Na tarde do domingo anterior ao início do julgamento de Roy Bryant e J. W. Milam, C. Sidney Carlton, um dos cinco advogados de defesa dos réus, foi falar com a principal testemunha de acusação do processo. Homem de meia-idade, de óculos e rosto redondo, Carlton logo se tornaria o presidente da Ordem dos Advogados do Mississippi.[1] O termo mais suave para o que ele estava prestes a fazer é *manipulação de testemunha*. Carlton bateu à porta da casa de fazenda arrendada onde o reverendo Wright morava, a mesma porta em que Milam e Bryant esmurraram quando vieram buscar o garoto negro de Chicago. Foi até lá para alertar Wright sobre o testemunho que faria contra os seus clientes.[2]

Como em quase tudo no julgamento de Emmett Till, havia algo de encenação na visita de Carlton. Seu alerta foi supérfluo. Depois de encontrar o pastor em casa, fortemente armado, Moses Newsome, do *Memphis Tri-State Defender*, escreveu: "[Moses Wright] parece ter convicção de ser capaz de lidar com qualquer situação que surja enquanto estiver acordado. Cada vez que algum carro reduz a velocidade na frente de sua casa, ele diz a este repórter 'Não se preocupe. Aqui está tudo bem'."[3] Mas Wright evitava dormir em casa enquanto esperava sua oportunidade de depor no tribunal; preferia dormir no carro em um cemitério rural ou em algum outro local secreto. "Algumas noites eu passo aqui, outras não", disse aos repórteres. "Eu sou supersticioso." Todos os dias em que ele e os filhos faziam colheita na lavoura de algodão de 25 acres, ele mantinha a espingarda por perto. Também tinha um fuzil bem à mão. Os garotos estavam morando com parentes.[4]

Wright sabia com certeza quem tinha raptado, torturado e matado seu sobrinho. Sabia o quanto era surpreendente que fosse haver um julgamento e tinha quase certeza de que os assassinos seriam considerados inocentes por um júri de homens brancos. Sabia que afro-americanos eram mortos por brancos havia séculos sem sofrer quaisquer consequências. Não havia razão para imaginar que desta vez seria diferente. Mas, seguindo o exemplo de George Lee, Gus Courts e incontáveis outros afro-americanos que colavam adesivos em seus automóveis, compareciam a manifestações, assinavam seus nomes em petições para integração nas escolas e tentavam se registrar para votar, ele escolheu ter coragem. Foi por isso que ficou no Delta. "Não havia a menor demonstração de medo [por parte de Wright] quando ele convidou seus visitantes a entrar", escreveu depois um repórter que foi à casa do reverendo. "Houve inclusive uma atitude meio desafiadora quando Carlton sugeriu que a situação poderia ficar ruim para Moses Wright se ele acusasse Milam e Bryant."[5]

Wright só teve de esperar três semanas. O julgamento começou na segunda-feira, 19 de setembro, apenas vinte dias depois de os auxiliares do xerife terem retirado o cadáver inchado do rio Tallahatchie. Isso deixou pouco tempo para uma investigação adequada, e era essa a intenção. O xerife Strider, do condado de Tallahatchie, que tinha conseguido a jurisdição do caso e por isso era responsável pela investigação, na verdade instou o juiz a dar início ao julgamento apenas uma semana depois de o corpo ter sido encontrado, apesar de não ter localizado nenhuma prova ou testemunha.[6] "Não conseguimos encontrar uma arma nem qualquer outra coisa", disse aos repórteres. Tampouco o estado tinha qualquer noção concreta sobre onde o assassinato havia ocorrido.[7] Essa falta de informações projetava uma sombra sobre a questão da jurisdição de Strider, já que o rapto claramente tinha ocorrido no condado de Leflore.

Aliás, foi o xerife de Leflore, George Smith, que havia prendido Milam e Bryant. Se a jurisdição tivesse ficado com ele, os efeitos no julgamento teriam sido diferentes. Ninguém menos que um dos pilares dos direitos civis políticos do Mississippi, o doutor Doutor T. R. M. Howard definia o xerife Smith como "o xerife mais corajoso e mais justo de todo o estado do Mississippi". Ruby Hurley, do diretório regional sudeste da NAACP, também louvava as atitudes de Smith.[8] Mas Strider reivindicou a jurisdição com base na descoberta do corpo, a cerca de quinze quilômetros de seu condado. Também alegou ter encontrado um pouco de sangue numa ponte que indicaria de onde o corpo fora jogado. O laboratório do FBI logo determinou que não era sangue humano, mas isso não fez diferença; Strider ficou com a jurisdição assim mesmo.

Strider estava determinado a manter o controle dos procedimentos. Outra razão para o julgamento apressado era que o mandato de quatro anos de Strider terminaria em três meses; o adiamento até a próxima sessão do tribunal faria com que o sucessor de Strider assumisse o papel principal na aplicação da lei.[9]

Henry Clarence "H. C." Strider mascava tabaco, fumava charuto e era um ex-jogador de futebol americano com problemas cardíacos e atitude rabugenta.[10] Proprietário de 1.500 acres de ótimas terras para plantio de algodão, Strider explorava sua lavoura com 35 famílias meeiras e tinha uma loja de artigos variados e um posto de gasolina em sua propriedade. Também operava uma companhia de pulverização com três aviões.[11] Sete casas arrendadas ladeavam a entrada de carros da casa dele, todas com uma letra enorme no telhado, visível da estrada ou de um de seus aviões: S-T-R-I-D-E-R.[12] "Ele era como um chefão dominando o Delta", relembra Carolyn Bryant. "Todos os outros xerifes e departamentos de polícia e tudo o mais, o que Strider dizia era o que eles faziam."[13] Eleito em 1951, era "o xerife mais durão que já tinha passado por aqui", recorda-se Crosby Smith, tio de Emmett Till. "Pesava uns 150 quilos e andava com passos pesados."[14] Se estivesse portando uma arma no tribunal durante o julgamento, ela não ficava visível, mas um gigantesco cassetete se destacava no bolso direito dianteiro de sua calça.[15]

O xerife Strider reinava no tribunal do condado de Tallahatchie, um velho castelo de tijolos de três andares erguido em Sumner em 1915.[16] Construída ao redor da praça do tribunal a oitocentos metros da rodovia, Sumner, uma das duas sedes de Tallahatchie, tinha uma população de cerca de seiscentos habitantes, mais de dois terços formados por negros e nenhum registrado para votar. Strider organizou uma forte segurança para o julgamento. "Seus auxiliares usavam cinturões cheios de balas e entravam e saíam como se estivessem no cenário de um faroeste de TV, revistando todos os que entravam no tribunal", escreveu Dan Wakefield para o *Nation*.[17] "Já recebi mais de 150 cartas me ameaçando e não pretendo levar um tiro", declarou Strider à imprensa. "Se for para haver tiroteio, preferimos que seja feito por nós."[18]

A julgar pela cobertura inicial da imprensa, boa parte do Mississippi branco compartilhava a indignação de Chicago pelo assassinato de Till. Em 1º de setembro, dia seguinte ao que o corpo foi encontrado, o *Clarksdale Press Register* definiu a situação como "um crime selvagem e inútil" e afirmou ostensivamente: "Se não houver uma condenação à pena máxima da lei por esse crime hediondo, o Mississippi pode muito bem queimar todos os seus códigos legais e fechar os tribunais." O *Greenwood Commonwealth* publicou editorial de primeira página afirmando: "Cidadãos desta região estão determinados em que as partes culpadas sejam punidas nos limites da lei." O *Vicksburg Post* definiu o crime como um "assassinato horrendo e não provocado" e exigiu um "processo ágil e implacável". O governador White despachou telegramas para o promotor de Justiça Gerald Chatham, exigindo um processo enérgico do caso, e para o diretório nacional da NAACP, prometendo que os tribunais do Mississippi "cumprirão seu dever".[19]

T. R. M. Howard, um dos líderes do movimento de direitos civis e cirurgião de Mound Bayou, estava em viagem de negócios em Chicago quando soube que o corpo de Till havia aparecido no Tallahatchie. "Alguém vai ter que pagar caro no Mississippi", afirmou a repórteres.[20] Mamie Bradley também disparou contra o estado do Mississippi, jurando: "O Mississippi vai pagar por isso."[21] Para o vexame da maioria dos brancos do Mississippi, Mamie definiu o que havia acontecido com o filho como "uma ocorrência cotidiana" na região, afirmando que visitar o Mississippi era "como entrar num covil de serpentes".[22] Em Nova York, Roy Wilkins fez uma condenação ainda mais veemente, publicada em jornais de todo o país e na primeira página do *Jackson Clarion-Ledger*. "Esse linchamento passa a impressão de que o estado do Mississippi resolveu manter a supremacia branca assassinando crianças", declarou. "Os assassinos do garoto sentiram-se livres para linchá-lo porque no estado inteiro não existe nenhuma influência restritiva em termos de decência, nem na capital do estado, entre os jornais diários, no clero ou em qualquer segmento dos assim chamados melhores cidadãos."[23]

Essas declarações pairaram sobre a cabeça dos brancos do Mississippi. O ultraje sentido pelo assassinato de Till se dissipou quando os habitantes começaram a sofrer com todas as críticas dirigidas ao seu estado e suas implicações. Em poucos dias começou a reação. Os brancos do Mississippi se ressentiram das acusações ao seu estado feitas pela imprensa do Norte, especialmente das violentas denúncias de Wilkins e outros defensores dos direitos civis. Muitos editores do Mississippi começaram a reagir indiscrimidadamente.[24] O editor do *Picayune Item* vociferou que "um preconceito comunista inspirado pela NAACP" não podia "manchar o nome do grande estado soberano do Mississippi, independentemente de suas acusações de ódio aos negros, linchamentos ou o que seja".[25]

Alguns usaram as cáusticas críticas do país ao Mississippi para explicar a atuação da Justiça no tribunal: os críticos do estado, argumentaram, tinham exagerado a simpatia de Strider por Roy e Milam. Mas o promotor Hamilton Caldwell contra-atacou dizendo que Strider "sempre esteve ao lado dos rapazes". Mais tarde Carolyn Bryant observou que, bem antes do assassinato, os Milams e Bryants acreditavam que sua associação com Strider os tornava imunes a processos. Já em 3 de setembro, apenas três dias depois de o corpo de Till ter sido encontrado, Strider disse a repórteres que não acreditava que o corpo fosse de Till: "O corpo que retiramos do rio parece mais o de um homem adulto que o de um garoto jovem. Também estava mais decomposto que deveria estar depois de tão pouco tempo na água."[26] Foi uma afirmação que contradisse muito a avaliação das condições do cadáver logo depois de ter sido retirado do rio, quando o xerife disse que o corpo parecia ter estado ali somente dois dias. Essa mudança tinha um propósito político, é claro: se estivesse na água há mais tempo, o corpo não poderia ser de Emmett Till. No dia seguinte, Strider disse aos repórteres: "A coisa toda parece uma ação realizada pela NAACP."[27] O xerife George Smith do condado de Leflore discordou rápida e publicamente. Seu auxiliar, John Ed Cothram, também não conseguiu se manter em silêncio e afirmou enfaticamente que estivera presente quando Moses Wright identificara o corpo pelo anel de prata lavrado com as iniciais do pai de Till.[28]

Porém, no tribunal do condado de Tallahatchie os dissidentes eram muito poucos. Strider logo elaborou melhor sua teoria falando a repórteres do *Greenwood Morning Star*: "Parece que as provas estão ficando cada vez mais tênues. Estou colhendo algumas evidências de que o crime pode ter sido planejado e executado pela NAACP."[29] Hodding Carter Jr., editor do *Delta Democrat-Times*, conjeturou: "Quem já ouviu falar de um xerife oferecendo uma frágil versão do fato, uma prova perfeita para a defesa? Sem um corpo de delito, não pode haver condenação por assassinato — de ninguém." Carter destacou a ironia de que o mesmo homem que agora negava que o corpo era de Till tinha reivindicado jurisdição sobre o caso baseando-se em um pouco de sangue que disse ter encontrado numa ponte.[30]

Claro que Strider não estava sendo descarado do nada. A maré da opinião pública parecia estar cada vez mais a seu favor. O governador White escreveu a um colega: "Estou com medo de que o público esteja tão contra as agitações da NAACP que seja impossível condenar esses homens."[31] Embora editores e políticos como White culpassem a reação contra a NAACP e as críticas do Norte, a ferocidade dos editores do Mississippi influenciaram consideravelmente a opinião pública. Contudo, para genuína surpresa de muitos observadores, no dia 7 de setembro um grande júri despachou uma acusação formal contra Milam e Bryant pelo assassinato.[32]

O homem que presidiu o julgamento do assassinato dentro da cidadela de Strider foi muito elogiado pelos órgãos de imprensa. James Hicks, da National Negro Press Association

[Associação Nacional da Imprensa Negra] e da Afro-American News Service [Agência de Notícias Afro-Americana], que compareceu ao julgamento dizendo-se "cético quanto à justiça do homem branco do Mississippi", escreveu depois que nenhum juiz "poderia ter sido mais estrito e eminentemente justo na condução do julgamento que o juiz Curtis M. Swango de Sardis, Mississippi".[33] O *Delta Democrat-Times* de Greenville concordou: "[Swango] está proporcionando ao Sul o melhor serviço de relações públicas desde que a invenção do sotaque sulista encantou pela primeira vez os ouvidos do Norte."[34] Murray Kempton, do *New York Post*, imune a qualquer fala arrastada a favor das relações públicas sulistas, definiu o juiz Swango como "um homem calmo, firme e afável e comprometido com um julgamento justo, fosse qual fosse o veredito".[35] Até mesmo o raivoso segregacionista *Jackson Daily News* concordou que o juiz deveria ser "calorosamente recomendado por sua conduta escrupulosa e correta em face do que deve ter sido uma situação difícil". O jornal também considerou sua escolha "bem elencada": "[Ele] se parece com a ideia de Hollywood de como deve ser um juiz."[36]

Embora tenha proibido transmissões, fotografias e gravações durante os depoimentos, o juiz Swango agradou muito os jornalistas ao permitir que tirassem fotos nos quinze minutos que antecediam o julgamento e durante os intervalos. Também permitiu que se fumasse no tribunal e agiu em nome do conforto, sugerindo que os homens tirassem o paletó por conta do calor sufocante.[37] Bebericou uma Coca-Cola gelada durante a seleção do júri e permitiu que os participantes e espectadores fizessem o mesmo. Alguns tomaram cerveja sem serem repreendidos.[38] No primeiro dia do julgamento, um dos guardas do tribunal entrou com uma engradado de madeira cheio de garrafas de Coca-Cola gelada e logo vendeu todas por um dólar cada, embora na época os refrigerantes custassem cinco centavos. Quando o engradado se esvaziou, ele também o vendeu por um dólar para ser usado como uma cadeira improvisada.[39] Ainda assim, ninguém disse que o tribunal de Swango foi indulgente. "O dignificado magistrado tem uma voz de autoridade e uma martelada forte, e não hesita em usá-las", escreveu Harry Marsh, um liberal sulista do *Delta Democrat-Times*. "Mas, acima de tudo, ele demonstrou grande paciência e senso de justiça nos dois dias exigidos para selecionar um júri no tribunal lotado e abafado."[40]

Os fotógrafos e repórteres, especialmente o contingente afro-americano, gostou de Swango ter permitido que andassem pelo tribunal antes dos procedimentos e nos intervalos. Um deles, Ernest Withers, fotografando para o *Memphis Tri-State Defender*, se tornaria um famoso fotógrafo em prol dos direitos civis e parecia bem à vontade, mesmo naquela atmosfera tensa. Um dia um homem branco levantou-se de repente na multidão e exigiu: "Não me fotografe, seu preto." Withers, nascido em Memphis, já tinha servido como um dos primeiros policiais negros da cidade e apenas deu de ombros. "Não se preocupe", replicou calmamente. "Hoje eu só estou fotografando gente importante." James Hicks, nortista, dando tragadas nervosas num cigarro na mesa de carteado instalada para repórteres afro-americanos, cochichou com Withers: "Cara, você vai fazer a gente ser linchado neste lugar."[41]

Os espectadores em mangas de camisa, as gotejantes garrafas de Coca-Cola, as andanças inter-raciais de repórteres, o comportamento do juiz — nada disso influenciou a substância do julgamento de Roy Bryant e J. W. Milam por assassinato. Na segunda-feira, 19 de setembro, primeiro dia do julgamento, a seleção de dez dos doze jurados necessários começou exatamente às nove horas. O xerife Strider e o xerife eleito Harry Dogan, que conheciam todos no condado, ajudaram os advogados de defesa a vetar 125 jurados em potencial. Que seria um júri só de brancos, nem precisava dizer. "Nenhum negro estará no júri", explicou o *Jackson Daily News*. "Mulheres tampouco servem como juradas no Mississippi."[42]

A acusação dispensou três possíveis jurados por eles admitirem ter contribuído com dinheiro para os fundos da defesa, que teriam angariado seis mil dólares no Delta.[43] Outras causas comuns para dispensa incluíram ter relações com os réus ou com um dos advogados do caso, conhecer os réus, morar perto do local onde o assassinato teria ocorrido ou ter "opiniões formadas" sobre o caso.[44] A acusação só eliminou um dos possíveis jurados, um produtor de algodão, por razões associadas a preconceito racial; ele não admitiu tal preconceito, mas pareceu incapaz de entender a pergunta ou se mostrou relutante ao responder.[45] Outro homem, indagado se tinha uma "opinião formada" sobre o crime, respondeu: "Qualquer um em seu juízo perfeito teria uma opinião formada."[46]

Na manhã de terça-feira, o tribunal lotado observou com atenção a defesa e a acusação se prepararem para selecionar os dois jurados a mais e seguir com o julgamento. O processo só foi concluído perto das onze horas; o tribunal teve de convocar mais nove possíveis jurados para conseguir os dois últimos. A acusação rejeitou seis por contribuição com o fundo de defesa de Milam e Bryant, e usou seu direito de veto peremptório para barrar outro. Afinal, nove fazendeiros de algodão, dois carpinteiros e um corretor de seguros foram selecionados: todos homens, todos brancos.[47] O *Greenwood Morning Star* definiu os moradores locais selecionados como "um júri composto basicamente por fazendeiros bronzeados de colarinhos abertos", embora o *Memphis Commercial Appeal* tenha ressaltado que um dos jurados usou gravata desde o primeiro dia.[48] O juiz Swango indicou J. A. Shaw, um dos nove fazendeiros, para presidir o júri.

O tribunal confinou Shaw e seus compatriotas no Delta Inn, um hotel a cerca de cem metros do tribunal de Sumner. Faziam suas refeições no restaurante do hotel e ainda recebiam cinco dólares por dia. Impedidos de assistir à televisão, ler jornais ou ouvir rádio, os membros do júri também eram proibidos de discutir o caso com qualquer outra pessoa. Isso não dissuadiu os membros do Conselho de Cidadãos local de falar com os jurados pessoalmente para garantir que eles votassem "da maneira certa".[49]

Quando a seleção do júri foi concluída, Murray Kempton do *New York Post* observou que "a defesa estava exsudando sua satisfação e a certeza de um julgamento de dois dias e uma absolvição em dois minutos".[50] Qualquer júri extraído do condado de Tallahatchie teria representado um desafio para a acusação, mas aquele eliminava qualquer perspectiva de um resultado favorável. Dez dos doze jurados eram montanheses do Mississippi, região onde as relações raciais eram especialmente ásperas. Os advogados de defesa, assessorados pelo xerife Strider e pelo xerife eleito Dogan, sabiam o suficiente das características dos jurados para se sentirem confiantes numa absolvição. "Quando o júri foi selecionado", disse Breland, o principal advogado da defesa, "qualquer aluno de direito do primeiro ano poderia ter ganhado o caso."[51]

Era opinião formada de todos no condado de Tallahatchie que o júri consideraria os acusados inocentes.[52] Mas isso não diminuiu o suspense nem o forte interesse pelo drama no tribunal. Talvez um número de até quatrocentas pessoas tenha lotado o local, com a maioria observando os procedimentos com grande atenção, embora dois auxiliares do xerife tenham jogado damas na sala do júri durante a maior parte do julgamento.[53] Os espectadores brancos eram principalmente fazendeiros. Cerca de quarenta observadores afro-americanos ocupavam metade de uma fileira e às vezes parte do espaço no fundo. Apenas cerca de quinze dos espectadores eram mulheres, negras e brancas.

Só a alimentação e a hospedagem de todas as pessoas assistindo ao julgamento já exigiam muito do minguado comércio local. Sumner não tinha nenhum restaurante de verdade, a não ser o pequeno refeitório de um hotel na praça do tribunal, onde o júri fazia suas refeições. Na tarde de segunda-feira, o dono de uma cafeteria de Clarksdale, a mais de trinta quilômetros de distância, montou um estande no saguão do tribunal e divulgou que venderia marmitas de frango na terça. A maioria dos jornalistas brancos comia numa farmácia do outro lado da rua que nunca vendera comida, mas estocou um suprimento de sanduíches e refrigerantes durante o julgamento. Os preços da Coca-Cola dobraram, mesmo quando não havia mais garrafas geladas e as pessoas bebericavam o líquido tépido até as geladeiras conseguirem dar conta. A três quarteirões de distância, a *jukebox* da Grifith's tonitruava, enquanto o proprietário e os funcionários vendiam comida e bebida para espectadores e jornalistas afro-americanos.[54] O notável grupo inter-racial de Lousiana almoçava no gramado do tribunal.

Ainda mais notável era o número de jornalistas. Sumner, um vilarejo sonolento de seiscentos habitantes, estava hospedando quase uma centena de jornalistas e trinta fotógrafos, a maioria de estados distantes e uns poucos de outros países — Nova York, Chicago, Memphis, Detroit, Miami, Atlanta, Nova Orleans, Pittsburgh, Toledo, Washington, Ontário, Londres — e de todo o Mississippi: Jackson, Clarksdale, Greenville e Greenwood.[55] *Time, Newsweek, Life, Nation, Jet, Ebony* e diversas outras revistas mandaram repórteres. Jornais de Jacarta, Copenhague, Dusseldorf, Paris, Istambul, Roma e Estocolmo, entre outros lugares, também demostraram muito interesse. Bill Stewart, que transmitia um programa de rádio várias vezes por dia para estações em Louisiana, Minnesota e Ohio, declarou: "Esta é a maior coisa que já fizemos; recebemos mais telefonemas de nossos ouvintes agradecendo por terem um homem no local do que por qualquer outra coisa."[56] No gramado do tribunal, escreveu o historiador Robert Caro, brotou "se não uma floresta, ao menos um pequeno pomar de tripés apoiando câmeras de televisão". As três maiores redes de televisão alugaram aeroplanos que pousavam em um campo dez quilômetros distante para recolher filmes todos os dias antes de voltarem a Nova York.[57] Os jornalistas da imprensa nacional mandavam suas matérias por telégrafo; a Western Union montou uma barraca especial em Sumner, que enviou dezenove mil palavras na segunda-feira, 21 mil na terça e muito mais que isso na quarta, na quinta e na sexta.[58] A cada recesso do tribunal, radialistas de Memphis, Nova York, Detroit, Chicago, Hattiesburg, Jackson e outras cidades corriam para as poucas cabines telefônicas para gravar suas reportagens para difusão imediata.[59]

Para os repórteres de Londres, Nova York, Chicago, Washington e até de lugares mais distantes, Sumner, no Mississippi, deve ter parecido um país estrangeiro.[60] "À noite na cama nós ouvíamos os cães de caça latindo", relatou Dan Wakefield, "e durante o dia víamos mais homens armados do que se vê normalmente nas telas de TV. Não tenho vergonha de confessar que eu sentia medo."[61]

Do lado de fora, mil pessoas sitiavam a praça do tribunal.[62] Os afro-americanos sentavam-se na grama ressecada ao pé de um estátua da Confederação, dedicada à "causa que nunca fracassou", e os brancos se reuniam ao redor dos bancos pelo gramado.[63] Observadores notaram uma violenta tensão na multidão. "Era como ver uma comunidade que você achava que conhecia se revelar como algo diferente", disse Billy Pearson, um jovem branco que estudava na Universidade da Carolina do Norte e voltou para casa para administrar a fazenda da família. Pearson afirmou ter ficado chocado com a atmosfera ameaçadora. O xerife Strider tinha contratado vários jovens auxiliares especiais que Pearson chamava de "valentões", com costeletas compridas e grandes revólveres que gostavam de usar para fazer as pessoas circularem, segundo seu relato, especialmente os negros.[64]

Os auxiliares do xerife não podiam intimidar todos os que estavam do lado de fora do tribunal. Frank Brown, um sindicalista de Chicago, passou um dia lá se misturando com outros negros. Muitos estavam armados, recorda, e nenhum deles parecia ter medo dos auxiliares. "Normalmente eles nos dispersariam com cassetetes para que saíssemos do gramado", explicou um dos homens a Brown, "mas eles sabem que dessa vez nós não vamos fugir de jeito nenhum."[65] Na tarde de segunda-feira, um jovem negro mostrou ostensivamente uma automática no gramado do tribunal, mas entrou no carro e partiu antes que os auxiliares conseguissem saber quem ele era.[66] Amzie Moore relembra: "A tensão era tão densa, com negros e brancos misturados no terreno do tribunal, que a gente esperava uma explosão a qualquer momento."[67]

Uma das possíveis faíscas era um improvável grupo de visitantes pertencente à United Packinghouse Workers Association (UPWA) [Trabalhadores Unidos do Setor de Embalagens dos EUA], um sindicato cada vez mais comprometido com direitos civis para todos os americanos: a UPWA se tornaria uma parte vital na coalizão nacional pelos direitos civis surgida na esteira do linchamento de Till. O sindicato mandou uma delegação inter-racial de Gramercy, Louisiana, uma cidade pequena onde havia uma refinaria de açúcar. A refinaria estava à beira de uma greve e recentemente fora sede de uma conferência de mulheres, que adotou uma resolução denunciando o assassinato de Till e pedindo justiça. "Estamos construindo um novo Sul, livre e sem medo", dizia a resolução.⁶⁸ A UPWA mandou dois representantes brancos do campo, dois coordenadores de programas brancos, a presidente afro-americana da Women's Auxiliary e três esposas brancas de trabalhadores em greve. Trabalhadores rurais de cana-de-açúcar do interior da Lousiana com certeza sabiam o quanto era bizarro eles viajarem em um grupo miscigenado. "O fato de a senhora Lillian Pittman, uma negra, estar em nossa companhia nos causou inúmeros problemas na nossa viagem de carro até Sumner", disse uma repórter, sem entrar em detalhes. Também mencionou os "olhares chocados da população branca" de Sumner.⁶⁹

"Nós viajamos de carro para o Mississippi com o senhor Telfor", explicou Lillian. "Depois, Marjorie Telfor, Grace Falgoust, a senhora Vicknair e eu nos sentamos embaixo de uma árvore para almoçar. As três mulheres brancas estavam ao meu lado e um fotógrafo branco chegou e tirou uma foto nossa." Ele deduziu que elas fossem de Chicago, mas as mulheres explicaram: 'Não, nós somos da Lousiana.' Ele não conseguia acreditar, porque o pessoal do Mississippi não se mistura." Um homem branco mais velho sugeriu que seria melhor as mulheres brancas ficaram longe dos negros. "Eu perguntei ao homem se ele era dono do Mississippi", contou Grace. "Ele não conseguiu responder."⁷⁰

A certa altura Lillian falou com alguns afro-americanos em volta do tribunal sobre "ação política". Eles ficaram sem palavras. "Depois alguém me respondeu: 'Moça, a senhora quer que nós sejamos mortos e jogados no rio Tallahatchie?' Também disseram que não podiam votar. Para alguns negros que [os brancos] tinham permitido o registro, eles disseram: 'A política é para os brancos.' E 'No dia de votação, é melhor [os negros] não aparecerem nas urnas'."⁷¹

Nos primeiro dia e na metade do segundo dia do julgamento, as mulheres da UPWA de Gramercy não conseguiram lugar no tribunal, disse Lillian. "Mas tentamos compensar procurando obter o máximo de informações que podíamos de fora do tribunal."[72] Elas entrevistaram moradores da cidade, entregaram panfletos condenando o assassinato e pedindo justiça, e "distribuíamos comunicados à imprensa para repórteres de todo o país". Segundo os delegados da UPWA, "naquela situação tensa prestou-se muita atenção à presença de uma delegação inter-racial sem conflitos".[73]

As mulheres aprenderam muito com seus intercâmbios com os brancos locais. Lillian entreouviu dois jurados dispensados admitir um para o outro que deram respostas deliberadas de modo a serem destituídos do júri porque sabiam "que os réus tinham matado o garoto e não queriam fazer parte do veredito que os declararia 'inocentes', pois sabiam que era o de se esperar".[74] Ao entrevistarem moradores locais, as mulheres constataram que nenhum deles duvidava da culpa dos acusados, mas todos acrescentavam algo como "o júri sabe que não pode fazer nada contra eles".[75]

No segundo dia do julgamento, Lillian conseguiu entrar no tribunal, e as três mulheres brancas começaram a andar por Sumner, conversando com quem se dispusesse a falar com elas. Todos os brancos que encontraram eram hostis à acusação. Vários deles, escreveu Freida Vicknair, "insistiam em que o corpo mandado a Chicago não era de Emmett Till". Em contradição com essa afirmação havia o conhecimento comum de que os acusados eram culpados: "Ninguém dizia que Bryan e Milam eram inocentes. Na verdade, eles nos diziam que o crime se justificava." Os moradores locais tinham certeza da absolvição e acreditavam que, na improvável hipótese de quaisquer jurados votarem pela absolvição, eles pagariam por isso com suas vidas.[76]

Para a cidade de Sumner, ainda mais estranho que a delegação inter-racial da UPWA era o grupo de repórteres negros rondando pela cidade. Lá estavam James Hicks da Agência de Notícias Afro-Americana e da Associação Nacional da Imprensa Negra, que foi importante não só na cobertura do julgamento, mas também por ter revelado testemunhas ocultas, algumas das quais prestaram depoimentos de considerável efeito. Simeon Booker e Clotye Murdock estavam lá representando a *Ebony*, ao lado de seu fotógrafo, David Jackson. L. Alex Wilson do *Memphis Tri-State Defender* estava acompanhado pelo fotógrafo Ernest Withers, que produziu imagens duradouras do notório julgamento. Provavelmente o *Chicago Defender* despejou mais palavras a partir de Sumner que qualquer outro jornal, negro ou branco. Os repórteres William B. Franklin e Steve Duncan e o editor Nannie Mitchell do *St. Louis Argus* também compareceram. Todos os outros principais jornais negros do Meio-Oeste — o *Kansas City Star*, o *Cleveland Call and Post* e o *Michigan Chronicle* — cobriram o julgamento.[77] Só a visão de repórteres brancos e negros se confraternizando e trocando informações de forma amistosa já deixava a população de Sumner chocada. Ali residia parte do verdadeiro drama do julgamento, pois se quase todos os envolvidos podiam prever o veredito do julgamento, poucos conseguiam prever suas consequências. O colunista do *New York Post* Murray Kempton, por exemplo, considerou que a reação dos moradores mostrava "mais incredulidade que ameaça."[78]

Isso não se aplicava ao xerife. Strider atribuía aos forasteiros a culpa por toda aquela comoção nacional, e parecia se concentrar na imprensa negra como principal exemplo. Passava pela mesa onde se reunia a imprensa negra no começo de cada dia com seu cassetete aparecendo do bolso da frente e os saudava com um animado "Bom dia, seus crioulos".[79] Interferia no trabalho dos repórteres sempre que podia, reservando para eles um mínimo de espaço, e mesmo isso, somente se o juiz

Swango o ordenasse. "Eles nos forneciam cadeiras na mesa de imprensa Jim Crow, mas nos recessos do meio-dia, enquanto tentávamos redigir nossas matérias em um restaurante para negros" — na verdade, um salão de bilhar —, "os moradores tiravam as cadeiras da nossa mesa. Eu ficava mais em pé do que sentado", queixou-se James Hicks. "Nós nunca tivemos problemas", declarou Strider a repórteres da televisão durante um intervalo, "até alguns de nossos pretos sulistas irem para o Norte e a NAACP falar com eles e eles voltarem para cá."[80]

Enquanto isso, Moses Wright dormia com uma espingarda e colhia sua safra, esperando pela oportunidade de contar sua verdade.

13

A RESISTÊNCIA DO MISSISSIPPI

Até sair do Mississippi, no final de 1955, o doutor Theodore Roosevelt Mason Howard tinha certeza de que seu nome estava no topo da "lista da morte" do Conselho de Cidadãos, a mesma de que os nomes de seus falecidos amigos George Lee e Lamar Smith já haviam constado. Por isso ele mantinha um revólver Magnum calibre 357 num lado da mesa, uma semiautomática .45 no outro, e uma submetralhadora Thompson ao pé da cama. Um rifle ou escopeta ficava nos quatro cantos do quarto de dormir e em cada cômodo da casa. Sua casa grande e bem decorada e toda a propriedade seriam mais apropriadamente definidas como um complexo: o portão de entrada para carros tinha uma guarita com homens armados 24 horas por dia. Howard não era um homem violento, mas queria dormir em paz na própria casa. Foi por isso que, quando um fazendeiro afro-americano chamado Frank Young apareceu no portão à meia-noite na véspera do julgamento do assassinato de Till, os seguranças relutaram em acordar Howard. Mas Young insistiu em que tinha uma história importante para contar a respeito do assassinato de Till e se recusou a falar com qualquer um que não o doutor Howard.

Na sala da frente da casa de Howard, Young contou a angustiante história que o fizera percorrer 120 quilômetros a pé e de carona para ser contada: ele tinha testemunhado eventos do assassinato de Emmett Till e conhecia outras testemunhas. Os relatos alteravam a narrativa do assassinato de forma significativa, inclusive quanto à transferência do local do crime do condado de Tallahatchie para o condado de Sunflower, além de ligar Bryant e Milam diretamente ao assassinato.

Segundo Young, no começo da manhã de domingo, 28 de agosto, três ou quatro trabalhadores negros tinham visto uma picape Chevrolet verde e branca estacionar na fazenda administrada por Leslie Milam em Sunflower. Quatro homens brancos ocupavam a cabine da picape, enquanto na traseira Emmett Till estava entre dois afro-americanos, Levi "Two Tight" Collins e Henry Lee Loggins, que trabalhavam para J. W. Milam. A picape parou em frente a um celeiro ou barracão de ferramentas e o grupo entrou. Pouco depois Young e os outros ouviram os sons inconfundíveis de um terrível espancamento. Quando chegaram mais perto do barracão, Young e as outras testemunhas viram J. W. sair e tomar um gole de água no poço. Depois alguém entrou com a picape no barracão, e as testemunhas viram o veículo sair com uma lona cobrindo a parte de trás. Emmett Till já não estava visível. Todas aquelas testemunhas estavam disponíveis para contar suas histórias, disse Young a Howard.

Howard já havia disponibilizado sua casa como um local seguro e quartel-general de testemunhas, jornalistas e visitantes cruciais, como Mamie Bradley e o deputado Charles Diggs. Ele pagara do próprio bolso a vinda de Mamie de Chicago, e a escoltara, além de outras testemunhas, em idas e vindas do tribunal de Sumner em caravanas bem armadas. Diggs já tinha se hospedado na fazenda de Howard em diversas ocasiões para as grandes reuniões anuais da RCNL, onde era um dos oradores favoritos. Mas o empenho de Howard ia além de fornecer um refúgio seguro: ele era um dos líderes da "resistência do Mississippi" que havia realizado a investigação mais eficiente do caso de Till, ajudando a localizar testemunhas, fazendo entrevistas e protegendo e realocando várias delas.[1]

Seguindo uma pista, um dos membros da resistência, o repórter James Hicks, tinha ido a um boteco chamado King's em Glendora, a pequena encruzilhada onde J. W. Milam morava. "Era um lugar imundo onde os catadores de algodão se aglomeravam perto das portas nas folgas de domingo", escreveu. Hicks tomou cerveja, dançou e acabou desenterrando a informação de que o xerife Strider tinha trancafiado dois homens, Levi "Too Tight" Collins e Henry Lee Loggins na prisão de Charleston para evitar que testemunhassem. Collins e Loggins poderiam muito bem ser os dois homens negros que Young havia visto com Till na traseira da picape.[2] Os boatos acabaram se provando verdadeiros; mais tarde o advogado de defesa Breland confirmou que Strider havia prendido os dois homens na cadeia com identidades falsas, antes e durante o decorrer do julgamento.[3]

Também faziam parte da resistência do Mississippi Ruby Hurley, Medgar Evers e Amzie Moore, que já vinham investigando o caso Till havia algum tempo. Mais tarde, Myrlie Evers escreveu:

> Medgar e Amzie Moore, um líder da NAACP de Cleveland, Mississippi, saíram da nossa casa certa manhã com Ruby Hurley, seguindo para Birmingham para investigar [...] Todos estavam de macacão e sapatos velhos, com a senhora Hurley usando uma bandana vermelha na cabeça. Moore tinha pegado emprestado um calhambeque com placas de um condado do Delta. Vestidos como trabalhadores diaristas, eles passaram por cabanas de meeiros e plantações de algodão procurando pessoas que pudessem saber alguma coisa sobre o assassinato.[4]

Depois de sua conversa com Young no meio da noite, Howard ligou para alguns colegas para falar sobre as novas evidências. Muitos repórteres negros já estavam na casa, inclusive Hicks, Simeon Booker e Robert M. Ratcliffe, do *Pittsburgh Courier*. É quase certo que Howard também tenha telefonado para Hurley, Evers e Moore. O dia inteiro e a noite daquela segunda-feira, enquanto o tribunal selecionava um júri, Howard e sua turma procuraram testemunhas que pudessem confirmar a história de Young e as suspeitas de Hicks. As quatro que eles localizaram concordaram em ir à casa de Howard na noite seguinte para relatar o que haviam visto. Essa mina de ouro de novas evidências prometia não somente providenciar testemunhas oculares ligando os réus ao assassinato, como também transferir a jurisdição legal de Tallahatchie para o condado de Sunflower. Essa mudança provavelmente propiciaria a melhor oportunidade que os defensores dos direitos civis teriam para desfazer o roteiro de absolvições que já se desenrolava em Sumner.

Às oito horas da noite de segunda-feira, alguns membros da resistência do Mississippi realizaram uma reunião estratégica em Mound Bayou para escolher um curso de ação. Além de Howard, Hurley estava presente, bem como vários repórteres afro-americanos, incluindo Hicks, Booker e L. Alex Wilson do *Chicago Defender*. Eles concordaram que repórteres brancos poderiam se sair melhor com os agentes da lei locais e resolveram pedir a John Popham do *New York Times* e a Clark Porteous do *Memphis Press-Scimitar* para atuarem em conjunto com eles. Todos os repórteres teriam de concordar em segurar suas matérias até depois da reunião da noite de terça-feira com as testemunhas.[5]

O que aconteceu a seguir provavelmente foi uma estupidez não intencional. Quando ligou para Porteous convidando-o para a reunião, Howard não disse que era para trazer somente

Popham e para não contar a mais ninguém. Assim, quando Porteous chegou naquela noite, não só ele não trouxera Popham como também recrutara W. C. Shoemaker e James Featherston do *Jackson Daily News*, o jornal mais reacionário e segregacionista do Mississippi. Pior ainda, em vez de fazer objeções ou dissimular, Howard declarou aos três repórteres: "Eu posso apresentar pelo menos cinco testemunhas no momento certo que dirão que Till não foi morto no condado de Tallahatchie, mas sim no condado de Sunflower [...] no barracão do quartel-general da fazenda de Clint Sheridan administrada por Leslie Milam, irmão de J. W. Milam."

Como Howard já sabia, foi uma bomba.[6] Mas em vez de esconder as testemunhas em seu complexo e apresentá-las no julgamento no momento mais crítico para os réus, ele mostrou as cartas antes do tempo e não pediu aos repórteres que jurassem manter sigilo. Só depois de muita adulação e de prometer que eles seriam os únicos repórteres brancos convidados para a reunião da noite de terça com as testemunhas é que Porteous, Shoemaker e Featherston prometeram se manter calados por algum tempo.[7]

O drama do tribunal começou no intervalo da manhã, quando Mamie Bradley "passou tranquila, porém determinada, pelo corredor central do tribunal", escreveu Rob Hall do *Daily Worker*, "que estava cheio de parentes, amigos e vizinhos de Roy Bryant e J. W. Milam, os dois homens acusados pelo assassinato de seu filho, Emmett Louis Till". Ao seu lado havia dois homens que ela apresentou à imprensa como seu pai, Wiley Nash "John" Carthan de Detroit, e o primo Rayfield Mooty.[8] Mamie foi imediatamente cercada por cinquenta ou sessenta repórteres, e um fotógrafo pulou por cima das cadeiras e ficou em pé na mesa da imprensa negra para tirar fotos dela. O xerife Strider abriu caminho pela multidão com seus 130 quilos de peso e entregou a Mamie uma intimação para depor, afirmando: "Agora a senhora está no estado do Mississippi. Está sob as regras do estado do Mississippi."[9] O juiz Swango acomodou-a perto da imprensa negra na frente do tribunal e mandou os auxiliares do xerife arranjarem uma mesa maior para aquele grupo. "É uma mulher reservada, cujos atrativos estavam ocultos por um pequeno chapéu preto com um véu dobrado para trás, com um vestido preto de gola branca", escreveu Hall. "Na temperatura de mais de 37 graus do tribunal, ela se abanava com um leque preto com um enfeite vermelho."[10]

O deputado Charles Diggs de Michigan, do Congresso dos EUA, cuja família era originalmente do Mississippi, chegou de Mound Bayou com uma comitiva fortemente armada. Demorou cerca de uma hora para conseguir entrar. Diggs havia escrito ao juiz Swango e, como resposta, recebera um convite para assistir ao julgamento.[11] Mesmo assim, segundo Hicks, de início o xerife Strider se recusou a deixar Diggs entrar no tribunal, por isso ele ficou no carro com seus guardas armados e pediu que Hicks levasse ao juiz o seu cartão de visita. Strider disse aos seus auxiliares: "Aquele preto ali" — apontando para Hicks —, "diz que tem um preto lá fora que diz que é deputado e que escreveu para o juiz, e que o juiz disse para ele vir e que poderia entrar."

O auxiliar replicou: "Esse sujeito disse que é um deputado preto?"

"Foi o que esse preto disse", respondeu Strider, fazendo sinal para Hicks entrar no tribunal. Hicks entrou e entregou o cartão de Diggs ao juiz, que instruiu o meirinho a abrir um lugar para Diggs na mesa da imprensa negra recém-ampliada.[12]

"Os moradores locais ficaram obviamente surpresos quando jornalistas brancos apertaram a mão do deputado Diggs e o chamaram de 'senhor deputado'", escreveu Rob Hall.[13] Um repórter do *Jackson Daily News* opinou: "Diggs não tinha nada que estar nem no tribunal nem no Congresso", acrescentando que sua presença "indica o minério político sendo extraído desse montículo judicial por cínicos em busca de votos".[14]

O tribunal demorou mais de uma hora para selecionar os últimos dois jurados. Depois do intervalo do meio da manhã, o júri estava acomodado e o promotor público Chatham deu início à exposição de seu caso. Primeiro ele chamou as seguintes testemunhas: o auxiliar de xerife John Ed Cothran, do condado de Leflore; o doutor L. B. Otken, que havia examinado o corpo; C. M. Nelson, o agente funerário que despachara o corpo para Chicago; o auxiliar de xerife Garland Melton, do condado de Tallahatchie, que estava presente quando o cadáver foi retirado do rio; Chester Miller, o agente funerário afro-americano de Greenwood, que guardou o corpo inicialmente; Charles Fred Mims, que ajudou a retirar o corpo da água; W. E. Hodges, um pescador profissional e seu filho Robert Hodges, o garoto de dezessete anos que tinha encontrado o corpo; Moses Wright; e Mamie Bradley. A defesa chamou as mesmas testemunhas, mais Roy Bryant, J. W. Milam, Carolyn Bryant, Juanita Milam, Eula Lee Bryant e o xerife H. C. Strider. O juiz Swango pediu um recesso precoce para o almoço, às 11h15min.

O júri recém-formado comeu costeletas de porco grelhadas no Delta Inn, enquanto Milam e Bryant curtiram o ar condicionado de um restaurante na Webb, junto com Strider. Mamie, o deputado Diggs e a imprensa negra se reuniram no James Griffin's Place, um boteco para negros na Front Street. Durante o intervalo, o advogado de defesa Sidney Carlton reuniu alguns repórteres e começou a pintar Till como uma ameaça à feminilidade branca que fora responsável pelo próprio destino. Till entrou na loja, "fez propostas" a Carolyn Bryant e a assediou, disse Carlton. Till "maltratou-a, provocou-a e fez propostas indecentes, e se aquele garoto tivesse juízo teria pegado o primeiro trem para Chicago". Enquanto isso, o repórter Clark Porteous, atuando como emissário de T. R. M. Howard, aproximou-se do promotor do distrito e falou sobre a declaração de Howard revelando a existência de novas testemunhas e que seus depoimentos iriam mudar o local do crime e ligar Milam e Bryant diretamente ao assassinato.[15]

A notícia deixou Chatham e o promotor Robert Smith chocados. Logo depois do almoço, Chatham também deixou o tribunal aturdido e pegou a defesa desprevenida. Devido a um "acontecimento estarrecedor" na investigação, ele requereu um recesso a fim de localizar várias novas testemunhas. Chatham disse que isso exigiria a tarde toda para se realizar; embora ele não tenha dito, o doutor Howard já tinha agendado o encontro com as testemunhas e Chatham esperava que não demorasse muito tempo para reuni-las, mas a convocação de testemunhas negras de um assassinato no Mississippi rural, onde suas vidas estavam sempre em perigo, poderia se tornar complicado. Breland logo se levantou e acusou o estado de querer ganhar tempo. O julgamento deveria prosseguir imediatamente, insistiu. O juiz Swango respondeu cordialmente que o pedido do promotor parecia perfeitamente razoável.

Os esforços para obter mais e melhores testemunhas de acusação provocaram o que Simeon Booker chamou de "a primeira grande caçada inter-racial do Mississippi", e o que Murray Kempton descreveu como "uma caçada pelas plantações de algodão de quatro negros com uma estranha história para contar". O caso envolvia Booker, Howard, os xerifes dos condados de Leflore e de Sunflower, Clark Porteous do *Memphis Press-Scimitar*, W. C. Shoemaker e Jim Featherston do *Jackson Daily News*, James Hicks da Agência de Notícias da Imprensa Negra, Clotye Murdock da *Ebony*, David Jackson da *Jet*, L. Alex Wilson do *Chicago Defender*, Amzie

Moore, Medgar Evers e Ruby Hurley da NAACP e talvez mais alguns outros.[16]

A primeira coisa que os xerifes fizeram foi ir até a casa de Milam com Howard e procurar manchas de sangue no chão do celeiro. Não encontraram nada, mas era óbvio que alguém havia limpado o chão, recentemente coberto com milho e grãos de soja. Infelizmente os investigadores não tinham nem tempo nem recursos para realizar uma investigação mais científica.

O xerife Smith, que vinha se opondo ao xerife Strider desde que o corpo de Till fora retirado do rio Tallahatchie, reconheceu que vinha procurando testemunhas havia várias semanas e se juntou à caçada com entusiasmo. "Essas testemunhas têm uma história a contar", falou. "Temos de encontrá-las nem que leve a noite toda."[17] As equipes concordaram em se reencontrar às 20h para uma reunião com as testemunhas. Nenhuma das expedições foi fácil. Frank Young só apareceu à uma da madrugada e se recusou a falar com qualquer um a não ser Howard, que não estava disponível.

Moore, Evers e Hurley vestiram seus disfarces de trabalhadores do campo, chamaram o repórter negro Moses Newsome do *Tri-State Defender* de Memphis e devassaram as lavouras e terras alagadas em busca de testemunhas, localizando três delas: Willie Reed, de dezoito anos; seu avô Add Reed; e a vizinha Amanda Bradley, de cinquenta anos. De maneira geral, suas histórias confirmaram o que Frank Young tinha contado. Quando Howard prometeu protegê-los no curto prazo e a seguir realocá-los em Chicago, os três concordaram em testemunhar.[18]

Inúmeras coisas no julgamento de Till não se encaixaram nos estereótipos da justiça do Mississippi de 1955. A conduta equilibrada e equânime do juiz Swango no tribunal contrariou o que a maioria dos observadores esperava. Mas talvez nada tenha causado maior surpresa que o trabalho da resistência do Mississippi, empreendido por Howard, um grupo de ativistas da NAACP, repórteres negros e brancos, e agentes da lei que devassaram as lavouras do Mississippi em busca das testemunhas. Para Howard e o contingente da NAACP, a luta pela justiça era motivo suficiente. Os repórteres também buscavam justiça, talvez, mas, da mesma forma, uma reportagem. O juiz Swango parece ter almejado genuinamente um julgamento justo e imparcial, embora talvez fosse mais uma questão de honra que de resultado. Quanto aos dois xerifes, eles sabiam que aquelas testemunhas podiam transferir o julgamento da jurisdição de Strider para suas respectivas jurisdições, mas será que foi a fé na justiça que os motivou a participarem da busca? Talvez eles simplesmente não gostassem de Strider. Ou talvez só quisessem ser capazes de se olhar no espelho. Fossem quais fossem suas razões, esse estranho e aparentemente destemido grupo entrou em ação e localizou a única testemunha de acusação que podia ligar Milam e Bryant à cena do crime.

14

"É AQUELE ALI"

O julgamento foi retomado às 9h20min da manhã de quarta-feira. Quando Moses Wright se aproximou da entrada do sufocante tribunal, fez-se um silêncio em que se podiam ouvir pés se arrastando e o vup-vup-vup abafado do ventilador de teto. Era o terceiro dia do julgamento. As autoridades tinham providenciado cerca de uma centena de cadeiras com assento de palha para evitar que as pessoas se sentassem nos beirais das janelas e para mantê-las afastadas das paredes desbotadas cor de limão. Se estivesse vazio e com uma boa brisa, o recinto teria chegado a 32 graus naquele dia; lotado como estava, a temperatura deve ter chegado a 38 graus ou mais. O *Delta Democrat-Times* descreveu o recinto como "uma sala quente como um forno, cheia de fumaça e transbordando espectadores pelas paredes".[1] Os dois ventiladores de teto de quatro pás pareciam apenas movimentar a fumaça dos cigarros. O calor opressivo desencorajava quaisquer movimentos a não ser o batimento polirrítmico de dezenas de leques de cartolina usados na igreja, do tipo que se usava comumente no Sul antes do ar condicionado.[2]

Depois de dois dias de seleção do júri e mais alguns atrasos, o pastor de pele escura, musculoso e de baixa estatura foi a primeira testemunha a ser chamada. Contudo, essa não era a única razão para arrebatar a atenção no recinto. Moses Wright era um homem negro chamado para testemunhar contra dois homens brancos acusados de assassinato. No Mississippi isso constituía quase uma afronta suicida à supremacia branca. E ele tinha sido devidamente avisado.

Elegantemente vestido, de camisa branca, calça preta, uma gravata fina azul-marinho com listras de um azul mais claro e suspensórios brancos, Wright acomodou-se na grande cadeira de madeira das testemunhas, cujo encosto chegava quase à altura do alto de sua cabeça. Repuxava os dedos grossos de trabalhador acostumado a limpar lavouras de algodão. "Eu não me sentia exatamente corajoso, mas não estava com medo", disse depois. "Eu só queria que se fizesse justiça."[3]

O promotor público Chatham colocou sua primeira testemunha no papel de um cordial empregado negro, chamando-o de "Tio Mose" e até de "Velho Mose" durante o depoimento. É muito provável que Chatham estivesse jogando para o júri, sabendo que tratar um negro com o devido respeito, e não com um paternalismo complacente, só prejudicaria o seu caso. Mas a presença e a atitude de Moses — sentado ereto na cadeira de madeira — chamava atenção, e as perguntas do promotor logo chegaram ao cerne da questão. "Agora, Tio Mose, depois que você e sua família foram para a cama naquela noite, gostaria que você dissesse ao júri se qualquer pessoa ou se uma ou mais pessoas foram à sua casa naquela noite e, se foram, que horas eram?"

"Por volta de duas horas", respondeu Wright. "Quer dizer, tinha alguém na porta da frente e estava chamando 'Pastor... pastor'. Então eu disse: 'Quem está aí?' E ele disse: 'Aqui é o senhor Bryant, quero falar com você e com aquele garoto'." Quando abriu a porta, apesar de admitir que não conseguiu ver bem nenhum dos homens, ele reconheceu J. W. Milam.

O promotor perguntou: "Você conhece o senhor Milam, não é?"

"Claro que conheço", respondeu Wright.

"E o que você viu quando abriu a porta?"

"Bem, o senhor Milam estava na porta com uma pistola na mão direita e uma lanterna na esquerda."

"Agora pare um minuto, Tio Mose", instruiu Chatham. "Gostaria que você apontasse o senhor Milam se o estiver vendo aqui."

Moses Wright levantou-se até onde chegava seu 1,60 metro de altura, apontou "um dedo nodoso para J. W. Milam" e disse: "É aquele ali", como registrou o *Greenwood Commonwealth*, um jornal branco local.[4]

O fotógrafo Ernest Whither apontou a câmera e tirou uma foto do produtor de algodão com sua camisa limpa e bem passada, a elegante gravata fina, de pé apontando para Milam, que se agitou nervosamente na cadeira, baforando um pequeno charuto. Uma das agências de notícia comprou o rolo de filme de Withers na hora, e a fotografia, publicada por jornais do mundo todo, tornou-se uma imagem icônica de coragem.[5]

"E você também está vendo o senhor Bryant aqui?", perguntou Chatham. Wright apontou mais uma vez.

"Tio Mose", prosseguiu Chatham, "você está vendo algum outro homem neste tribunal que estava com o senhor Milam naquela noite na sua casa?"

"Sim, senhor."

A defesa interrompeu com uma objeção, mas não adiantou.

"E você pode apontar este homem, Tio Mose?", perguntou Chatham.

"Era o senhor Bryant", respondeu Wright, girando um pouco o corpo e apontando mais uma vez para o cunhado de Milam. Bryant não demonstrou nenhuma emoção, mas Milam voltou a se agitar nervosamente na cadeira.[6] Apesar de parcialmente obscurecido pela passagem do tempo, o significado do que acabara de acontecer, talvez tão importante quanto qualquer outra coisa que aconteceria naquele tribunal, não passou despercebido da maioria dos que assistiam ao depoimento. Sem dúvida muitos acharam que Wright tinha acabado de pronunciar sua própria sentença de morte ao identificar os dois homens brancos que tinham levado seu sobrinho. Ele sabia dos riscos tão bem quanto qualquer um. Murray Kempton escreveu que Wright depois "recostou-se rígido no encosto da cadeira com uma atitude de desamparo que mostrava melhor do que qualquer outra coisa o quanto o que havia feito lhe custara de força".[7]

As perguntas seguintes do promotor conduziram Wright cuidadosamente pela narrativa do sequestro, concluindo com seu relato de ter ficado vinte minutos na varanda olhando para a escuridão em que o sobrinho sob sua guarda havia desaparecido. "Agora diga ao tribunal e ao júri quando foi que você viu o garoto ou seu corpo depois que eles levaram Emmett Till da sua casa", disse afinal Chatham.

Wright respondeu: "Eu o vi quando ele foi retirado do rio."[8]

Quando Wright explicou que tinha identificado o corpo do sobrinho, em certa medida, graças ao anel de prata no dedo, foi a vez de o advogado de defesa Sidney Carlton interrogar a testemunha. Carlton e Wright já tinham se falado três dias antes, é claro, quando Carlton, numa tentativa ilegal de impedir o momento que acabara de transcorrer, foi à casa arrendada de Wright para alertá-lo de que testemunhar contra Milam e Bryant traria infortúnio, para dizer o mínimo. No tribunal ele tentou uma abordagem menos sutil. "Sidney Carlton gritava com Moses Wright como se ele fosse o réu", escreveu Kempton, "e cada vez que Carlton levantava a voz como se estalasse um chicote, J. W. Milam se permitia um sorriso frio."[9]

Carlton repreendia Wright como se o homem idoso estivesse alterando os fatos de sua história, o que ele não estava fazendo, e Wright reafirmava calmamente que não havia dito tal coisa. O advogado de defesa tentou insinuar que não havia luz suficiente na cabana para Wright identificar Milam ou Bryant, que sua identificação dos dois era mera especulação. Tentou enganar Wright fazendo-o dizer que eram as iniciais de Emmett Till que estavam no anel e não as do pai dele. Tentou sugerir que Wright dissera não ter conseguido enxergar os homens pondo o garoto no carro e nem ter visto Till no carro que se afastava, por isso não poderia provar que eles tinham levado o garoto. Tentou abalar a confiança de Wright na identificação do corpo do sobrinho perto do rio. Mesmo alternando gestos teatrais acusatórios e de indignação, Carlton não conseguiu fazer Wright tropeçar; ele se fixou em respostas como "Isso mesmo" e "Eu não disse isso" e "Claro que sim". Quando as tentativas frustradas de Carlton se tornaram repetitivas, o juiz Swango aceitou as objeções da promotoria, o advogado de defesa desistiu, e o juiz anunciou um recesso de 25 minutos.[10]

Moses Wright não ficou escondido durante o resto do julgamento. Não seguiu o conselho da esposa de partir imediatamente para Chicago. Continuou sendo visto todos os dias do julgamento perto do tribunal, de calça azul e camisa imaculadamente branca, o chapéu com uma fita cor-de-rosa puxado para trás da cabeça. Wright parecia transfigurado por sua bravura no banco das testemunhas. "Ele andava pela seção reservada aos negros do gramado", escreveu Dan Wakefield para o *Nation*, "com as mãos nos bolsos e o queixo erguido e o ar de um homem que tinha feito o que devia fazer e que não podia ter dúvida de que deveria ter feito menos que isso."[11]

Quando o tribunal reabriu, o advogado de defesa Breland falou: "Se o tribunal me permite, o escrivão acabou de entregar à defesa uma lista de testemunhas adicionais que o escrivão afirma terem sido intimadas tanto pelo estado como pela defesa. Agora pedimos ao tribunal que os advogados dos réus tenham a oportunidade de avaliar estas testemunhas na sala de testemunhas antes de se apresentarem como testemunhas pelo estado. Os nomes dessas testemunhas", continuou, "são os seguintes: Amandy Bradley, Walter Billingsley, [Add] Reed, Willie Reed, Frank Young e C. A. Strickland." Eram os afro-americanos descobertos pela resistência do Mississippi, e a defesa não fazia ideia do que eles poderiam dizer no tribunal. O juiz concordou com o pedido e deixou a promotoria chamar sua testemunha seguinte, Chester Miller, o agente funerário afro-americano de Greenwood que havia transportado o corpo de Till do rio para a agência funerária.[12]

No dia 31 de agosto, declarou Miller, o auxiliar de xerife John Ed Cothran o chamou para ir buscar um corpo no condado de Tallahatchie. Ele foi com um de seus ajudantes e encontrou o corpo em um barco ao lado do rio. Os agentes da lei do condado de Tallahatchie sugeriram que Miller retirasse o anel de prata do dedo do falecido para propósitos de identificação. "Eu o deixei no banco da ambulância", explicou. Antes de colocar o corpo na ambulância, ele teve de desamarrar o arame farpado que prendia um pesado descaroçador de algodão ao pescoço. "Estava bem amarrado", explicou.

Depois pediu a Moses Wright para identificar o corpo, o que Wright fez. No tribunal, o promotor especial Robert Smith perguntou a Miller: "Em sua opinião sobre o corpo que foi posto na sua ambulância, seria possível para alguém que não conhecesse bem a pessoa ainda viva ter identificado essa pessoa?"

Antes que a defesa pudesse gritar sua objeção, Miller respondeu "Sim, senhor", mas o juiz Swango aceitou a objeção e pediu para o júri desconsiderar a resposta.

Mudando de abordagem, Smith pediu a Miller para descrever o corpo. "Bem, parecia ter 1,60 ou 1,65 metro de altura", respondeu o agente funerário. "Pesando entre 75 e 80 quilos. E parecia ser uma pessoa de cor."

"Poderia dizer se era o corpo de uma pessoa jovem, de meia-idade ou mais velha?", indagou Smith.

"Parecia o corpo de uma pessoa jovem."

Miller disse ao promotor que havia um buraco na cabeça que "parecia um buraco de bala". Mais uma vez a defesa protestou, com sucesso, embora Miller tenha conseguido dizer oficialmente que era um buraco de 1,25 centímetro logo acima da orelha direita. Smith perguntou sobre o outro lado da cabeça. "Bem", disse Miller, "o outro lado estava esmagado. Não dava para dizer muito, de tanto que estava esmagado. E estava todo cortado e com um ferimento fundo no alto."

"Você afirmaria que os ferimentos descritos seriam ou não suficientes para causar sua morte?", perguntou Smith.

O advogado de defesa Breland interveio: "Objeção, meritíssimo. Ele não é um perito no assunto. E o júri sabe tanto quanto ele a respeito. Considero que isso seja uma prerrogativa do júri."

"Eu vou permitir que a testemunha responda à pergunta", replicou Swango.

Smith voltou a formular a pergunta e Miller respondeu: "Sim, senhor."

"Acredito já ter perguntado isso, mas não tenho certeza", continuou Smith. "Você afirmou que havia um arame farpado no barco. Mas será que perguntei se o arame farpado estava ou não no corpo do falecido?"

"Sim, senhor", respondeu Miller. "Ao redor do pescoço."

Para qualquer um lutando para acreditar no contrário, começava a ficar cada vez mais difícil não chegar à conclusão de que um assassinato havia sido cometido. Mas, em seu interrogatório, Breland foi atrás da macabra descrição dos ferimentos no corpo. "Agora, quanto ao que viu sobre a

condição da cabeça do homem, você não poderia dizer se foi causado antes ou depois da morte, poderia?"
"Não, senhor", respondeu Miller.
"E não poderia dizer se foi causado por um acidente automobilístico ou de alguma outra forma, poderia?"
Miller respondeu: "Não, senhor."
Depois disso o tribunal entrou em recesso para o almoço.[13]
A defesa estava oferecendo ao júri um véu fino por trás do qual eles poderiam fingir acreditar que os terríveis ferimentos pudessem ter ocorrido de uma forma desconhecida com uma pessoa desconhecida, que o corpo fora jogado no rio, recuperado e apresentado como sendo o de Emmett Til em um embuste repulsivo e com motivações políticas. Faltava constatar se os doze jurados aceitariam aquele véu, ou mesmo se precisavam dele.

Depois da pausa para o almoço, o xerife Strider olhou para os repórteres negros reunindo suas coisas para a sessão da tarde. Alguns deles faziam parte da resistência do Mississippi, que tinha convencido as testemunhas adicionais a se apresentarem. Todos eles estariam relatando os procedimentos do julgamento para o mundo. "Olá, crioulos", falou.[14]

Robert Hodges, o pescador de dezessete anos que encontrou o corpo nas águas lodosas do Tallahatchie, abriu os depoimentos da tarde, seguido por B. L. Mims, o dono da lancha que tinha puxado o corpo até a margem. Nos dois depoimentos o corpo pareceu cada vez mais ser inegavelmente o de uma vítima de assassinato.[15]

Em seguida o xerife George Smith — no mínimo um membro honorário da resistência do Mississippi, por ter localizado as novas testemunhas — subiu ao banco das testemunhas e disse que havia encontrado Roy Bryant dormindo na loja de Money por volta das duas horas da tarde de domingo. E que teve uma longa conversa com Bryant no banco da frente do carro da polícia. "Perguntei por que ele tinha ido lá pegar aquele garotinho negro, e ele disse que foi lá e pegou o garoto para que sua esposa o identificasse, que ela disse que não era ele, e falou que depois o soltou."

Como o depoimento do xerife Smith implicava a admissão de Bryant de ter raptado Emmett Till, a defesa logo se empenhou em enquadrar o diálogo como uma conversa particular e confidencial entre dois velhos amigos e que Bryant não sabia que fazia parte da investigação de um assassinato. Isso aconteceu antes do caso *Miranda*, muito conhecido por todos os fãs de dramas policiais, no qual a Suprema Corte decretou que suspeitos de um crime devem ser avisados de seu direito de permanecer em silêncio e que qualquer coisa que disserem pode e será usada contra eles em um tribunal. Consequentemente, tudo o que a defesa podia fazer era insinuar que o interrogatório fora desonesto, que um policial uniformizado entrevistando um amigo sem alertar sobre os riscos de ele admitir ter perpetrado um rapto ou talvez coisa pior era um ato enganoso que um júri razoável deveria considerar como uma afronta.[16]

Em seguida a promotoria chamou o auxiliar de xerife John Ed Cothran do condado de Leflore. Cothran estava presente quando o corpo foi retirado da água. Foi também quem tinha prendido Milam e falado com ele sobre o que havia acontecido com Emmett Till. "Eu perguntei se eles tinham ido lá e pegado o garoto", declarou Cothran. "Não chamei ninguém pelo nome. Só perguntei se tinham ido lá e pegado o garoto. E ele disse que sim, que tinha pegado o garoto e depois o soltado na loja, na loja do senhor Bryant."

Carlton logo protestou contra aquela testemunha, e Swango mandou o júri sair da sala. Carlton sugeriu que o papel de Cothran como "bom amigo de toda a família" tornava ainda mais imperativo que ele tivesse informado Milam sobre os riscos de sua admissão de ter desobedecido à lei. "E temos mais uma objeção ao depoimento da testemunha, desta vez com base em *não haver nada nos registros* sobre o corpo levado do rio Tallahatchie, supostamente de Emmett Till, indicando que a morte tenha sido causada por qualquer agente criminoso." O juiz recusou as objeções de Carlton e trouxe o júri de volta.

Então o promotor Chatham perguntou a Cothran, na presença do júri, se ele tivera "oportunidade de investigar o assassinato ou desaparecimento de Emmett Till" e se tinha falado sobre isso com J. W. Milam. Cothran respondeu afirmativamente às duas perguntas, acrescentando que tinha falado com Milam no condado de Leflore no dia em que o prendera. Cothran assegurou ao tribunal que não havia prometido nada a Milam nem o ameaçado de forma alguma. "Eu perguntei se eles tinham ido lá e pegado o garotinho, e se tinham feito alguma coisa com ele. E Milam disse que eles tinham levado o garoto até a loja e o soltado." Esta segunda instância da admissão de rapto por parte dos réus não foi mais comentada.[17]

Ao ser questionado por Chatham, Cothran descreveu a cena na margem do rio quando chegou e encontrou o corpo em um barco na margem. Tentando solapar a insinuação da defesa de que poderia não ter havido um assassinato, Chatham perguntou sobre as condições do corpo. "Bem, a cabeça estava bem retorcida. E o olho direito estava quase caindo, solto da órbita, sabe", respondeu Cothran. "E bem no alto da cabeça tinha um afundamento de uma pancada externa. E em cima do ouvido direito... bom, eu não diria que era um buraco de bala, mas alguns disseram que era."

Breland interveio da mesa da defesa: "Objeção a esse 'disseram que era'", e o juiz Swango acatou o pedido.

"Havia um pequeno buraco na cabeça acima do ouvido direito", corrigiu Cothran, "do lado direito da cabeça, aqui", apontando para o lado direito da própria cabeça, "e a cabeça estava toda cortada. Havia um ferimento fundo na testa." Em seu interrogatório cruzado, Carlton mais uma vez tentou sugerir que a amizade de Cothran com o acusado invalidava seu testemunho e que o ferimento na cabeça de Till poderia ter acontecido quando o corpo já estava no rio. Com isso o tribunal entrou em recesso até as dez horas da manhã de quinta-feira. O fino véu que a defesa estava oferecendo ao júri exigia agora que eles ignorassem o fato de os dois réus terem admitido o sequestro do garoto às duas da madrugada.[18]

Depois do encerramento da sessão da quarta-feira, membros da delegação dos United Packinghouse Workers of America da Lousiana viram Moses Wright sozinho no tribunal. Um deles, Frank Brown, "perguntou como o velho tinha encontrado coragem para testemunhar ante a probabilidade de ser morto. 'Algumas coisas são piores que a morte', respondeu Wright a Brown. 'Um homem pode continuar vivo, mas ainda assim vai ter de viver consigo mesmo.'"[19]

Na quinta-feira de manhã, a mãe de Emmett Till passou pela multidão e subiu ao banco das testemunhas. Mamie Bradley "foi uma testemunha serena e bem falante", escreveu John Popham do *New York Times*. "Estava com um vestido preto de colarinho branco e uma echarpe vermelha. É uma morena bonita." Murray Kempton notou que ela "usava um bolero preto com um vestido estampado e um pequeno chapéu preto com um véu e era muito diferente dos colhedores de algodão com suas roupas de juta, que eram as testemunhas comuns em um tribunal do Mississippi". Um colunista do *Greenwood Commonwealth* escreveu: "O vestido de acordo com a moda da mulher negra de 33 anos lhe conferia um ar de confiança e determinação [...] Suas respostas foram diretas e precisas, em bom inglês e num tom bem audível. Somente em um momento ela mostrou alguma emoção. Isso aconteceu quando lhe mostraram uma fotografia do corpo. Depois de observar a foto, Mamie soluçou, tirou os óculos e enxugou as lágrimas dos olhos." Durante todo o depoimento, atestou o jornal de Greenwood, ela pareceu digna, inteligente, simpática e respeitável.[20]

Mamie pôs os óculos quando o promotor especial Robert Smith começou o interrogatório. Depois de esclarecer que o pai de Emmett havia morrido na Segunda Guerra Mundial, "no drama europeu", Smith perguntou sobre a viagem do garoto de Chicago, quando Mamie ficara sabendo de seu desaparecimento no Mississippi e quando havia visto pela primeira vez o corpo do garoto depois de este ter voltado para Chicago num caixão. Foi na Casa Funerária A. A. Rayner em Chicago, ela respondeu.

> A primeira vez que eu o vi ele ainda estava no caixão. Voltei a ver o corpo quando foi retirado do caixão e colocado sobre uma laje [...] Identifiquei positivamente o corpo no caixão e também depois, quando estava na laje, como sendo do meu filho, Emmett Till [...] Olhei bem para o rosto dele. Olhei para as orelhas, a testa e linha do cabelo, e também para o cabelo, e olhei para o nariz, os lábios e o queixo. Observei tudo muito minuciosamente. E consegui constatar que era o meu garoto. E soube definitivamente que era o meu garoto, além de qualquer sombra de dúvida.

"Agora vou lhe dar um anel, Mamie", disse Smith, "em que foi gravado '25 de maio de 1943' e as iniciais 'L. T.', e pergunto se estava entre os pertences do seu marido morto que foram mandados a você?"[21] Smith a tratou pelo primeiro nome, como era de costume quando uma pessoa branca se dirigia a um afro-americano no Mississippi dos anos 1950. Mas ela sempre se dirigia a Smith como "senhor". Como conhecia bem os hábitos do Sul, Mamie Bradley aceitou esse tratamento desrespeitoso com elegância. Porém, uma atitude talvez necessária diante de um júri branco no Mississippi soou de forma diferente no mundo mais amplo de meados do século XX. A manchete do *Washington Afro-American*, por exemplo, foi "Mãe é ofendida no banco das testemunhas".[22]

"Sim, senhor", ela respondeu. "Eu guardei o anel numa caixa de joias, pois era grande demais para o garoto usar. Mas desde seu aniversário de doze anos ele às vezes usava o anel, preso com fita adesiva ou um barbante." Emmett estava com o anel quando saiu de casa para vir ao Mississippi, explicou. "E me lembro de ter observado casualmente: 'Puxa, você está ficando adulto.'"

"E era esse anel que ele estava usando quando veio ao Mississippi?", perguntou Smith.

"Sim, senhor."

Finalmente, Smith pediu que ela visse a fotografia feita pela polícia do corpo do filho levado à casa funerária de Greenwood. "Eu entrego a você esta foto e pergunto se é uma fotografia do seu filho, Emmett Till?"[23]

Mamie pegou a fotografia, abaixou a cabeça e chorou, oscilando lentamente de um lado a outro. Pouco depois, tirou os óculos, enxugou os olhos e respondeu: "Sim, senhor."[24]

Quando interrogou a testemunha, o advogado da defesa também a chamou pelo primeiro nome. "Mamie", perguntou, "onde você nasceu?"

"Eu nasci em Webb, Mississippi."

"É uma cidadezinha a menos de dois quilômetros daqui, está correto?"

"Não sei dizer a localização."

"Quando você saiu do Mississippi?"

"Aos dois anos de idade."

"Então só lhe disseram que você nasceu em Webb, Mississippi? Você não se lembra, está correto?"

"Sim, senhor."
"Nas suas primeiras lembranças, onde você morava?"
"Em Argo, Illinois."
"A que distância essa cidade fica de Chicago?"
"Mais ou menos a uns dezenove quilômetros."[25]

Com essa nova linha de inquisição, os filhos do Mississippi não estavam mais sendo julgados. Agora era Chicago, a cidade que mandava seus machos negros e gabolas para o Sul, a Chicago que despejava a escória indevida para o estado do Mississippi, era Chicago que fazia Mamie Bradley afirmar que todo o estado do Mississippi teria de responder por esse assassinato, era Chicago que estava em julgamento. Será que o Mississippi já não tinha sofrido o bastante nas mãos de negros arrogantes do Norte e de ianques desregrados e miscigenados? O problema não começou aqui, era a implicação desafiadora.

Emmett nunca tinha se metido em encrencas em Chicago?, Bradley quis saber. Mamie afirmou que nunca, mas que isso não importava; a pergunta era para ser respondida por si mesma. Para certa porcentagem das pessoas naquele tribunal, o fato de Emmett ser um garoto negro de Chicago respondia a pergunta, assim como ter sido trucidado e jogado num rio se justificava claramente para uma boa parte do país pela noção de um garoto negro ter ultrapassado os limites e, por isso, ter sido de alguma forma responsável pelo que fizeram com ele.

Em seguida Breland mudou o tom, assestando suas perguntas para desacreditar a própria Mamie. "Você tem algum seguro de vida dele?" Mamie tinha. "Quanto você recebeu?"

"Cerca de quatrocentos dólares de seguro. Eu tinha uma apólice de dez centavos e uma apólice de quinze centavos, duas apólices semanais, e elas equivaleram a quatrocentos dólares."

"A quem essas apólices beneficiavam? Quem eram os beneficiários dessas apólices?" Outro engodo estava sendo entregue ao júri.

"Eu era a beneficiária de uma, e minha mãe, da outra", respondeu Mamie.

"Você tentou receber por essas apólices?"

"Eu estou esperando obter o atestado de óbito."

A sugestão de que Mamie estava capitalizando sua tragédia era apenas parte das intenções de Breland. Ele também estava insinuando que, como ela não havia tentado receber o seguro de vida, pois não tinha um atestado de óbito, talvez não tivesse ocorrido óbito nenhum. A essa altura a teoria do xerife Strider sobre o caso, de ser uma armação da NAACP e que o cadáver nem era de Till, surgiu à vista.

"Agora, Mamie, quais jornais você assina em Chicago? Você lê o *Chicago Defender*?"

Conhecendo as tendências do júri, a promotoria protestou: "Se o tribunal me permite, acho que é perfeitamente óbvio o que ele está tentando fazer. E acredito que o advogado deve ser aconselhado a não fazer mais perguntas como essa."

"Objeção aceita", pronunciou o juiz Swango. "Agora, os senhores do júri poderiam se retirar para a sala de jurados por um momento, por favor?" Os doze nativos do Mississippi passaram em fila pela porta atrás do banco da testemunha e se isolaram.

Com os jurados ausentes, Breland questionou Mamie sobre sua assinatura do *Chicago Defender*, que ela lia toda semana. "Esses jornais são editados por pessoas de cor, está correto?"

"Sim, senhor."

Breland mostrou um exemplar do *Defender* e o entregou a Mamie, perguntando se ela tinha lido aquela edição, mais especificamente, se tinha visto a fotografia do filho no jornal. É uma foto de um Emmett sorridente, um garoto de quatorze anos, com a gravata preta sobre uma camisa branca conferindo uma aparência de roupa de domingo, um chapéu na cabeça, a imagem de um menino esperançoso de se tornar um homem.

Mamie teria uma cópia dessa fotografia com ela? Mamie tinha. E quando foi tirada? Todas as fotografias que saíram em todos os jornais foram tiradas no mesmo dia, dois dias depois do Natal de 1954, informou Mamie.

"Você mandou tirar várias dessas fotografias?" Mamie admitiu que sim. "E você forneceu várias dessas fotografias a membros da imprensa?"

"Sim, senhor."

"E o propósito era de as fotografias serem publicadas nos jornais, está correto?" Bradley estava com vários jornais diferentes, todos mostrando adoráveis fotografias do filho dela. Mamie havia fornecido cópias das fotos aos jornais. Na verdade, estava com inúmeras cópias com ela agora, presumivelmente para o caso de outros jornais desejarem publicar sua história. Mas ainda havia mais.

"Mamie", disse Bradley repentinamente, "eu vou lhe entregar um jornal, sendo que a página 19 do *Chicago Defender* de 17 de setembro de 1955, afirma ser a fotografia da mesma pessoa. Você pode olhar para ela e afirmar se esta é ou não também uma fotografia de Emmett Till ou da pessoa que foi mandada para Chicago e que você viu na agência funerária de lá?" Era a horrível fotografia do corpo inchado e espancado do filho.

"Esta é uma foto do Emmett Louis Till que eu vi na agência funerária", ela respondeu.

"E é a fotografia do mesmo corpo que você então identificou como Emmett Till? E que você agora identifica como de Emmett Till, correto?"

"Sim, senhor."

Nesse momento o juiz perguntou se Bradley já tinha terminado seu interrogatório. "Acredito que sim, meritíssimo. E afirmo que estas questões são apropriadas neste momento."

A defesa levantou a questão do *Chicago Defender* e das fotografias de Emmett a fim de ligar Mamie à indignação nacional que se abatia sobre o Mississippi por parte da imprensa do Norte, particularmente da imprensa afro-americana. Deixou que a imaginação preenchesse os eventos entre as duas fotos, que para muitos nortistas e para os negros eram suficientes para sentir nojo, indignação e desprezo. Esse desprezo de pessoas de fora tinha se tornado muito impopular entre os brancos do Mississippi, mesmo para aqueles que não nutriam nenhuma simpatia pelos assassinos. As fotografias e a repulsa do mundo tornavam muito mais difícil evitar o fato de que fosse o que fosse que tivesse acontecido com aquele garoto, isso tinha acontecido no estado deles, sob os olhos de todos, e portanto com o mesmo grau de culpabilidade coletiva. Reportagens e mais reportagens da maior parte da mídia mundial afirmavam esse ponto. A associação de Mamie com a cobertura da imprensa nacional a estigmatizava como uma forasteira e concentrava a hostilidade e o ressentimento dos jurados e do público em sua pessoa. Smith fez um aparte: "Meritíssimo, consideramos isso altamente impertinente, toda essa parte do caso."

O juiz replicou:

> Em referência a isso, acredito que a testemunha afirmou que as fotografias tiradas — sendo uma delas uma fotografia do filho tirada pouco depois do Natal, e acredito que a testemunha atestou ser fiel à imagem de seu filho durante a vida. E ela também afirmou que a fotografia tirada em Chicago depois de sua morte mostra a verdadeira imagem do que ela viu naquela ocasião.
>
> O tribunal vai admitir essas imagens como provas, isto é, uma imagem que ela mostrou, para que o júri possa ver a aparência de Emmett Till enquanto vivo. E o tribunal vai permitir que seja inserida entre as evidências a fotografia feita em Chicago depois de sua morte. A foto será recortada do jornal, e o jornal não fará parte da exposição.

Não haverá referência a quaisquer jornais que esta testemunha assine em Chicago, ou qualquer referência ao que ela lê. E não [haverá] referência a qualquer coisa dita sobre quaisquer jornais ou imagens outras que não esta imagem, que ela identificou como sendo uma imagem do filho tirada após sua morte e que ela viu em Chicago. A imagem será permitida.

Breland informou ao juiz Swango que havia mais um tópico que desejava abordar com a testemunha, um tópico que a defesa poderia objetar. O juiz disse para ele prosseguir e tirar logo aquilo do caminho. Os jurados continuaram na sala do júri. A linha seguinte de questionamento foi uma admissão de outra espécie, mas que, para a maior parte do mundo, defendia implicitamente o rapto de Till por Bryant e Milam às duas horas da madrugada.

"Você alertou [seu filho] sobre como se comportar e se conduzir enquanto estivesse aqui no Mississippi antes de ele sair de lá?", demandou Breland.

"Eu disse que ele teria de se adaptar a outro modo de vida quando ele estava vindo para cá. E disse para tomar muito cuidado com a maneira como falar e com quem falar, e para sempre se lembrar de dizer 'Sim, senhor' e 'Sim, senhora', todas as vezes."

"E você chamou a atenção dele sobre como agir entre pessoas brancas e como se comportar em relação a um homem branco? E o preveniu, nessas conversas que teve com ele, para não ofender qualquer mulher branca?"

"Eu não falei especificamente sobre mulheres brancas. Mas falei sobre pessoas brancas. E disse que, naturalmente, por morar em Chicago ele não saberia exatamente como agir, talvez."

"Antes de ele ter vindo ao Mississippi", pressionou Breland, "e antes de sair de Chicago, enquanto morava lá em Chicago, ele fez alguma coisa para levá-la a lhe dar instruções específicas?"

"Não, senhor. Emmett nunca teve problemas de qualquer forma."

"E ele nunca esteve em um reformatório?"

"Não, senhor."

"Creio que você mora na zona sul de Chicago, está correto? E que é a parte de Chicago conhecida como Cinturão Negro, correto?"

"Sim, senhor."

"E as pessoas da comunidade são todas de cor ou há pessoas brancas?"

"Algumas pessoas brancas também moram lá."

"E eles têm suas casas lá, está correto?"

"Sim, senhor."

A implicação de Breland era clara: sem orientação, presunçosa e miscigenada, a zona sul de Chicago tivera o que merecia.

"Só isso?", perguntou o juiz Swango. O advogado de defesa disse que sim.

"Agora", disse o juiz, "as objeções de todo esse depoimento serão acolhidas, e não haverá mais nenhuma pergunta nessa linha."[26] Mesmo assim, captado no registro do tribunal, Chicago fora posto em julgamento público no tribunal do juiz Swango. Um diferente tipo de véu havia sido entregue, não para os homens isolados do júri, mas para o estado do Mississippi. Mamie voltou ao seu lugar e o júri retornou ao recinto do tribunal.

15

CADA ANGLO-SAXÃO ENTRE VOCÊS

No fundo do tribunal, Carolyn Bryant ouvia o depoimento de Mamie com apreensão. "Um monte de coisas passava pela minha cabeça", relembra. "Meu marido ia para a penitenciária, talvez pelo resto da vida. Eu tinha filhos para sustentar." Em sua lembrança, contudo, seus temores não diminuíam sua perplexidade ante a mãe afro-americana do outro lado do recinto. Não conseguia deixar de pensar nela. "Lá estava uma mulher cujo filho tinha sido brutalizado, brutalizado de todas as formas... Como ela conseguia aguentar? Não sei como ela passou pelo julgamento daquele jeito."[1]

Uma resposta pode ser a de que nenhum afro-americano assumia o lado da acusação sem antes ter pensado muito sobre o que aquilo iria custar, no momento e posteriormente. Cada um a seu jeito, todos já tinham encarado a questão de como iriam viver com as consequências de seus depoimentos. Mamie já havia decidido antes qual seria o sentido de sua vida a partir de então. O restante das testemunhas negras já vinha se preparando para sair do Mississippi, provavelmente para sempre, mudando-se para Chicago — inclusive a testemunha seguinte, só quatro anos mais velho que Emmett Till, que ao concordar em depor estava dizendo adeus à sua casa, aos amigos, à sua igreja e a todo o ambiente em que havia crescido.[2]

Willie Reed era uma das testemunhas desencavadas pela resistência do Mississippi de Howard quando eles vasculharam as plantações de algodão. Um garoto de dezoito anos que morava na antiga casa de Clint Sheridan, uma grande fazenda no condado de Sunflower administrada por Leslie Milam. Seu depoimento ligaria J. W. Milam ao local do crime; com isso a promotoria deixava de tentar inspirar simpatia para oferecer provas de testemunhas oculares do crime. Assim como Moses Wright, foi pedido que Reed apontasse Milam no tribunal. Assim como Moses Wright, ele se revelou outro ícone de coragem, sabendo, como a maioria naquele tribunal, que teria de se mudar, talvez mudar de nome, viver em algum outro lugar pelo resto da vida. Claro que também imaginava que tudo isso poderia não ser suficiente, que poderia perder a vida de qualquer jeito: afinal, ele estava testemunhando contra dois homens brancos pelo assassinato de um garoto negro. Ainda assim, quando pediram para identificar os assassinos, ele não hesitou.

"Ele está sentado bem ali", disse Reed, apontando o homem calvo do tamanho de um urso na mesa da defesa. O promotor Smith perguntou a Willie — pois era sempre "Willie" no tribunal, nunca "senhor Reed" — se ele tinha visto Milam no domingo, 28 de julho. "Eu vi... Eu vi quando ele estava indo até o poço [...] O poço do celeiro da casa do senhor Milam."

Reed tinha saído da casa da avó cedo naquela manhã, entre seis e sete horas, para ir a uma loja próxima. De lá, a caminho do trabalho, passou pelo celeiro de Leslie Milam. Uma picape passou por ele, uma picape Chevrolet verde e branca, com o teto branco e a carroceria verde. Estava cheia de gente. "Bem, quando a picape passou por mim eu vi quatro homens brancos na cabine e três homens de cor na traseira. E vi alguém sentado na parte de trás da picape [...] Vi outro garoto de cor." Estavam sentados de lado na picape, disse Reed, de costas para ele.

"Bom", continuou, falando tão baixo que muitos no recinto mal conseguiam ouvir o que dizia, "quando eu vi o jornal, tive certeza... bem, eu já tinha visto, achava que já tinha visto aquele garoto em algum lugar. E olhei para a foto e tentei me lembrar, e aí me veio à memória que era o mesmo que eu tinha visto na picape."

"E era Emmett Till?", perguntou Smith.

"Não sei se era ele, mas a foto parecia com ele", respondeu Reed, acrescentando que tinha passado a pé pelo celeiro.

"E o que você ouviu?", indagou Smith.

"Era como alguém chicoteando alguém."

"Nós objetamos a isso", disparou Breland.

"Objeção acolhida", respondeu o juiz Swango.

Smith entregou a Reed uma fotografia de Emmett Till. "Agora vou pedir que olhe para essa fotografia e vou perguntar... ela se parece ou não com a pessoa que você viu sentada na traseira da picape naquele dia específico?"

Bradley objetou mais uma vez, e foi acatado.

Smith tentou outra abordagem: "Você já viu este garoto antes?"

"É uma fotografia do garoto que vi na traseira da picape."

"Agora, mais tarde naquela manhã, você viu J. W. Milam por lá?"

"Bom, quando eu passei por perto ele saiu do celeiro para ir ao poço."

"Você pode afirmar se havia algo incomum nele ou no comportamento dele?"

"Ele estava com uma pistola", disse Reed. "Com a pistola no cinto."

"E o que o senhor J. W. Milam fez quando você o viu?"

"Ele só foi até o poço e tomou um pouco de água. Depois voltou para o celeiro."

"Você viu ou ouviu alguma coisa quando passou pelo celeiro?"

"Ouvi alguém gritando, e ouvi estalidos como se alguém estivesse chicoteando alguém."

"O que essa pessoa estava gritando?"

"Só estava gritando. 'Ah.'"

"Foi só um estalido que você ouviu, ou foram dois, ou foram vários estalidos?"

"Teve um montão deles."[3]

O recinto ficou em silêncio, relatou o *Afro-American* de Baltimore. "Ninguém riu no tribunal naquele momento. O consumo de cerveja caiu ao mínimo. Bryant e Milam ficaram ligeiramente pálidos, e os advogados de defesa — os cinco advogados — pareceram preocupados."[4] O número de fatos que se esperava que os jurados desconsiderassem tinha aumentado consideravelmente.

Reed contou que foi a pé até uma pequena fazenda na mesma estrada, parou na casa de Mandy Bradley e falou com ela. "E depois de sair da casa de Mandy, aonde você foi?", perguntou Smith a Reed.

"Eu fui até o poço [...] Fui pegar um balde de água pra ela [...] E continuei ouvindo alguém gritando." Depois de levar a água a Mandy, Reed foi até a loja e em seguida voltou para casa para se vestir e ir à escola dominical. Quando voltou, a picape já não estava mais lá e o celeiro estava em silêncio.

A defesa fez duas moções para derrubar todo o depoimento de Reed, mas o juiz Swango recusou ambas. Era o depoimento mais condenatório até então, ligando Milam diretamente ao assassinato de Emmett Till e mostrando uma clara evidência de um crime. Mudou também o local onde o assassinato havia sido cometido, do condado de Tallahatchie para o condado de Sunflower, o que poderia ter implicações para a jurisdição. Os dois depoimentos subsequentes apoiaram o testemunho de

Reed, os de Mandy Bradley e o do avô de Reed, Add Reed. Os dois confirmaram o relato do garoto de dezoito anos a respeito daquela manhã brutal. Às 13h15min do segundo dia do julgamento, a promotoria encerrou a apresentação do caso.[5]

James Hicks, que tinha feito muito para ajudar a localizar as testemunhas e descobrira a história das testemunhas ainda escondidas na cadeia do xerife Strider, ficou atônito. O encerramento do caso da acusação parecia prematuro; no mínimo deixava ainda várias testemunhas a serem ouvidas. Hicks não estava sozinho: a resistência do Mississippi e os repórteres negros e brancos que ajudaram a localizar as novas testemunhas também ficaram surpresos de as outras não terem sido chamadas. Frank Young, cuja visita no meio da noite à casa do doutor Howard tinha posto a resistência em ação, teria informações importantes a respeito do caso. Mas Young, que consta ter sido visto do lado de fora do tribunal naquela manhã, tinha desaparecido. Mais tarde alguns culpariam a promotoria por não ter obtido mais das testemunhas, ainda que seja difícil imaginar que o depoimento de Young teria sido decisivo, uma vez que Reed havia contado essencialmente a mesma história, confirmada pelo avô e pela vizinha.[6] Os quatro advogados de defesa admitiram depois a um entrevistador que o estado tinha apresentado "provas suficientes para a condenação" de Milam e Bryant. Agora a defesa precisava apresentar aos jurados comprometidos com a absolvição algum pretexto plausível para seus votos.[7]

A primeira coisa que a defesa fez quando a promotoria encerrou o caso foi uma moção para que o tribunal excluísse todas as evidências apresentadas pela acusação e emitisse um veredito de absolvição para os dois réus. O juiz Swango descartou a moção. A segunda coisa que a defesa fez foi chamar a senhora Bryant para testemunhar. Chegara o momento de tocar a velha canção sobre a Florzinha Sulista Molestada e a

Fera Negra Estupradora. Em algum lugar, talvez enquanto a família do marido a mantinha escondida do mundo, escondida até mesmo da própria família, a senhora Bryant parecia ter decorado todas as suas falas.

Carolyn subiu ao banco, jurou dizer a verdade, toda a verdade e nada mais que a verdade, e respondeu às perguntas sobre seu nome, peso, altura, estado civil e coisas do gênero. "Agora, senhora Bryant, dirijo sua atenção para a noite de quarta-feira, dia 24 de agosto. Naquela noite, quem estava na loja com a senhora?"

O promotor especial Smith interveio: "Com permissão da corte, nós objetamos a qualquer coisa ocorrida na noite de quarta-feira que não tenha alguma relação com o caso." Breland falou pela defesa que eles pretendiam relacionar a testemunha a um depoimento existente. O juiz Swango retirou os jurados para que não ouvissem qualquer possível discussão sobre o depoimento de Carolyn.

Para qualquer um que ainda estivesse comprometido a interpretar o julgamento de Till como uma análise dos fatos e da aplicação da lei, foi naquele momento que as coisas tomaram uma direção estranha e reveladora. O júri estivera diante de uma poderosa evidência acusatória de que Bryant e Milam tinham raptado e assassinado Emmett Till. Em vez de refutar a evidência, a defesa agora queria explicar ao júri *por que* Milam e Bryant tiveram todas as razões para fazer isso: o garoto negro tinha tentado estuprar a mulher branca do Sul. Era uma singularidade: a defesa queria admitir a evidência que incriminava ainda mais seus clientes, e a promotoria queria impedir a defesa de explicar por que seus clientes eram culpados.

Surge aqui um novo fragmento de verdade, que precisamos aceitar se quisermos entender o julgamento: a fé nos nossos tribunais e nas nossas leis, na afirmação lavrada nas colunas da sede da Suprema Corte dos EUA — "Justiça Equânime na

Forma da Lei" — pode obscurecer o óbvio, principalmente com a passagem do tempo. No Delta do Mississippi não havia justiça equânime, nem aplicação universal da lei, certamente não em 1955. Se a verdadeira questão era se Milam e Bryant tinham ou não cometido um assassinato, será que as equipes de advogados não conduziram o julgamento de maneiras diferentes? Claro que sim. Mas por que fizeram isso? A resposta óbvia é que todos os advogados naquele tribunal sabiam que um júri de fazendeiros brancos do condado de Tallahatchie ouviria uma história de um garoto negro e outra de uma mulher branca, e aprovaria o assassinato do garoto. A contradição de uma equipe de defesa tecendo uma estratégia que introduzia um motivo para o crime que alegava que seus clientes não haviam cometido fornecia uma clara evidência, se qualquer uma ainda fosse necessária, de que aquele julgamento não teve nada a ver com fazer justiça.

Cinquenta anos depois, Carolyn reuniu coragem para me contar que seu depoimento não foi verdadeiro, embora não lembrasse qual era a *verdade*, mas que nada que Emmett Till fizera poderia jamais justificar o que aconteceu com ele. Porém, em 1955 ela apresentou à corte e ao caso uma cartaz dizendo: *Meus parentes mataram Emmett Till porque ele merecia.*

Carolyn sabia na época, como admitiria muito mais tarde, que seu depoimento era uma mentira. Se Till merecia o que aconteceu com ele, por que ela escondeu o incidente na loja do marido e do cunhado, se foi isso que ela fez? Se Till tinha feito algo terrível, algo pelo qual devesse ter sido brutalmente castigado, por que ela relutou tanto para identificá-lo? Se ele tinha encostado as mãos nela, por que Carolyn só contou isso ao seu advogado dias depois de ter acontecido? Por que o marido e o cunhado insistiram ao se referir ao suposto crime de Till como "uma cantada" e "insinuações ofensivas"? É plausível que Till tenha encostado a mão em Carolyn, mas seus agressores se referirem apenas a suas transgressões verbais, sem jamais terem mencionado uma palavra sobre algo semelhante a uma tentativa de estupro?

Mas, naquele dia no tribunal de Sumner, o júri nem precisava ouvir o depoimento de Carolyn. Após uma breve discussão sobre aspectos legais, a questão diante do juiz Swango se reduziu ao seguinte: o incontestável testemunho no tribunal até então fora que Milam e Bryant tinham pegado "o garoto que botou falação em Money", e agora a defesa queria preencher os detalhes que diziam respeito àquela "falação". A questão é que, fosse o que fosse que pudesse ter acontecido na loja em Money não alterava o fato de ter ocorrido um sequestro e um assassinato alguns dias depois perpetrados pelos réus. O que não deveria ter sido uma questão de coragem — julgar de forma apropriada uma questão legal — transformou-se nisso naquele tribunal sob o regime Jim Crow: o juiz Swango determinou que o júri não ouviria o depoimento de Carolyn Bryant.

No entanto, o mundo ouviria. Depois da decisão de Swango, Breland falou: "Nós queremos desenvolver o depoimento para efeito dos registros."[8] Por quê? Aqui há mais um fragmento de verdade: Breland e seus colegas sabiam que era quase certo que o júri saberia do depoimento de Carolyn em poucas horas. Na verdade, eles sabiam que o júri tinha se retirado para a sala de jurados já com alguma noção do que Carolyn iria dizer, conhecendo as implicações da combinação de um garoto negro morto e uma mulher sulista afrontada sem precisar ouvir mais nada, com base em regras firmemente estabelecidas havia séculos. E quando os jurados deixaram o recinto do tribunal, Carolyn Bryant ocupou o banco das testemunhas para cumprir um papel que todos sabiam de cor. Então, "para efeito dos registros", Carolyn Bryant prestou seu testemunho.

"Aquele homem preto entrou na loja e parou no balcão de doces." O balcão era na frente da loja, à esquerda. "Eu perguntei o que ele desejava", e ele pediu alguns doces. "Peguei os doces e pus em cima da caixa. Estendi a mão pra receber o dinheiro. Ele segurou na minha mão." Carolyn demonstrou com um gesto.

"Pelo que a senhora nos mostrou", disse Carlton, que conduzia o questionamento direto, "ele pegou na sua mão e encostou todos os dedos na palma da mão, foi isso?"

"Sim. Eu puxei minha mão."

"O que ele disse quando pegou sua mão?"

"Ele disse: 'Que tal a gente sair juntos, boneca?' Eu me virei e comecei a andar para o fundo da loja. Ele veio atrás e me alcançou na caixa registradora. Bom, ele pôs a mão esquerda na minha cintura e a outra mão do outro lado." A pedido do seu advogado, Carolyn se levantou e colocou as mãos no próprio corpo da maneira que disse que o garoto fizera.

"Ele disse alguma coisa no momento em que agarrou a senhora na caixa registradora?"

"Ele disse: 'Qual é o problema, boneca? Você não gosta?'" Foi com considerável dificuldade que ela afinal conseguiu se libertar dele. "Ele disse: 'Não precisa ter medo de mim.'"

"Então ele usou uma linguagem que a senhora não usa?" Sim, ele tinha feito isso. "A senhora pode dizer ao tribunal com que letra essa palavra começa?" Carolyn abanou a cabeça. Não, ela não conseguia dizer nem a primeira letra.

"Em outras palavras, era uma palavra impublicável?" Era. "Ele disse mais alguma coisa depois dessa palavra impublicável?"

"Bom, ele disse, bom: '— com mulheres brancas antes.'"

"O que a senhora fez quando conseguiu se livrar dele?"

"Aí um outro preto entrou na loja e o segurou pelo braço. Disse para ele sair e ir embora."

"Ele saiu da loja voluntária ou involuntariamente?"

"Involuntariamente", ela respondeu. "O outro segurou o braço dele e o levou para fora."

"Quando saiu pela porta, ele disse mais alguma coisa depois daquelas observações obscenas?"

"Sim. Ele se virou e disse: 'Até mais.'"

Havia talvez uns oito ou nove garotos negros na frente da loja, continuou, incluindo seu agressor, mas ela falou para Juanita Milam ficar cuidado da loja, passou pelo grupo de garotos e foi até o carro de Juanita. Pegou a pistola debaixo do banco da frente. O garoto negro que havia segurado sua cintura e pronunciado obscenidades indizíveis estava ao lado de uma das colunas na varanda da frente. E assobiou para ela.

"Foi alguma coisa assim?" Carlton assobiou. "A senhora tinha algum homem branco por perto para protegê-la naquela noite?"

"Não."

"Seu marido estava fora da cidade?"

"Estava em Brownsville. Tinha levado um carregamento de camarão para lá."

"Quando a senhora esperava que ele voltasse?"

"Eu não sabia." Era por isso que Juanita estava com ela, explicou. "Para eu não ficar sozinha."[9]

Quando Carolyn voltou para o seu lugar e os dozes jurados retornaram ao recinto, o doutor L. B. Otken testemunhou pela defesa. Tendo usado como justificativa do assassinato de Emmett Till a manutenção da pureza das mulheres brancas do Sul, a defesa voltou atrás e começou a argumentar que seus clientes não tinham cometido o crime. Em outras palavras, o garoto merecia, mas nossos clientes não o mataram. A rigor, embora fosse culpa dele caso estivesse morto, talvez ele nem estivesse morto.

Médico com consultório em Greenwood, Otken teria visto o cadáver, mas não examinou o corpo de Till "na agência funerária de gente de cor". Mesmo assim a defesa o considerou uma "testemunha perita", por ser um médico com experiência em cadáveres. "O corpo estava bastante deformado e bastante inchado", declarou Otken. "A pele e a carne começavam a se desprender. A cabeça estava bem mutilada. O olho direito estava pendurado. E a língua, saindo da boca." Até então seu depoimento não dizia nada além do que qualquer leitor do *Chicago Defender* ou da *Jet* também pudesse ter dito à corte. "Eu diria que o corpo estava em adiantado estado de decomposição", acrescentou. E então foi ao ponto: "Eu acho que não poderia ter identificado aquele corpo."

"Uma mãe poderia ter identificado aquele corpo, em sua opinião?", perguntou Breland.

"Duvido."

Em seu interrogatório, o promotor especial Smith perguntou a Otken se ele "poderia dizer se era o corpo de uma pessoa de cor ou de um branco".

Otken respondeu que não saberia dizer, o que implorava pela pergunta de por que o corpo fora mandado direto para "a agência funerária de gente de cor", já que a morte no Mississippi não admitia nenhuma integração.

Redirecionando seu interrogatório, Breland perguntou se Otken poderia dizer se os ferimentos do corpo que descrevera estavam presentes antes da morte ou se poderiam ter sido infligidos ao corpo depois da morte. "Eu não saberia dizer", respondeu Otken. Em resumo, sua opinião como perito era de que aquele corpo estivera na água há mais tempo do que o de Till poderia ter estado; que era impossível identificar o corpo, mesmo quanto à sua raça; e que a mutilação poderia ter sido causada pelo corpo sendo arrastado no fundo do rio, não constituindo uma prova de assassinato.[10]

O xerife Strider teve a última palavra. Disse ao júri que tinha ido ao rio aproximadamente às 9h15min do dia 31 de agosto, para ver o corpo que as pessoas alegavam ser de Emmett Till. "Bem", começou a dizer, "estava bem decomposto". A pele tinha "se soltado no corpo inteiro". Havia um pequeno buraco na cabeça e dois ou três ferimentos graves. Estimava que o corpo estivesse no rio "pelo menos há dez dias, se não quinze", ou seja, por mais tempo que o corpo de Till poderia ter estado na água. Não seria capaz nem de jurar que o cadáver fosse de uma pessoa de cor, um ponto que ele reiterou: "No momento em que foi retirado da água ele estava tão branco quanto eu, a não ser por umas poucas partes." Para sublinhar seu ponto de vista ele acrescentou, prestativo: "Se um de meus filhos estivesse desaparecido, eu não poderia jurar se era ou não meu filho, ou o filho de qualquer outra pessoa." Ele assinou a certidão de óbito, era verdade, mas não lembrava se o nome de Till estava ou não escrito nela. Strider afirmou que havia ouvido "diversos relatos sobre um negro que tinha desaparecido aqui em Lambert", mas as histórias eram contraditórias, por isso não pôde investigar mais a fundo. "Eu tenho passado muito tempo aqui no tribunal."[11]

Na manhã seguinte a defesa chamou um punhado de amigos para atestar o bom caráter e os atributos de bons vizinhos de J. W. Milam e Roy Bryant. Em seguida a defesa encerrou seus argumentos e fez uma moção para excluir todas as provas que a acusação havia apresentado contra os réus e se dirigiu ao júri pedindo um veredito de absolvição. O juiz Swango indeferiu as moções, afirmando que as testemunhas apresentaram algumas questões que os jurados deveriam avaliar por si mesmos. Determinou um recesso de quinze minutos, até as 10h38min, quando os advogados de ambas as partes apresentariam seus argumentos finais.[12]

Gerald Chatham, o corpulento promotor público, proferiu os argumentos de abertura por parte da acusação, seguidos pelas argumentações de vários membros da equipe da defesa, com Robert Smith da promotoria fazendo o encerramento. Chatham falou com tanta emoção que o suor escorria de seu corpo; sua camisa estava molhada quando concluiu seu discurso no abafado recinto do tribunal.

"Por quaisquer padrões de um tribunal, o promotor público nascido no Mississippi fez um grande apelo contra a morte do jovem de cor", escreveu James Hicks, comparando Chatham a um evangelista do Sul. "Com seus inúmeros momentos de oratória brilhante, ele provocou lágrimas nos olhos não só dos que se encontravam nas mesas da imprensa de cor, como também de alguns ouvintes brancos."[13] Às vezes batendo na mesa, Chatham afirmou que não era motivado "pelas pressões e agitações de organizações de fora ou de dentro do estado do Mississippi". Em outras palavras, ele não gostava mais da NAACP do que o júri. Ao contrário, disse a eles: "Eu me sinto preocupado com o que é moralmente certo. Estar preocupado com qualquer outra coisa seria perigoso para os preceitos e tradições do Sul."

Conhecendo bem o seu júri, Chatham se opôs a uma certa visão da identidade sulista. Acima de tudo, um verdadeiro sulista jamais mataria uma criança. "Eu nasci e fui criado no Sul, e o pior castigo que poderia ter acontecido seria pegar uma correia de amolar navalhas, virar [Emmett Till] de bruços num barril e açoitá-lo. Eu já bati nos meus filhos, vocês já bateram nos seus. O fato que permanece, senhores, é que Roy Bryant e J. W. Milam tiraram Emmett Till da casa de Mose Wright e depois disso ele nunca mais foi visto." O que esses dois ex-soldados fizeram foi sujeitar um garoto de quatorze anos "a uma corte-marcial com pena de morte".

"As primeiras palavras do depoimento à promotoria já escorreram o sangue de Emmett Till. E quais foram essas palavras, senhores? Foram: 'Pastor, pastor, eu quero esse garoto de Chicago, o que botou aquela falação em Money' [...]

Não foi um convite para aquele jogo de baralho, [como] eles afirmaram."[14]

Além de dissertar sobre as noções da lealdade e dos modos do Sul, Chatham sabia que precisava rebater os argumentos da defesa de que o corpo encontrado no rio não era de Emmett Till. Por isso ele contou a história sobre o desaparecimento de um cachorro muito querido de sua família. Um dia seu filho chegou e disse: "Papai, eu encontrei o Velho Shep", e levou-o até o corpo bem decomposto do cão. "O corpo do cachorro estava apodrecendo e a carne estava se soltando dos ossos, mas meu filho apontou para ele e disse: 'Esse é o Velho Shep, pai. Esse é o Velho Shep.' Meu filho não precisou de nenhum agente funerário ou de um xerife para identificar seu cão. E nós também não precisamos deles para identificar Emmett Till. Só precisamos de alguém que o amava e cuidava dele. Se só restasse uma orelha, um fio de cabelo, eu diria a vocês que Mamie Bradley foi a testemunha enviada por Deus para identificá-lo."[15]

"Eles assassinaram esse garoto", disse afinal Chatham, "e para ocultar esse ato covarde eles amarraram no pescoço dele um pesado descaroçador de algodão com arame farpado e o jogaram no rio para os peixes e as tartarugas."[16]

Quando Chatham voltou para sua cadeira, Hicks ouviu Mamie, sentada ao seu lado, murmurar consigo mesma: "Ele não poderia ter feito nada melhor do que isso."[17]

C. Sidney Carlton apresentou os primeiros argumentos finais pela defesa. Serviu-se de um copo de papel com a água de um jarro verde sobre a mesa do juiz quando começou a falar, e de vez em quando dava alguns goles.[18] Agora a curiosa distorção final do depoimento de Carolyn entrou em cena. "Onde está o motivo?", perguntou Carlton. O incidente na loja foi imaterial, sugeriu ao júri. O "depoimento da esposa de Bryant não incriminou Till". Sua história de um homem negro que a "molestou" e assobiou para ela não se reflete no garoto, e certamente seus clientes não o mataram por causa disso. Com sua retórica enganosa, Carlton conseguiu informar ao júri que Carolyn Bryant havia testemunhado que fora sexualmente assediada. A implicação inevitável: depois de saber o que aconteceu com ela, qualquer homem branco de sangue quente teria reagido da mesma forma.

Passando do racismo visceral ao aparentemente racional, Carlton lembrou o júri da evidência "científica" de que o corpo espancado e inchado em questão estivera no rio muito mais tempo que Till poderia ter estado. Em seguida questionou a iluminação na casa de Wright e se era plausível que o velho pudesse ter feito uma identificação positiva. A evidência mais condenatória — a de Roy Bryant ter dito "Aqui é o senhor Bryant" — o advogado de defesa tentou transformar em uma fraqueza: "Se alguém tivesse ido à casa de Mose Wright com más intenções, teria dado o seu nome? Nada é razoável no caso apresentado pelo estado." Começou a gritar: "Se isso for uma identificação, se isso coloca esses homens naquela cena, então nenhum de nós está a salvo."[19] Claro que Carlton não mencionou que Milam e Bryant tinham confessado o sequestro. Não havia "nada de razoável na teoria da promotoria de que Milam e Bryant raptaram Till em Leflore, dirigiram vários quilômetros até uma fazenda no condado de Sunflower e depois voltaram ao condado de Tallahatchie para jogar o corpo num rio".[20] Em resumo, Milam e Bryant não tinham raptado nem matado Emmett Till, emboram tivessem justificativas para fazer isso. Ali estava o medo frio e nunca mencionado que percorria o Sul branco nos anos 1950: se nós condenarmos Milam e Bryant, o que mais deveremos condenar? Se votarem pela absolvição desses réus, encerrou Carlton, "vocês poderão sentir, nas palavras de Charles Dickens, que 'será a melhor, a melhor coisa que terão feito até agora'".

J. W. Kellum, advogado nascido em Sumner, falou brevemente pouco antes do recesso para o almoço. Chamou o júri de "uma nobiliarquia da democracia" e de "guardiões absolutos da civilização americana". Um veredito pela condenação seria equivalente a "admitir que a liberdade foi perdida para sempre", declarou Kellum solenemente. "Quero que me digam onde, sob o céu luminoso de Deus, estará a terra dos homens livres e o lar dos bravos se vocês não inocentarem esses rapazes". Se não fizerem isso, "seus ancestrais estarão se revirando em suas covas". E assim começaram seus voos oratórios, em parte emprestados do falecido governador do Mississippi, Paul Johnson:

> Eu quero que vocês pensem no futuro. Quando chegar a convocação para atravessar a Grande Divisória, quando entrarem na casa de seu pai — uma casa não construída por mãos humanas, mas eterna nos céus —, vocês poderão olhar para trás, onde os pés de seu pai caminharam, e ver sua boa inscrição registrada nas areias do tempo. E quando descerem às suas tumbas solitárias e silenciosas para um sono sem sonhos, quero que tenham na palma de suas mãos um bom registro dos seus serviços a Deus e aos seus semelhantes. E a única maneira de fazer isso é libertando esses rapazes.[21]

"Eu achei que já tinha ouvido tudo durante os depoimentos", escreveu Mamie Bradley, "mas aqueles advogados de defesa deixaram o pior para o final."[22]

Depois do recesso para o almoço, John W. Whitten apresentou os argumentos de encerramento da defesa. Chamou a si a tarefa de voltar à teoria do xerife Strider de que o corpo retirado do rio não era o de Emmett Till, mas sim parte de um esquema patrocinado pela NAACP para envergonhar o estado do Mississippi e inserir uma cunha entre as raças. Reconheceu que Milam e Bryant poderiam ter raptado o garoto, mas, se o fizeram, eles o libertaram depois. Talvez depois Moses Wright o tivesse levado à NAACP, que convenceu Wright a plantar o anel de prata em outro corpo em decomposição para que as pessoas deduzissem ser o de Till.[23] Sem dúvida o garoto tinha voltado a Chicago ou a Detroit, onde também tinha família. Mamie escreveu: "Eles praticamente acusaram tio Mose e a NAACP de violação de sepultura."[24]

"Há gente que deseja destruir o modo de vida do povo do Sul", entoou Whitten. "Há pessoas nos Estados Unidos que desejam contestar os costumes do Sul", solapando as relações tradicionais e harmoniosas entre raças e "tentando alargar o espaço existente entre brancos e pessoas de cor nos Estados Unidos. Essas pessoas veriam com bons olhos a oportunidade de concentrar a atenção nacional em Sumner, Mississippi. Não estariam invulneráveis a colocar um cadáver putrefato e fedorento no rio na esperança de que este seria identificado como o de Emmett Louis Till. E nem todos estão em Detroit e em Chicago", afirmou intencionalmente. "Eles estão em Jackson, Vicksburg" — onde Medgar Evers era um ativista, onde a NAACP havia preenchido petições para dessegregração nas escolas — "e também estão em Mound Bayou", uma inequívoca referência ao doutor T. R. M. Howard e à RCNL. "E se Moses Wright conhece algum deles, ele não teria de ir longe para encontrá-lo. E eles incluem alguns dos mais astutos estudantes de psicologia conhecidos em toda parte. Eles incluem médicos e agentes funerários, e tiveram pronto acesso a um cadáver que se assentasse aos seus propósitos."[25]

Mas nenhuma das evidências realmente importava, Whitten disse aos jurados. "Está em seu poder", assegurou,

> desconsiderar todos os fatos, as evidências e a lei, para chegar à decisão que preferirem, baseados em qualquer interpretação.

Não há como alguém castigá-los por qualquer decisão que tomarem. A última vez em que um juiz tentou punir um júri por se recusar a seguir suas instruções aconteceu na Inglaterra na época de Charles II, e foi indeferida [...] Vocês representam nossa esperança e nossa confiança de que mandarão esses dois réus de volta às suas famílias felizes.[26]

Ao pedir diretamente a absolvição de Milam e Bryant, Written expressou sua total confiança em que "cada anglo--saxão entre vocês terá a coragem de fazer isso".[27]

Com essa invocação a uma pervertida representação da paixão de Cristo para os fiéis às leis Jim Crow, a defesa estava quase encerrada. Só restava à acusação questionar esse roteiro da maneira certa para que ao menos um jurado anglo-saxão tivesse força para ter dúvidas a respeito. E assim, Robert Smith, o ex-agente do FBI, levantou-se para suas argumentações finais diante do júri.

Estava claro que ele via o júri da mesma forma que seus colegas da defesa: como um bando de fazendeiros do Mississippi queimados de sol, indignados com os forasteiros que desprezavam seu estado e seu modo de vida. Todos acreditavam que esse modo de vida representava um baluarte contra ideologias estrangeiras e revolucionários desleais. Ao preferirem inocentar Milam e Bryant, cientes de toda a agitação organizada por afro-americanos desde a Segunda-feira Negra, eles podiam ser convencidos a aceitar a sugestão da defesa de que o corpo de delito era parte de um esquema da NAACP. Mas onde a defesa jogou com a unidade anglo-saxã e a tradição racial — com certeza uma abordagem astuta, ainda que previsível —, Smith considerou possível que uma postura honesta e compassiva, talvez com uma partícula de paternalismo em relação ao povo negro, pudesse dar ao júri algum espaço para acreditar na narrativa mais plausível: que um velho tio negro e um jovem negro intimidado, porém corajoso, estivessem dizendo a verdade. Coube a Smith a difícil tarefa de iluminar um caminho estreito para aqueles doze homens brancos seguirem, o qual preservaria a própria dignidade, ainda que protestasse contra certos aspectos de seu modo de vida; um caminho que poderia defender e definir melhor aquele modo de vida ao condenar seus piores excessos. Smith estava pedindo, e seus comentários de encerramento indicavam que ele sabia ser tão corajoso quanto Wright, Reed e Mamie Bradley.

A exemplo da defesa, Smith se dirigiu ao júri como conterrâneos sulistas brancos, homens dedicados à terra em que viviam, apesar de clamar por uma estratégia diferente para preservar uma ordem social no Sul baseada na defesa dos direitos humanos: "Senhores, nós estamos na defensiva. Só quando pudermos preservar os direitos de todos, brancos ou negros, poderemos continuar seguindo o nosso modo de vida [...] Emmett Till era um cidadão dos Estados Unidos aqui no Mississippi; tinha direito à vida e à liberdade."[28]

Também como suas contrapartes na mesa da defesa, Smith jogou com os medos e ressentimentos semeados por pessoas de fora, com seus ataques excessivos à honra do Mississippi, com os quais visavam a lucrar. "Influências externas", de fato, querem os dois assassinos libertados para seus próprios propósitos pérfidos. "Se eles forem libertados, essas pessoas farão campanhas de levantamentos de fundos pelos próximos quinze anos."

Por mais tênue que fosse, Smith tinha de lidar com a teoria conspiratória de Strider sobre a identificação do cadáver e os inescrupulosos esquemas da NAACP. O promotor descreveu essa teoria em termos consideravelmente menos enaltecedores do que a defesa havia feito, e acabou definindo-a como "a [proposta] mais tresloucada que já ouvi em um tribunal".[29]

No final do dia, a equipe da promotoria contava com os depoimentos de suas testemunhas afro-americanas — Moses Wright, Mamie Bradley e, em especial, Willie Reed. Wright ligava os dois réus ao sequestro, e ambos admitiam o fato. Também tinha identificado o corpo, embora o depoimento de Mamie tenha ido muito mais longe com sua convicção de que o corpo era o do filho dela. Reed, de apenas dezoito anos, se mostrara tão corajoso quanto Wright, apontando diretamente a Milam quando instado a identificar o homem que viu saindo do barracão de ferramentas com uma pistola no cinto. Seu relato desses eventos ligava Milam e sua picape ao local onde o crime fora cometido, o que era confirmado por outras duas testemunhas. Mas todas essas testemunhas eram negras. Para um júri branco do Mississippi, sopesar suas palavras com as do xerife Strider e com a versão dos acontecimentos feita pela defesa teria sido algo revolucionário.

Assim, quando Smith pediu ao júri para que este se isentasse da questão racial e enxergasse a verdade do brutal assassinato de Emmett Till, fez isso em termos que eles poderiam aceitar: "O velho Mose Wright é um bom negro do campo, e vocês sabem que não vai mentir para ninguém"; Mamie Bradley falou com a autoridade de uma mãe amorosa; e Willie Reed foi um jovem que se expressou com sinceridade e muita coragem. "Eu não saberia dizer se Willie Reed não tem mais coragem que eu", acrescentou Smith, antes de voltar à mesa da promotoria.[30]

Às 14h34min os jurados se retiraram para a sala do júri para decidir o veredito. Mamie, sentada à mesa da imprensa negra com o deputado Diggs e o contingente de repórteres, decidiu que não precisava esperar. "Quando os jurados se retiraram", escreveu mais tarde, "eu avaliei as expressões do pessoal do fundo, me virei para o deputado Diggs e os outros. 'O júri se retirou, chegou o momento de nos retirarmos também.'" Ela e Diggs, levando junto o ainda trêmulo Reed, abriram caminho pela multidão para chegar ao automóvel que os levaria de volta a Mound Bayou.[31]

16

O VEREDITO DO MUNDO

Milam, Bryant e seus cúmplices contavam com uma seleta plateia para o rapto e o massacre perpetrados contra um adolescente negro. Imaginavam que a plateia fosse apenas local, mais do que regional ou nacional, e é improvável que tenham considerado a opinião pública mundial. Deduziram que qualquer atenção suscitada pelo crime que cometeram seria mais sussurrada que divulgada. Os dois sequestraram e mataram Emmett Till, e se livraram do corpo de uma forma que sabiam que iria promover esses sussurros. Com suas armas, lanternas e arrogância, eles sabiam que todos os negros do Delta logo saberiam do desaparecimento e do papel que tiveram nele. Desde o momento em que entraram na picape para pegar o garoto que "botou falação", eles estavam determinados, como logo diriam publicamente, a mandar um recado aos que funcionavam como indicadores e pilares da ordem social da supremacia branca. Desde o momento em que decidiram matar o garoto, seus atos configuraram um linchamento, não um assassinato ou simples homicídio.

As autoridades brancas estavam determinadas a dizer o contrário. "Isso não é um linchamento", declarou o governador White. "É apenas um assassinato."[1] Porém, a despeito das alegações oficiais e editoriais, o ato foi um linchamento, no sentido de que um grupo de pessoas matou alguém presumindo que estavam agindo a serviço da raça, da justiça e de uma tradição altamente valorizada pela comunidade.[2] A turba do linchamento nunca pretendeu que o assassinato de Emmett Till fosse um daqueles antigos espetáculos de linchamento, outrora comuns no Sul, com as vítimas sendo queimadas vivas ou enforcadas diante de uma plateia de centenas ou até milhares de pessoas, com partes do corpo recolhidas como lembranças, com fotografias do linchamento sendo vendidas e compradas, e relatos lúgubres publicados nos jornais locais.[3] Enquanto o século XX avançava, assassinatos extrajudiciais conduzidos com a participação do público e por ele assistidas passaram a ser menos aceitáveis. Mas embora pretendessem, ao menos inicialmente, que os detalhes sobre a tortura e a morte de Emmett Till permanecessem como um segredo de família, os parentes de Carolyn Bryant sabiam que os vizinhos iriam comentar, e esperavam que fizessem isso. A decisão de raptar o garoto começou a partir de boatos sobre um comentário feito na loja, e eles pretendiam que esse crime se tornasse assunto de fofocas na tradição local, uma insígnia de honra entre os mais leais.

Uma piada corria em voz baixa: "Não é que aquele pretinho tentou nadar no rio Tallahatchie com um descaroçador de algodão amarrado no pescoço?"[4] Esse tipo de ironia macabra era o máximo que os homens que mataram Emmett Till esperavam como resultado de sua atitude assassina. Mas o corpo de Till que emergiu das águas escuras do Tallahatchie acabou sendo transmitido pela televisão para o mundo inteiro, e sua morte foi pintada com cores vivas pela imaginação global. A mídia de massa e os grandes protestos podem ter transformado esse crime no incidente racial mais notório da história do mundo. Turbas formadas por brancos lincharam milhares de afro-americanos — às vezes até crianças —, mas foi o sangue de Emmett Till que marcou de forma indelével um antes e um depois. O linchamento, a decisão de sua mãe de abrir o caixão para o mundo e o julgamento de Milam e Bryant chamaram a atenção do país, e talvez do mundo, de uma forma inédita.

Quando os jurados saíram do recinto para dar início às suas deliberações, a multidão ao redor do tribunal do condado de Tallahatchie diminuiu, mas não pela expectativa de uma deliberação demorada. Densas gotas de chuva começaram a cair nas ruas e calçadas de Sumner.[5] A chuva pouco fez para aliviar o calor opressivo do final do verão, e oito minutos depois os doze jurados pediram Coca-Cola. Dentro do tribunal, Milam lia o jornal e se balançava nas pernas traseiras de sua cadeira de junco. Roy e Carolyn Bryant pareciam nervosos; ela se preocupava com os filhos crescendo sem um pai na casa e por ter de sustentá-los sozinha. Mas fosse qual fosse a tensão nervosa que acometia Roy e Carolyn, ela dissipou-se bastante quando, mais ou menos uma hora depois, o presidente do júri abriu a porta da sala dos jurados. J. W. e Roy já tinham acendido grandes charutos, arrogantes e confiantes na própria absolvição.[6] Mamie Bradley, Moses Wright e todas as outras testemunhas negras já haviam saído do tribunal há muito tempo.

No momento que os jurados retornaram, o sol rompeu as nuvens lá fora e um murmúrio audível percorreu a plateia. O juiz Swango bateu o martelo e decretou que não haveria nenhuma manifestação em seu tribunal quando o júri anunciasse o veredito, e que nenhum fotógrafo poderia tirar fotos.[7]

Os membros do júri pareciam solenes. O juiz Swango pediu que se levantassem: "Os senhores do júri chegaram a um veredito?" J. A. Shaw, o presidente, respondeu: "Sim", antes de dizer "Inocentes". Um brado de comemoração subiu da plateia, e o juiz exigiu silêncio. Lembrou aos jurados que os havia instruído a escrever o veredito e mandou-os de volta à sala do júri. Mesmo assim, os espectadores nas escadarias desceram e o refrão "Inocentes" ecoou aos gritos pelos corredores. Quando os jurados reapareceram, o juiz pediu que Shaw lesse o veredito em voz alta, o que ele fez: "Nós, os jurados, consideramos os réus inocentes." A essa altura a notícia da absolvição já tinha chegado à multidão reunida do lado de fora, agora cada vez mais branca, e todos deram vivas em grande comoção.[8]

Jornalistas, fotógrafos e correligionários se reuniram ao redor dos Milams e dos Bryants, trocando apertos de mãos e dando tapas nas costas. Fotógrafos pediram que o casal se beijasse diante das câmeras, o que eles fizeram. "Eu não me lembro de nada depois de o veredito ser decidido", disse Carolyn, "pois só o que me passou pela cabeça foi 'Ah, graças as Deus, meus filhos têm um pai', e por isso eu não me lembro." Enquanto os Milams pareciam genuinamente felizes, a atitude dos Bryants pareceu estranhamente forçada, talvez um primeiro sinal das forças centrífugas que acabariam levando ao divórcio do casal.[9]

Mas o espetáculo do julgamento ainda não tinha acabado; agora era a vez de o júri subir ao palco. Tendo cumprido com seu dever cívico, os jurados se misturaram à plateia sob aclamações de "Bom trabalho" e "Bela atitude" ao redor.[10] Um dos jurados declarou aos repórteres que o júri tinha chegado ao veredito na terceira votação, depois de uma hora de deliberação. "Havia diversas razões para o veredito", explicou. "Mas de forma geral todos chegaram à conclusão de que o corpo não foi definitivamente identificado."[11] A primeira votação teve três abstenções, a segunda teve duas abstenções, e a terceira foi unânime — nenhum jurado chegou a votar "culpado". O atraso de uma hora foi encenado, pois o xerife eleito Harry Dogan mandou um recado ao júri para demorar mais tempo para "causar uma boa impressão". "Se não tivéssemos parado para tomar refrigerante", disse um dos jurados mais tarde, "não teria levado tanto tempo."[12] Em público, no entanto, a maioria manteve o roteiro. Shaw, um fazendeiro de Webb — a cidade natal de Mamie Bradley — explicou aos repórteres por que tinham votado pela absolvição de Milam e Bryant: "Nós tínhamos uma foto do corpo bem decomposto na sala do júri, e nos pareceu que o corpo estava tão decomposto que não podia ser identificado." Mas era difícil manter o decoro no clima de vitória que se difundiu pelo tribunal de Sumner. Indagado se o depoimento de Mamie Bradley tinha impressionado o júri de alguma forma, Shaw deu risada: "Se ela tivesse tentado um pouco mais, poderia ter chorado uma lágrima."[13]

Hugh Whitaker, um estudante formado na região de Sumner cujo pai trabalhou como auxiliar legal no julgamento, voltou ao local seis anos depois e entrevistou nove dos doze jurados. Descobriu que nenhum jamais teve dúvidas de que Milam e Bryant tivessem matado Emmett Till, e só um chegou a considerar a sugestão do xerife Strider de que o corpo poderia não ser de Till. Ninguém tinha baseado seu voto pela absolvição em "interferências externas" da NAACP ou na enchente de repórteres e da cobertura da mídia. Todos os jurados que Whitaker entrevistou concordaram em que a única razão de terem votado "inocentes" foi por um garoto negro ter ofendido uma mulher branca e, portanto, parentes dela não poderiam ser culpados por tê-lo matado.[14]

* * *

Mamie Bradley, Willie Reed e Charles Diggs estavam na estrada a caminho de Memphis, onde pegariam o avião para o Norte. Como prometido, Diggs comprou uma passagem de avião para Chicago para Reed, que só tinha saído do Delta uma vez na vida, e só para ir até Memphis. Eles viajavam em silêncio quando chegou a notícia. "Nós estávamos na estrada, uns quinze minutos depois de termos passado por Mound Bayou", escreveu Mamie, "quando foi anunciado no rádio. Foi uma comemoração. O locutor do rádio", que parecia estar transmitindo da praça do tribunal, "parecia estar fazendo a contagem regressiva para a passagem do Ano-Novo. Dava para ouvir a comemoração no fundo. Parecia o Quatro de Julho."[15]

Fossem quais fossem as esperanças que alguém naquele carro tivesse mantido durante o julgamento, nenhum deles ficou surpreso com o veredito. Tampouco o reverendo Wright, com sua fazenda colhida e seus deveres cumpridos. A maioria dos observadores mais conscientes aguardava não a comemoração de Sumner, mas o veredito da opinião pública do mundo.

O aglomerado de câmeras do lado de fora do tribunal deveria ter lembrado aos homens e mulheres de Sumner que boa parte do planeta não só estava assistindo àquela cena como também estava os julgando, julgando o Mississippi, julgando os Estados Unidos. Eles só perceberiam isso no decorrer dos meses seguintes. Naquele momento eles se sentiam realmente orgulhosos. Sem dúvida os jurados e muitos observadores locais teriam concordado com o secretário do Conselho de Cidadãos, que declarou a Homer Bigart do *New York Herald Tribune*: "Senhor, isto não é os Estados Unidos. Isto é o condado de Sunflower, Mississippi."[16] Outros comentavam alegremente que o julgamento exonerava o Mississippi dos insultos proferidos contra o estado. Houve um julgamento justo e um veredito apropriado, provando que o estado podia cuidar de suas próprias questões, muito obrigado.

Os jornalistas que cobriram o julgamento se mostravam mais circunspectos: nenhum deles parecia contente, ainda que a maioria considerasse que o julgamento fora justo, a não ser pelo veredito. "Nenhum promotor dos Estados Unidos poderia ter trabalhado mais árdua ou longamente por uma condenação que o promotor-público Gerald Chatham e o promotor especial Robert B. Smith, ambos brancos e nascidos no estado", escreveu James Hicks, que tinha vindo a Sumner esperando "a justiça do homem branco do Mississippi" e nada mais. "E nenhum juiz, seja na cadeira da Suprema Corte ou na instável cadeira do tribunal de Sumner poderia ter sido mais diligente e eminentemente justo na condução do julgamento que o juiz Curtis M. Swango, de Sardis, Mississippi." Infelizmente, lamentou Hicks, o Mississippi branco e os jurados se mantiveram presos ao velho ponto cego do preconceito racial, "que impede que enxerguem e pensem direito quando olham para o rosto de um negro".[17]

Com variados graus de interesse e extraindo um amplo conjunto de lições, os EUA branco se engalfinhou com o que havia acontecido no tribunal do juiz Swango. Quase todos concordavam que sabiam o que o júri sabia, que Bryant e Milam tinham participado da morte de Emmett Till, e pelas mais antigas das razões pelas quais os homens brancos do Sul às vezes matavam afro-americanos: por uma afronta sexual inaceitável para sua sensibilidade e seu status. Não simples preconceito, mas o medo inato de que a Fera Negra Estupradora desse o tom no tribunal de Sumner, como observaram diversos repórteres. Max Lerner do *New York Post* escreveu: "Quanto à santidade da feminilidade branca, um júri do Mississippi é somente um veículo para expressar o medo e o ódio da massa pelos negros."[18] A acusação de que Emmett Till tinha assediado Carolyn Bryant fez o sangue dos espectadores ferver. Era quase certo que os jurados tenham ouvido boatos sobre "a falação" que tinha levado Bryant e Milam a raptar o garoto, e a interpretação daquela falação era apoiada em século de mitos temerosos. Em seu incendiário argumento de encerramento, o advogado da defesa Sidney Carlton afirmou que Till "molestou" Carolyn Bryant como se fosse um fato estabelecido pelos procedimentos. Bill Sorrells, que cobriu o julgamento para o *Memphis Commercial Appeal*, observou que a defesa "foi baseada na emoção e que a senhora Bryant era a chave".[19] Os ousados editores do *Greenwood Morning Star* confirmaram essa análise: o infortúnio do Mississippi, escreveram, era em parte pelo julgamento ter se tornado conhecido como o "caso do assobio de fiu-fiu", ou o "caso do assassinato de Till", quando o tempo todo deveria ter sido chamado de "esse caso de tentativa de estupro".[20]

A reação do Mississippi branco ao processo legal variou do ressentido ao surreal. O moderado Hodding Carter Jr. do *Delta Democrat-Times*, ganhador de um prêmio Pulitzer e odiado por muitos brancos do Mississippi, atribuiu as absolvições ao desleixo na aplicação da lei e culpou a NAACP por esse desleixo. Se os agentes da lei locais não tivessem sido postos na defensiva, opinou, eles "poderiam ter feito um esforço honesto para fazer mais do que aquilo que acabou resultando em um eficiente acobertamento". Carter quase se aproximou da opinião do editor reacionário do *Jackson Daily News* ao imprecar contra a NAACP por "acusações generalizadas contra pessoas decentes, por suas planejadas agressões contra cidadãos que precisaram decidir uma questão de justiça local, e por sua indiferença à verdade em favor da propaganda."[21]

Os editores do *Jackson Daily News* concordaram com Carter em que as provas eram insuficientes, mas não com seu descontentamento com o resultado: "O fato nu e cru em relação à absolvição no condado de Tallahatchie de dois supostos assassinos de um jovem negro de Chicago é o fato de a acusação ter falhado em apresentar seu caso." O *Memphis Commercial Appeal* afirmou que "faltaram as provas necessárias para condenação em uma acusação de assassinato".[22] Um grande número de brancos do Mississippi reagiu com orgulho pelo julgamento ter sido um modelo de justiça que demonstrava que os críticos do estado do Mississippi estavam errados. "O povo do Mississippi se levantou à ocasião e provou ao mundo que este é um lugar onde a justiça dos tribunais se aplica a todas as raças, classes e religiões, declarou o *Greenwood Morning Star*.[23]

Carter se tornou uma espécie de especialista nacional na insanidade ocasional de seu estado adotivo. Fora do Mississippi ele falava sobre a terrível injustiça do caso Till, mas em casa considerava a mácula do bom nome do Mississippi como a verdadeira tragédia. Tentando falar com a opinião pública mais esclarecida do Mississippi, ele escreveu: "Não foi o júri que negligenciou seus deveres, apesar das conclusões lógicas a que poderiam ter chegado em relação à grande probabilidade da identidade do corpo encontrado no rio Tallahatchie e de quem o havia jogado lá, mas a crítica deve recair sobre os agentes da lei que pouco fizeram para encontrar evidências e localizar testemunhas para estabelecer com firmeza quem era ou não era culpado." Ele preferiu culpar a investigação, que havia produzido provas muito frágeis, e não o júri que as avaliou.[24]

Em um artigo muito questionado e discutido, publicado no *Saturday Evening Post* e intitulado "Crise racial no Sul Profundo", Carter definiu o Mississippi como o estado sulista mais teimoso em sua resistência à integração, caracterizando os recentes assassinatos de George Lee, Lamar Smith e Emmett Till como "sintomáticos". Os brancos consideravam a NAACP como "a fonte de todos os males e aflições", e que a natureza factual da maioria das "acusações feitas pela NAACP [...] não ajuda a tornar suas reivindicações mais aceitáveis". "O ódio concentrado na NAACP suplanta em intensidade qualquer reação emocional que já presenciei em minha vida no Sul." Isso refletia as exigências da NAACP pelo direito ao voto e à integração nas escolas, bem como seus protestos pelo caso de Till. Carter também acenou com o bicho-papão sexual, descrevendo Till como "sexualmente ofensivo" e afirmando que "o alarme sexual despertado nos homens brancos poderia explicar o fracasso da condenação dos acusados de terem matado Emmett Till".[25]

Era comum Carter assumir posições precariamente moderadas; ele foi um dos primeiros articuladores, embora às vezes vacilante, de ideias que acabariam anunciando um Sul diferente, quando o movimento dos direitos civis conseguiu mudar essa atitude, mas só um pouco, devido justamente a pessoas como ele. Neste caso, no entanto, ele investiu contra um garoto de quatorze anos que fora trucidado. Carter tentou, mas praticamente não havia uma posição "sulista moderada" para defender. A maioria da população do Mississippi, em especial os que governavam o estado, o considerou um traidor. Críticos mais liberais o atacaram por defender o indefensável. Roi Ottley, do *Chicago Defender*, identificou o editor Carter com o "Mississippi patético", "uma vítima dos perniciosos modos do povo do Sul", um lamentável apologista que "tentava atenuar os fatos".[26]

Outros brancos do Mississippi pareciam acreditar que agentes comunistas eram os responsáveis por promover a divisão racial. "Alguém pode ter alguma dúvida de que esse assassinato no Mississippi — desde semanas ou meses antes de o jovem Till fazer sua visita ao Sul — foi inspirado, dirigido e executado por comunistas?", escreveu uma mulher de Memphis. "Não teria sido um agente comunista, ou agentes comunistas que mataram o jovem negro depois de ele ter sido libertado pelos homens brancos?"[27] Uma mulher de Sumner, muito bem vestida, declarou às câmeras de televisão: "Estou quase convencida que desde o começo isso veio de uma frente comunista."[28] Também circularam boatos de que o jovem Till fora encontrado vivo em Chicago, em Detroit e em Nova York.[29]

William Faulkner, romancista ganhador do Prêmio Nobel de literatura e um dos mais celebrados filhos do Mississippi em toda parte (menos em seu estado natal) tinha duas cabeças, uma bêbada e outra sóbria. Ele entendeu como poucos as implicações profundas e globais do caso. Instado a fazer um comentário durante uma estada em Roma, ele citou o "erro triste e trágico cometido no meu Mississippi nativo por dois adultos brancos contra um negro aflito". Em meio ao perigo da era atômica e do surgimento das lutas anticolonialistas, Faulkner afirmou que a competição entre os EUA e a União Soviética durante a guerra fria significava que o país não podia mais aceitar atrocidades raciais e injustiças patentes. O caso Till era o nadir absoluto. "Pois se nós nos Estados Unidos chegamos a um ponto de desespero na nossa cultura em que devemos assassinar crianças, não importa se por qualquer razão ou pela cor, é porque não merecemos sobreviver e provavelmente não sobreviveremos."[30]

A eloquente pregação moral de Faulkner parece ter sido dissolvida em champanhe quando um repórter o entrevistou em Paris alguns meses depois. Na ocasião ele declarou: "O garoto Till entrou numa encrenca e quase teve o que mereceu." O entrevistador perguntou se o assassinato se justificaria se Till fosse um adulto. "Depende", respondeu Faulkner, "se fosse um adulto e tivesse se comportado de forma ainda mais ofensiva [...] Mas não se pode matar uma criança." Logo depois Faulkner alegou que estava bêbado e culpou a champanhe e o entrevistador. "São afirmações que nenhum homem sóbrio faria, e me parece que nenhum homem são acreditaria nelas." Falando em um programa de rádio na Califórnia, W. E. B. Du Bois desafiou Faulkner para um debate no tribunal de Sumner. Faulkner declinou cordialmente.[31]

Elizabeth Spencer, romancista branca do Mississippi um quarto de século mais nova que Faulkner, também estava em Roma naquele outono. Quando voltou, em setembro de 1955, ficou sabendo que homens brancos tinham linchado Emmett

Till perto da fazenda de seu pai no Delta. Com a expectativa de que o pai — cujas convicções raciais ela considerava esclarecidas — sentiria o mesmo que ela, Elizabeth expressou seu horror ante aquele crime e o veredito. Mas o pai "se recusou a discutir o assunto", disse, "ou ouvir qualquer observação a respeito. Falou que nós [brancos] precisávamos manter as coisas sob controle". Separando-se do pai, com os ouvidos "zumbindo com a crueldade paterna", Elizabeth foi para Oxford, no Mississippi, antes de sair de vez do estado e se mudar para Nova York, decidida "até os ossos, com sentimentos doentes e vazios por dentro [...] *Você não pertence mais a esse lugar*." Levou com ela o manuscrito de seu terceiro romance, *The Voice at the Back Door* [A voz na porta dos fundos] — um clamor por justiça no Mississippi que seria sucesso de crítica em 1956.[32]

Atentos ao que aconteceria a seguir, líderes afro-americanos ressaltaram, como fizera Faulkner, o efeito venenoso do caso Till nas relações exteriores dos EUA no contexto da guerra fria e nas revoluções anticolonialistas no mundo todo. Viram ali uma oportunidade. Brancos já tinham assassinado afro-americanos sem consequências antes disso, e com certeza brancos assassinariam afro-americanos sem consequências depois disso; para eles a questão urgente era como a ameaça poderia ser reduzida, confrontada e afinal eliminada. E o contexto internacional no caso da morte de Emmett Till oferecia uma forte alavancagem política na direção desse objetivo.

Durante o julgamento, Cora Patterson, funcionária da sucursal da NAACP de Chicago, observou: "Os olhos do mundo estão nesse julgamento. Não vai ajudar a situação dos Estados Unidos na Europa e na Ásia se não for realizado um julgamento justo."[33] O deputado Adam Clayton Powell Jr. chamou o assassinato de Till de "um linchamento da Estátua da Liberdade. Nenhum incidente causou tanto prejuízo ao prestígio dos Estados Unidos em terras estrangeiras quanto o que aconteceu no Mississippi."[34] Channing Tobias, presidente da diretoria da NAACP, declarou: "Os jurados que decretaram esse vergonhoso veredito merecem uma medalha do Kremlin por seus meritórios serviços à luta do comunismo contra a democracia."[35]

Essa dinâmica internacional não tinha nada de novo. A Segunda Guerra Mundial havia propiciado aos negros americanos um poder sem precedentes de redimir ou repudiar a democracia dos EUA aos olhos do mundo, um fato que A. Philip Randolph utilizou com grande efeito durante a guerra em seu movimento Marcha para Washington.[36] A guerra também combaliu o colonialismo europeu e fez surgir a rivalidade na guerra fria entre os Estados Unidos e a União Soviética. Entre as pessoas de pele escura do mundo, a competição no pós-guerra entre as superpotências era urgente, principalmente em termos de suas próprias preocupações anticolonialistas; por essa razão, o sistema de castas de cor nos Estados Unidos falava mais alto que a altissonante retórica do país em relação à democracia. Um relatório do Departamento de Estado dos EUA admitiu que "a divisão de opiniões em muitas questões" na recém-criada Assembleia Geral das Nações Unidas "às vezes tendia a seguir uma diretriz de cor, brancos contra não brancos, com a Rússia tentando ser reconhecida como a defensora dos não brancos".[37]

"A Rússia não ameaça tanto os Estados Unidos quanto o Mississippi", declarou a NAACP em uma petição de 1947 à Organização das Nações Unidas. A petição, que denunciava "a negação de direitos humanos às minorias no caso de cidadãos de ascendência negra nos Estados Unidos" criou uma "sensação internacional", como enunciou Walter White, da NAACP. O diretório central, disse White, foi "inundado por pedidos de cópias dos documentos" por países "querendo provas documentais de que os Estados Unidos não praticavam o que apregoavam sobre liberdade e democracia".[38] Essa nova compreensão de que a política internacional tinha a chave para a plena cidadania dos afro-americanos marcava "um momento histórico na nossa luta pela igualdade", escreveu o editor de um jornal para W. E. B. Du Bois. "Finalmente estamos começando a ver que os Estados Unidos podem ser julgados pela família das nações por suas injustiças contra a minoria negra."[39]

Muitos representantes do governo federal pareciam concordar com a substância das declarações da NAACP. "Não podemos escapar ao fato de que nosso histórico em direitos civis se tornou um tema na política mundial", declarou o Comitê pelos Direitos Civis do presidente Truman em 1947. "A imprensa e o rádio do mundo todo mostram bem [...] Aqueles com filosofias concorrentes têm enfatizado — e estão distorcendo vergonhosamente — nossas fraquezas."[40] O secretário de Estado Dean Acheson escreveu em 1952: "A discriminação racial nos Estados Unidos continua sendo uma fonte de constrangimento constante para este governo no dia a dia da conduta de suas relações exteriores." O Departamento de Justiça dos EUA despachou uma série de comunicados sobre casos que levaram à decisão de *Brown v. Board of Education* e que apoiavam a posição da NAACP exatamente nesses termos globais. "A discriminação racial fornece grãos para os moinhos de propaganda comunista", escreveu o procurador--geral Brownell à Suprema Corte, "e levanta dúvidas mesmo entre países amigos quanto à intensidade da nossa devoção à fé na democracia".[41] No dia 17 de maio de 1954, a chamada Segunda-feira Negra, a *Voz da América* anunciou instantaneamente a decisão *Brown* por todo o planeta em 35 idiomas.[42] Quinze meses depois, o caso Till detonou boa parte da boa vontade que o caso *Brown* tinha angariado para os Estados Unidos no mundo todo.[43]

Jornais do mundo inteiro definiram as absolvições como "escandalosas", "monstruosas" e "abomináveis", entre coisas piores.[44] Eleanor Roosevelt publicou um editorial intitulado "Acho que o júri de Till tem a consciência pesada", em que observou que "as pessoas de cor do mundo, que são em muito maior número que nós", concentraram sua atenção no julgamento de Till, e que os Estados Unidos tinha "mais uma vez sido um joguete nas mãos dos comunistas, fortalecendo sua propaganda na África e na Ásia".[45] E ela não estava exagerando. De fato, a indignação em Gana quanto ao veredito representou uma autêntica ameaça aos objetivos dos EUA na África.[46] Carl Rowan, renomado jornalista da revista *Time*, estava em Nova Deli em meados dos anos 1950 em um ciclo de palestras patrocinado pelo Departamento de Defesa para destacar a aceitação cada vez maior de afro-americanos pelos americanos brancos. Ele teve de enfrentar, "durante aquelas semanas, centenas de perguntas sobre brancos nos EUA que assassinaram um garoto de quatorze anos chamado Emmett Till por supostamente ter assobiado para uma mulher branca".[47] O Departamento de Estado informou que "em panfletagens comunistas no Oriente Médio", o caso Till era ressaltado como "'típico' das medidas repressivas contra grupos minoritários nos Estados Unidos, com foco especial no fato de os tribunais terem sido coniventes com esse ato."[48]

Em 1956, a Agência de Informação dos EUA fez uma pesquisa sobre o desapreço dos europeus pelas relações raciais nos Estados Unidos, e considerou o caso Till como uma preocupação "prevalente", embora fosse logo superada pela violência de turbas na Universidade do Alabama e em Little Rock.[49] "Desde o caso de Emmett Till no Mississippi no outono passado", a embaixada dos Estados Unidos em Bruxelas informou ao Departamento de Estado que "a imprensa belga estava cada vez mais atenta aos problemas das relações raciais nos Estados Unidos. Órgãos da imprensa de todos os matizes de opiniões políticas e líderes políticos com os quais a embaixada conversou têm se mostrado perplexos, condenando severamente o preconceito racial evidente em casos tão recentes."[50] A imprensa comunista italiana bombardeava os leitores com o caso Till dia após dia, e o porta-voz oficial do Vaticano, *L'Osservatore Romano*, considerou deplorável que "um crime contra uma vítima adolescente continuasse impune".[51] Um memorando da embaixada dos EUA em Copenhague para o secretário de Estado destacou "o prejuízo real e contínuo ao prestígio americano resultante de tragédias como a do caso Emmett Till". O sueco *Le Democrate* reagiu ao veredito com o editorial "Uma repulsiva paródia de justiça no estado do Mississippi".[52] Em Dusseldorf, o *Das freie Volk* declarou: "A vida de um negro no Mississippi não vale um assobio".[53]

Em 1956, o Departamento de Estado reportou que o "caso Till chamou muito mais atenção na França que nos Estados Unidos".[54] Sentindo a ferroada da opinião pública mundial no domínio colonial francês na Argélia, a França se aproveitou das provas da hipocrisia americana na questão racial. O diário conservador francês *Figaro* publicou um editorial três dias depois da absolvição sob o título "O vergonhoso júri de Sumner", instando os americanos a "olhar para suas próprias ações". As condições em que vivem as pessoas negras nos Estados Unidos, observou o jornal de centro *Le Monde*, deveriam "incitar mais reserva e modéstia por parte dos que condenam o 'colonialismo' dos outros".[55] Uma reunião de massas em Paris adotou uma resolução endereçada ao embaixador dos EUA definindo o linchamento e as absolvições como "um insulto à consciência do mundo civilizado".[56]

Talvez a junta editorial do *New York Post* tenha se expressado melhor: "Assim como outros grandes episódios na batalha por igualdade e justiça, este julgamento abalou o mundo, e nada poderá voltar a ser exatamente o que era — nem no Mississippi."[57] Além do que comumente se entende por fronteiras de raça, nação e liberdade, o caso Till desnudou as contradições no cerne da história americana e obrigou esta poderosa nação a se autoavaliar — no mínimo, para avaliar sua tão proclamada e alardeada posição entre os povos do mundo. Muitos acreditavam que foram os EUA que mataram Emmett Till. Os aliados se sentiram preocupados, os inimigos se regozijaram. Nascido no estado do Mississippi, Richard Wright fez uma inteligente avaliação das implicações do caso em seu autoexílio em Paris. "O mundo julgará os juízes do Mississippi."[58]

17

POLÍTICAS DE PROTESTO

Nem os mais otimistas entre os organizadores dos protestos do dia 25 de setembro de 1955 poderiam ter previsto o escopo de seu sucesso. Quatro mil membros da igreja e da United Auto Workers [Trabalhadores Automotivos Unidos] lotaram a Igreja Episcopal Metodista Africana (AME) do Sião de Detroit, projetada para acomodar 2.500 pessoas; outras cinquenta mil se enfileiraram num raio de oito quarteirões ao redor da Igreja Metodista da Escócia, ali perto. O deputado Charles Diggs discursou para entre seis e dez mil pessoas da cidade, descrevendo o "puro perjúrio e a fantástica distorção dos fatos" do julgamento de Sumner. Diggs afirmou que o Mississippi representava "um símbolo vergonhoso e primitivo de desrespeito pela dignidade essencial de todos, que precisava ser destruído antes de destruir tudo que a democracia representa".[1] O reverendo C. L. Franklin, um dos pregadores negros mais admirados de sua geração, apareceu acenando com um maço de cédulas e pediu para a multidão doar generosamente para apoiar a luta. Ajudantes levaram sacos e cestas transbordando dinheiro.[2] Igrejas, sindicatos de trabalhadores e outras organizações doaram cheques substanciais. Uma fonte informa que só a manifestação de Diggs contribuiu com 14.064,88 dólares para os cofres da NAACP, uma quantia principesca em 1955.[3]

As sucursais da NAACP em muitas comunidades colaboraram com mais de uma dúzia de sindicatos de trabalhadores, coordenados pelo diretório nacional da NAACP e pelos Trabalhadores Unidos do Setor de Embalagens dos EUA (UPWA). A convenção nacional dos United Electrical, Radio and Machine Workers [Trabalhadores Unidos do Setor de Máquinas, Rádio e Eletricidade] avolumou a multidão em Cleveland em 25 de setembro.[4] Em Kansas City, pastores e empacotadores de carne se reuniram na Igreja da AME de Ward, na esquina da 22nd Street com a Prospect.[5]

O protesto na Igreja Metropolitana de Chicago atraiu dez mil pessoas para ouvir Mamie Bradley, o jornalista Simeon Booker e Willoughby Abner, presidente da sucursal da NAACP de Chicago e representante da United Auto Workers.[6] Mamie precisou correr para tomar um avião depois de sua aparição em Chicago para subir ao palco com Roy Wilkins e A. Philip Randolph no Harlem. Depois de se reunirem em igrejas, pátios de fábricas e campi universitários por toda a cidade de Nova York, dezenas de milhares se encaminharam para um grande palco ao ar livre no Harlem para ouvir Randolph declarar que "só a revolta justificada" de cidadãos de todo o país poderia deter "essa onda de terrorismo" no Sul. Conclamou para uma marcha até Washington para protestar contra o fracasso do presidente Dwight D. Eisenhower em proteger os afro-americanos do Sul. Mamie disse à multidão: "O que eu vi no julgamento foi uma vergonha diante de Deus e do homem".[7] Um relatório interno da UPWA calculou que "Cinquenta mil pessoas apareceram em Nova York para ouvir A. Philip Randolph, presidente da AFL Sleeping Car Porters [Carregadores de Vagão-dormitórios da Federação Americana do Trabalho], detonar o encobrimento do crime brutal".[8] A Brotherhood of Sleeping Car Porters [Irmandade dos Carregadores de Vagões-dormitórios], a NAACP e o Comitê Trabalhista Judeu, "representando quinhentos mil trabalhadores da AFL", além de um grande número de igrejas progressistas e outros grupos patrocinaram a imensa manifestação.[9]

A resistência do Mississippi que localizou quase todas as testemunhas afro-americanas para o julgamento de Milam e Bryant estava bem representada nos comícios e nas manifestações do dia 25 de setembro. O doutor T. R. M. Howard fez um discurso de duas horas para um público de mais de 2.500 pessoas na Igreja Metodista da Sharp Sreet em Baltimore, exigindo uma investigação dos agentes negligentes do FBI no Sul e deixando muito irritado o diretor J. Edgar Hoover. "Está ficando uma coisa estranha", disse Howard, "que o FBI nunca descobra quem é o responsável pelos assassinatos de negros no Sul".[10] Em Detroit, o velho amigo de Howard, Medgar Evers, também denunciou o tratamento despendido aos negros no Mississippi, fornecendo detalhes dos assassinatos de George Lee e Lamar Smith. Ruby Hurley, que tinha usado uniforme de trabalho e uma bandana vermelha na cabeça para se infiltrar nas fazendas do Delta com Evers e Amzie Moore em busca de testemunhas, falou ao lado de Thurgood Marshall em uma "manifestação transbordante" no auditório da escola da Igreja do Santo Rosário no Brooklyn.[11]

Ao todo, mais de cem mil pessoas compareceram em manifestações naquele dia em Chicago, Nova York, Detroit, Baltimore, Cleveland, New Rochelle, Newark, Buffalo, Filadélfia e muitas outras cidades por todo o país.[12]

Não era o período tenso e atemorizante da era McCarthy, nem refletia o que um democrata chamou do olhar lânguido do governo Eisenhower "nas verdes águas navegáveis da indiferença".[13] Havia algo novo no ar. Habitantes de cidades de todo os Estados Unidos consideraram o Mississippi culpado pelas acusações. A reação foi uma reunião de ativistas do Norte — sindicalistas, progressistas religiosos, veteranos da velha esquerda e cidadãos comuns — que se aliariam a ativistas no Sul para transformar o movimento dos direitos civis do Sul em uma coalizão nacional. O movimento surgiu tão rapidamente e foi tão grande que nenhuma pessoa ou organização conseguia administrá-lo. O país não via nada igual desde os julgamentos de Scottsboro dos anos 1930.[14] O assassinato daquele garoto que "botou falação" tornou-se muito mais que apenas mais um linchamento no Sul. Para alguns, inclusive Mamie Bradley, era uma alavanca de Arquimedes para levantar o mundo.

Depois de 25 de setembro, igrejas, sindicatos, sucursais da NAACP e outras organizações ganharam força para uma segunda onda de protestos na semana seguinte. A maior igreja de Detroit, a Igreja Batista do Grande Rei Salomão, na esquina da Fourteenth Street com a Marquette, realizou uma missa de 24 horas no dia 29 de setembro para angariar apoio às manifestações dos dias 1º e 2 de outubro.[15] Doze pastores e Mamie Bradley falaram para quatro mil pessoas reunidas ali. "A senhora Bradley disse que se recuperou da tristeza que sentiu com a morte do filho", publicou o *Chicago Tribune*, "e 'Agora estou furiosa... simples e puramente furiosa', e conclamou uma frente unida de luta pelos direitos civis."[16] A Irmandade dos Carregadores de Vagões-dormitórios, a Liga Urbana, o Sindicato dos Metalúrgicos, a UPWA e a NAACP organizaram mobilizações em Chicago, Nova York, Milwaukee e Buffalo, e os protestos nacionais ganharam impulso em grandes manifestações de massa por todo o país. Quando o dia chegou, a manchete do *Chicago Defender* proclamou: "Cem mil protestam contra o linchamento de Till em todo o país."[17]

Mamie Bradley sabia muito bem que o fato de ser a mãe de Emmett Till a tornava especialmente útil e poderosa na batalha. As demandas que tinha de atender eram constantes e cada vez exigiam mais intercâmbios. Apesar dos rumores de que teria desmaiado de exaustão em Chicago em 1º de outubro, ela compareceu à Igreja CME Institucional Williams na cidade de Nova York no mesmo dia, apenas uma semana depois de sua última aparição no mesmo local. Três mil pessoas a esperavam no santuário, alguns havia várias horas. O *Chicago Defender* estimou que pelo menos mais quinze mil pessoas se reuniram do lado de fora, ouvindo pelos alto-falantes. A multidão aplaudia, aclamava e chorava ante a visão da mãe de Emmett Till. A. Philip Randolph foi o primeiro a falar. "Se os EUA pode mandar tropas para a Coreia [...]", começou, e a multidão abafou sua voz com um rugido. Em plena guerra fria, a sucursal da NAACP de Nova York recomendou que Mamie não participasse dessa manifestação por conta de sua alegada "tonalidade rosada", ou simpatia pela esquerda, mas que voltasse para as suas manifestações de massa no domingo seguinte. Mamie não aceitou o conselho. Ela criticou não só o que o *Chicago Defender* chamou de "inveja mesquinha" e "confusão desnecessária" dos diversos organizadores, como também as enormes quantias sendo angariadas por sua coragem e pela morte do filho enquanto sua situação financeira piorava cada vez mais; ela não conseguia trabalhar desde que fora arrebatada pelo movimento.[18]

Sobre essas preocupações internas do movimento o mundo pouco sabia e nem se importava. No domingo, 2 de outubro, dezenas de milhares se reuniram mais uma vez em Detroit, Nova York, Chicago, Baltimore e em várias outras cidades para protestar contra o veredito do julgamento de Till e exigir uma ação federal. Três mil pessoas lotaram a Igreja Metropolitana de Chicago, e talvez outras sete mil se espalharam pela rua no que alguns disseram ter sido a maior e mais enérgica manifestação na história da NAACP de Chicago. Willoughby Abner falou sobre as atrocidades históricas no Mississippi e de conflitos raciais em Chicago. Simeon Booker contou histórias da cobertura do julgamento em Sumner. Frank Brown, que tinha coberto o julgamento para a UPWA, e Charles Hayes, diretor do sindicato District 1, seguiram apontando a relação entre direitos civis e questões trabalhistas.[19] Este foi também o tema em Minneapolis, onde a AFL exigiu que o governo federal agisse no caso de Till, e na convenção da International Association of Machinists (AFL) [Associação Internacional de Maquinistas de Nova York], onde Herbert Hill, o secretário nacional de assuntos trabalhistas da NAACP, disse a trezentos delegados que os sindicatos estavam em perigo "porque o Sul continua sendo uma terra de xerifes rápidos no gatilho e turbas de linchamento que se usam da violência não só contra negros inocentes mas também contra organizadores de sindicatos".[20]

O diretório nacional da NAACP, provido de fundos arrecadados em dezenas de manifestações de massa, programou protestos no Norte e no Sul pelas semanas seguintes, muitos com a presença de Mamie Bradley. No Alabama, eles ocorreram em Birmingham, Montgomery e Tuskegee; na Geórgia, Atlanta e Savannah tiveram grandes protestos. Também Charleston, Carolina do Sul, e Charleston, West Virginia, estavam no programa, assim como Miami e Tampa, Dallas e Fort Worth, Pittsburgh e Filadélfia, Boston e Springfield, Toledo e Cincinnati, Camden e New Brunswick. As sucursais da NAACP de Memphis, Nashville, Chattanooga e Knoxville se prepararam para organizar manifestações, bem como as de St. Louis, East St. Louis e Kansas City. Milwaukee, Des Moines e Washington completaram a turnê. Ainda restava ver se Mamie aguentaria o ritmo dessa programação.[21]

Os protestos continuaram até o fim de outubro e em novembro, de Nova York a Los Angeles. Moses Wright falava de vez em quando, andando para frente e para trás, esmurrando a palma da mão e animando seu desempenho no estilo de um pregador veterano da Igreja de Deus em Cristo. "Manifestação de vinte mil convoca ação contra produtos do Mississippi", publicou o *New York Times* em 12 de outubro. Espremidos no bairro de Garment, na Thirty Sixth Street entre a Seventh Street e a Eighth Street, vinte mil manifestantes aprovaram por aclamação quando Adam Clayton Powell Jr. propôs um boicote nacional aos produtos do Mississippi e uma Marcha sobre Washington em janeiro para exigir que o Congresso aprovasse afinal uma lei antilinchamento. Ativistas organizaram rapidamente os Comitês da Marcha para Washington em Nova York, Detroit, Chicago e outros lugares.[22]

Durante o outono e inverno adentro, reuniões de massa despontaram em Nova York, Chicago e Detroit, bem como em Newark, Boston, Cleveland, St. Louis e Milwaukee.[23] Em Los Angeles, cerca de cinco mil pessoas se amontoaram na Segunda Igreja Batista, com mais milhares do lado de fora, para protestar contra o caso Till. Quase com certeza a maioria era formada pelas primeira ou segunda gerações, transplantadas pela Grande Migração. Como relatou o *Chicago Defender*: "A reunião foi pontuada por gritos e ocasionais brados de indignação quando o doutor T. R. M. Howard, do Mississippi, contou fatos e detalhes sobre o que definiu como o tratamento 'cruel, desesperador e mortal' dos negros em seu estado natal". Fez-se silêncio quando o eloquente médico voltou sua atenção a Los Angeles. "Quantos de vocês diante de mim, ouvindo o som da minha voz, desfrutam do luxo de ter um Cadillac, casas seguras e confortáveis e o privilégio do voto, enquanto milhares de seus irmãos de sangue vivem com medo de perder suas vidas?", perguntou. A manifestação arrecadou cerca de dez mil dólares.[24]

Em meados de novembro, a NAACP revelou que mais de 250 mil pessoas tinham ouvido Mamie Bradley ou Moses Wright falar em suas manifestações, e Howard afirmou que tinha se dirigido a trinta mil pessoas.[25] Quando relacionou seus discursos fora do estado sobre o caso Till, Medgar Evers citou Detroit duas vezes, St. Louis, East St. Louis, Washington, Tampa e Nashville.[26] Howard e Adam Clayton falaram em Montgomery em novembro. Haveria muito mais discursos em um movimento organizado em função da indignação causada pelo caso Till.

Qualquer suposição de que o caso esmaeceria na passagem de 1955 para 1956 foi logo desmentida, graças aos contínuos protestos e também ao trabalho de William Bradford Huie, um romancista e jornalista de sétima geração do Alabama dotado de uma inflamada ambição e uma imaginação iridescente. Em janeiro de 1956, a *Look*, revista com uma das maiores circulações no país, publicou "A chocante história de assassinato sancionado no Mississippi".[27] Além dos exemplares distribuídos a seus quase quatro milhões de assinantes, a *Look* imprimiu mais dois milhões de exemplares para as bancas de jornal.[28] Três meses depois o artigo foi reimpresso para os onze milhões de assinantes da *Reader's Digest*.[29] O artigo de Huie moldaria a imaginação americana sobre o caso Till por cinquenta anos.

Huie começou a trabalhar com o caso Till mais ou menos um mês depois das absolvições.[30] Em Sumner ele conheceu J. J. Breland, a quem disse que a verdade do que acontecera não havia sido estabelecida. "E aquele advogado falou: 'Bem, eu gostaria de saber o que aconteceu. Eu nunca perguntei se eles mataram ou não o garoto.'"[31] Pioneiro do que mais tarde seria chamado ironicamente de "jornalismo de talão de cheque", Huie disse a Breland que a *Look* pagaria quatro mil dólares a Milam e Bryant por suas versões. Breland chamou os assassinos e comunicou a oferta de Huie. Como já tinham sido absolvidos, eles não poderiam ser julgados mais uma vez pelo mesmo crime; por isso, sem o impedimento da vergonha ou da lei, e com o dinheiro na mesa, não havia razão para não ir a público com sua versão dos eventos. Eles aceitaram. Seriam mil dólares para a firma de advocacia e três mil a serem divididos entre Milam e Bryant em troca da história do rapto, espancamento e assassinato de Till. Huie relataria os fatos, inclusive com citações, sem dizer como os obtivera; isso permitiria que os meio-irmãos mantivessem alguma pretensão de inocência. E os dois assinariam um documento afirmando que não processariam Huie por calúnia. Breland organizou então uma semana de reuniões noturnas secretas em seu escritório de advocacia. Quando um dos principais advogados da *Look* apareceu com uma sacola cheia de dinheiro, J. W. Milam e Roy e Carolyn Bryant contaram sua história a Huie em meio a uma nuvem de fumaça de cigarros, com Milam falando mais do que todos.[32]

Se qualquer um deles mencionou alguma agressão física de qualquer tipo contra Carolyn, Huie não a relatou, o que parece improvável em vista de sua propensão ao sensacionalismo. Nessa versão, Emmett Till de Chicago, numa visita aos seus parentes no Mississippi, gabou-se aos jovens primos de ter feito sexo com uma garota branca. Na porta da loja de Bryant, os jovens desafiaram Till a convidar Carolyn Bryant para sair. Ele fez isso. Ao saberem do fato, Milam e Bryant sequestraram o garoto da casa da fazenda de seu tio-avô, pretendendo apenas dar uma surra nele, mas Till os provocou com histórias de ter feito sexo com garotas brancas e proclamando sua igualdade. Em resumo, o garoto praticamente se suicidou.

"Nós não conseguimos assustá-lo", disse Milam a Huie. "Eles encheram tanto o garoto com aquele veneno que não havia esperança." Os homens se revezaram golpeando a cabeça de Till com suas pistolas calibre 45. O garoto não gritava, continuava a dizer coisas como "Seus canalhas. Eu não tenho medo de vocês. Eu sou tão bom quanto vocês. Eu 'tive' mulheres brancas. Minha avó era branca." Milam explicou sua situação:

> Bem, o que mais nós poderíamos fazer? Ele não tinha jeito. Eu não sou um valentão, nunca bati num crioulo. Eu gosto de pretos — nos seus devidos lugares. Eu sei como lidar com eles. Mas simplesmente resolvi que era hora de alertar algumas pessoas. Enquanto eu viver e puder fazer alguma coisa a respeito, os pretos vão continuar no lugar deles. Os pretos não vão votar onde eu morar. Se votarem, eles podem controlar o governo. Não vão frequentar a mesma escola que os meus filhos. E quando um crioulo chegar a insinuar sexo com uma mulher branca, é porque está cansado de viver. Eu posso matar ele. Eu e meu pessoal lutamos por esse país e temos alguns direitos [...] Maldito seja, eu vou fazer de você um exemplo — para todo mundo saber qual é a minha posição e a do meu pessoal.[33]

E assim, continuou Milam, eles foram até o descaroçador de algodão, obrigaram Till a carregar o pesado ventilador até a picape, levaram-no até a margem do rio, atiraram na cabeça dele e o jogaram na água.[34] Nessa versão, foi uma "coincidência" que a bravata ignorante de Till tenha encontrado a brutalidade ignorante de Milam no lugar errado e no momento errado, "logo depois que a Suprema Corte tinha decretado uma mudança no 'modo de vida' do Delta".[35] Mas nem tudo havia sido contado. Huie sabia que mais de duas pessoas estavam envolvidas na morte de Emmett Til, mas resolveu esquecer esse fato inconveniente porque sairia muito caro conseguir liberações para citar seus nomes.[36] Na versão de Milam e Bryant, a pessoa que mais ficou de fora foi o verdadeiro Emmett Till de quatorze anos, com sua leve gagueira, suas imitações de

Red Skelton e Jack Benny e sua capacidade de imaginar uma segunda base de beisebol num pão de forma.

* * *

O verdadeiro Emmett Till também não esteve em evidência nos protestos em todo o país, que continuaram até a primavera de 1956, mas sua família e seus aliados no Mississippi com certeza estiveram. O melhor momento de T. R. M. Howard aconteceu no que A. Philip Randolph rotulou como "a Histórica Manifestação pelos Direitos Civis na Madison Square Garden", também conhecida como a manifestação dos "Heróis do Sul". A Irmandade dos Carregadores de Vagões-dormitórios cuidaram da maior parte da organização, e a In Friendship, uma organização de levantamento de fundos, fez o resto. Ella Baker, Bayard Rustin, Stanley Levison, Norman Thomas e outros liberais, radicais e ativistas trabalhistas de Nova York fundaram a In Friendship no início de 1956, usando a comoção em torno do caso Till e do boicote aos ônibus de Montgomery para financiar o próprio boicote e ajudar ativistas dispersos no Sul que sofriam represálias econômicas por suas atividades em prol dos direitos civis. A manifestação dos Heróis do Sul, marcada para 24 de maio de 1956 na Madison Square Garden, foi seu primeiro grande projeto.[37]

A manifestação reuniu mais de dezesseis mil pessoas. Além de Randolph e Howard, a noite contou com Eleanor Roosevelt, Adam Clayton Powell Jr., Roy Wilkins, Autherine Lucy, Rosa Parks e E. D. Nixon. Parks e Nixon substituíram o principal protagonista, Martin Luther King Jr., que não pôde ir por ter de comparecer a um encontro em Montgomery. Sammy Davis Jr. e Cab Calloway e sua banda providenciaram o entretenimento musical.

Randolph apresentou Howard como "um homem que dedicou sua vida para a causa". Elogiou Howard por enfrentar "o racismo e o tribalismo dos que agrediam a Constituição e tiravam os direitos de pessoas no Mississippi meramente por serem de cor".[38] Howard prosseguiu com uma alusão à guerra fria: "Estou aqui nesta noite vindo daquele país da Cortina de Ferro chamado Mississippi. Tentei ligar para casa alguns minutos atrás para saber se nós ainda pertencíamos ao sindicato." Fez uma rápida revisão da história explicitamente racista de seu estado natal, mencionando o notório senador Theodore Bilbo e o ainda mais maléfico senador James O. Eastland. Seu humor estava malicioso e afiado. "O governador recentemente convocou uma sessão especial do Legislativo para retirar as letras N, A, C e P do alfabeto e eliminar as palavras "integração" e "dessegregação" da língua inglesa.[39]

Howard descreveu os recentes levantes contra as relações raciais no Mississippi desde o caso *Brown v. Board of Education* e as campanhas da NAACP pela dessegregação nas escolas públicas e por acesso às urnas. O Conselho de Cidadãos, "a pior ameaça interna que temos ao nosso modo de vida americano", estava se disseminando pelo Sul. O reverendo George Lee, "um grande amigo meu", e Lamar Smith, "meu amigo íntimo", foram assassinados por quererem ter direito ao voto, e ninguém foi preso em nenhum dos dois casos. O garoto Emmett Till tinha ascendido ao panteão de mártires, motivo para manifestações junto com Lee e Smith em busca de justiça e progresso. "Nós ficamos cansados de lutar por algo no exterior e não podermos votar em Belzoni". Howard avaliou: "As pessoas [brancas] do Mississippi não têm medo da Suprema Corte. Elas não têm medo do Congresso. Mas sempre que você menciona a NAACP elas tremem de medo. Todos devemos apoiar a Associação Nacional pelo Avanço das Pessoas de Cor."

Pedindo para as pessoas mostrarem as mãos, Howard observou que a grande maioria dos presentes era de negros nascidos no Sul. "A razão de vocês estarem em Nova York", falou, "é porque estão fugindo dessas condições que descrevi aqui esta noite." Ele confrontou não só o Sul do regime Jim Crow mas também a complacência do Norte: "A parte lamentável é que vocês se esqueceram das condições no Sul e não estão fazendo muito a respeito das deploráveis condições existentes bem aqui na cidade de Nova York." Apreciando sua sinceridade, a multidão começou a aplaudir devagar, logo subindo o tom numa barulhenta aclamação.

"Senhoras e senhores", ele respondeu, "o pessoal da Carolina do Sul, do Alabama e do Mississippi não pode ouvir os seus aplausos desta noite. Temos que fazer mais do que simplesmente bater palmas a respeito da situação. Acredito que os jornais deveriam dizer amanhã que este grupo doou cem mil dólares para ajudar a continuar a luta no Sul."[40]

Quando Howard voltou ao seu lugar, Randolph lembrou a multidão de que eles estavam "planejando usar os fundos recolhidos nesta reunião para a Associação Nacional pelo Progresso das Pessoas de Cor e para o boicote aos ônibus de Montgomery". Nesse momento, o boicote já tinha quase seis meses de duração e não mostrava sinais de terminar tão cedo. A UPWA doou 1.632,04 dólares, aumentando seu apoio ao boicote em bem mais que cinco mil dólares; eles continuariam sendo os principais apoiadores do trabalho do doutor King durante os anos 1960. O Local 32 do Sindicato dos Metalúrgicos doou mais mil dólares, e o Sindicato dos Trabalhadores em Transportes assinou um cheque de setecentos dólares.[41]

Mamie Bradley foi destaque naquela noite por sua ausência. Ela tinha dividido sua dor com o país, convidando o mundo a "ver o que eles fizeram com o meu garoto". No começo de setembro, semanas antes do início do julgamento, ela teve clareza sobre seu papel no drama da morte do filho e a potencial redenção de sua perda. "Isso não é só para Emmett", declarou uma semana depois de seu funeral, "porque agora meu garoto não pode mais ser ajudado, mas por mais segurança para outros garotos." Mamie jurou que veria os assassinos do filho serem punidos, mas também insistiu em que o governo federal devia proteger todos os cidadãos negros. "Estou pronta para ir a qualquer lugar, falar em qualquer lugar, para conseguir justiça". Uma desavença com Roy Wilkins restringiu seus discursos, mas ela nunca deixou de clamar por justiça até sua morte, em 2003.[42]

Só que não houve justiça para Emmett Till, não em 1955, nem em 1956 ou nem mesmo décadas depois. A profundidade e a malignidade da supremacia branca afrontavam as noções de justiça. Houve progressos, resultantes do empenho de muitos e da morte de não poucos nos campos de batalha raciais dos Estados Unidos. Uma das consequências da batalha pública que Mamie Bradley começou foi que seu filho deixou de ser um garoto e se transformou em um ícone que falou dessa luta para todo o país, tanto no Norte como no Sul. "Todos sabiam que estávamos sendo atacados", lembra um jornalista negro, "e esse ataque foi simbolizado pelo ataque a um garoto de quatorze anos."[43]

Sulistas brancos consideraram essa obsessão com Emmett Till como uma injustiça para com eles. Apontavam a hipocrisia dos brancos do Norte, que protestavam contra a morte de Till mas se recusavam a ver a brutalidade racial à sua volta. Quando Mamie e o prefeito de Chicago, Richard Daley, se aliaram para pedir ao presidente Eisenhower para intervir no caso Till, as contradições foram demais para alguns habitantes do Mississippi. A reação, publicada no *Greenwood Morning Star*, foi de que "o povo do Mississippi está muito ressentido. Notamos que um comunicado à imprensa diz ter havido 27 atentados a bomba em Chicago nos últimos dezesseis meses que não foram solucionados". O prefeito de Chicago deveria "esclarecer seus próprios crimes antes de se precipitar em condenações ao Mississippi".[44]

Era um sentimento mais ou menos compartilhado por muitos afro-americanos em Chicago. Os Trabalhadores do Setor de Embalagens endossaram o apelo do prefeito Daley a Eisenhower, mas ressaltaram que "Emmett Till não estaria muito mais seguro em Greenwood, Mississippi, do que em Trumbull Park, em Chicago", onde prosseguiam os conflitos raciais sobre questões habitacionais.[45] Se alguns no Norte, sendo Daley o primeiro entre eles, poderiam ser acusados de protestar contra a supremacia branca no Sul e protegê-la no Norte, muitos em Chicago começavam a entender muito bem que as batalhas travadas no Norte e no Sul eram parte da mesma guerra. "Nós temos o nosso Mississippi a vinte minutos de distância daqui", declarou Willoughby Abner, um dos principais organizadores dos protestos de Trumbull Park.[46]

Se não resultaram nem em justiça nem em lucidez, as políticas de protesto envolvendo o caso Till reuniram muitos elementos que logo apoiariam o movimento dos direitos civis. O que aconteceu com Emmett Till no Mississippi ajudou a galvanizar o que se tornou um movimento nacional. Independentemente de outras diferenças, o caso Till aliou ativistas do Norte e do Sul em uma batalha em comum, dando aos que moravam em Chicago, Detroit, Nova York e outras cidades do Norte um exemplo de política racial de uma região distante. Uniu e atraiu para o movimento sindicatos de trabalhadores negros e sindicatos integrados, como a UPWA, que logo se tornaram "sindicatos pelos direitos civis", mesmo que nem todos os membros brancos concordassem com a integração. A fragmentada esquerda americana adotou uma causa comum no caso Till. Muitas organizações religiosas se tornaram participantes no esforço de apoiar o movimento. As amargas realidades do linchamento de Emmett Till e a absolvição dos culpados proporcionaram um novo apelo moral aos direitos civis, que perdura até os dias de hoje. O diretor trabalhista da NAACP Herbert Hill refletiu anos mais tarde que, mesmo se o caso Till só tivesse ajudado a formar "um consenso no Norte sobre o racismo no Sul", esse consenso foi inestimável para o crescimento do movimento dos direitos civis no Sul e em todo o país.[47]

18

COMO MORREU EMMETT TILL

O passado é irrevogável, e não podemos de forma alguma evocá-lo de volta e ver com a onisciência dos olhos de Deus, mas podemos seguir alguns fragmentos das evidências e tentar entender o que eles nos dizem. O que sabemos ter acontecido com Emmett Till é causa suficiente para tristeza e angústia; os mistérios que persistem significam pouco ou nada para os insistentes dilemas raciais nos Estados Unidos. Exatamente o que aconteceu entre Carolyn Bryant e Emmett Till na loja nunca será conhecido com toda certeza, provavelmente nem por ela. O que ela fez ou não fez com relação ao sequestro pode nunca ser totalmente esclarecido. Mas a maneira como Mamie Bradley mergulhou fundo em si mesma e inspirou milhares de outros americanos a agir é suficientemente claro. Dessa tragédia, um grande e diversificado número de pessoas organizou um movimento que cresceu e transformou um país, não o bastante, mas com certeza de forma significativa. O que mais importa é o que fizemos e faremos com o que sabemos. Devemos olhar para os fatos de forma isenta, não para nos enredarmos numa nostalgia amarga e dolorosa, mas para redimir uma promessa democrática enraizada nos ingredientes vivos da nossa própria história. O sangrento e injusto arco da nossa história não vergará para cima se meramente fingirmos que a história não aconteceu aqui. Não podemos transcender nosso passado sem encará-lo. Como escreveu Du Bois em 1912: "Este país estragou com doces seu apetite por fatos relacionados à questão dos negros."[1]

Assim, aos fatos: a medonha missão dos executores de Emmett Till teve início em um local não revelado que pode ter sido distante, como a loja de J. W. Milam em Glendora, a 45 quilômetros de distância. J. W., Roy Bryant, o cunhado dos dois, Melvin Campbell, e um amigo, provavelmente Hubert Clark, estavam jogando baralho e bebendo bastante quando veio à tona o assunto do que J. W. chamou de "botar falação" e o incidente do assobio ocorrido entre Carolyn e o "garoto de Chicago". Dois negros que trabalhavam para J. W., Henry Lee Loggins e Levi "Too Tight" Collins provavelmente estavam presentes, embora não fizessem parte do jogo de cartas. Os homens brancos concordaram que essa afronta na mercearia de Bryant não podia ficar sem uma vingança e resolveram ir até onde estava o garoto. Segundo alguns relatos, J.W. pegou emprestado o velho carro de Clark, pois sua picape Chevrolet de duas cores novinha em folha seria facilmente reconhecível.[2] É possível que Carolyn tenha ido à casa de Wright com eles e identificado Emmett antes que o raptassem, por isso eles podem ter parado na loja de Bryant para pegar Carolyn no caminho. Ou ela pode ter ficado na loja e o identificado lá, ou se recusado a fazer isso quando eles voltaram com Emmett. Ainda que seus relatos dessa noite tenham continuado incoerentes durante anos, ela sempre afirmou que disse ao marido que o garoto que eles levaram à loja para ser identificado não era Emmett Till. Se ela realmente identificou ou não o garoto é meramente um questão especulativa; não encontrei formas de provar ou contestar essa questão. A preponderância das evidências nos diz que praticamente desde o momento do incidente entre ela e Emmett na loja, em 24 de agosto, Carolyn teve medo da escalada das consequências e provavelmente tentou evitá-las.

Depois de raptarem Emmett, e do que pode ter acontecido na mercearia de Bryant naquela noite, os homens brancos levaram o adolescente negro ao local onde estiveram bebendo. Estavam presentes J. W., Roy, Campbell, Clark e, talvez, Elmer Kimbell. Alguma combinação de homens negros que trabalhavam para J. W. — possivelmente Loggins, Collins, Otha "Oso" Johnson e Joe Willie Hubbard, talvez um ou dois deles — acompanharam Emmett na carroceria da picape. Perto do poço de irrigação clandestino, os homens brancos espancaram e repreenderam Emmett por cerca de uma hora. Emmett não estava morto nem inconsciente quando eles resolveram levar o garoto ao escarpado de trinta metros de altura acima do rio Mississippi perto de Rosedale, um lugar que J. W. conhecia, talvez para assustá-lo, embora o mais provável é que pretendessem matá-lo ali e jogar o corpo no rio. Os homens se amontoaram na picape de J. W. durante o trajeto de uma hora até Rosedale. Os quatro homens brancos foram na grande cabine. Um ou mais negros ficaram na carroceria da picape para evitar que Emmett fugisse.

Segundo alguns relatos, Collins estava sozinho com Emmett na traseira e teve dificuldades para controlar o garoto, por isso eles pararam num bar de beira de estrada em Glendora e pegaram alguns outros homens que trabalhavam para J. W.: Hubbard, Loggins e talvez Johnson. Transcorridos tantos anos, é um pouco difícil de determinar o papel dos negros. Eles poderiam ter tido alguma ilusão quanto ao destino do garoto que estavam mantendo sob controle. O comportamento deles pode refletir o terror e a total subserviência a J. W.; eles deviam saber que suas objeções ao destino do garoto não teriam peso algum, e que os homens brancos poderiam matá-los impunemente a qualquer momento. Havia lugar suficiente no Mississippi e no Tallahatchie também para seus corpos. Testemunhos de afro-americanos eram quase inúteis nos tribunais do Mississippi nos anos 1950, e era pouco provável que eles denunciassem o crime ao xerife Strider. Também é possível que sofressem de uma supremacia branca tão internalizada que jamais questionassem as prerrogativas dos homens brancos; o mundo deles era moldado para que fossem assim. Basta dizer que os homens brancos davam as cartas em todos os momentos.

Homens brancos na frente, homens negros atrás, eles ficaram dirigindo por algum tempo, procurando pelo ponto no Mississippi proposto por J. W., mas depois de mais de uma hora não conseguiram encontrá-lo. Em seguida os homens brancos e bêbados viraram a picape na direção da fazenda administrada por Leslie Milam "tentando decidir", disse Roy a um entrevistador, sobre o que fazer com o garoto. Havia um grande barracão de ferramentas no local, onde continuaram torturando Emmett e talvez tentando decidir seu destino. Pode não ter sido uma decisão preestabelecida que eles o matariam quando chegassem lá, ao menos não para todos. A picape chegou à fazenda logo depois do nascer do sol. Leslie Milam não ficou feliz ao vê-los, em parte por ter trabalho a fazer naquele dia, mas concordou em deixá-los usar o barracão e depois se encontrar com eles ali.[3]

Já no barracão de ferramentas, os homens tiraram Emmett da picape e começaram a bater nele de novo, agora com mais intensidade. A maioria dos golpes foi na cabeça do garoto, sendo que a principal arma foram as pistolas de grande calibre que portavam. J. W. usava no cinto uma pesada pistola marca Ithaca semiautomática calibre 45, de uso do Exército dos EUA, um pedaço de aço que pesava 1,2 quilo, mais pesado que a maioria dos martelos de carpinteiros, e Roy portava uma pistola semelhante. É possível que um ou mais homens tenham usado ferramentas encontradas no barracão; observadores descreveram ferimentos no lado esquerdo do rosto de Emmett que pareciam ter sido feitos por uma lâmina pesada.

Embora ninguém do lado de fora do barracão tenha visto o que aconteceu lá dentro, várias testemunhas ouviram. Willie Reed foi despertado ao amanhecer pelo avô, Add Reed, e lhe mandaram ir a pé até uma loja. Ao passar perto do celeiro, Reed primeiro viu os quatro homens brancos na cabine da picape e três homens negros e um garoto atrás. Ao atravessar a lavoura, ouviu sons brutais de espancamento e gritos agonizantes pedindo misericórdia. Ao chegar perto do celeiro, um homem grande e calvo saiu e andou até o poço lá perto para tomar um pouco de água. Reed depois identificou o homem como J. W. Milam. "Ele estava com uma pistola. Estava com ela no cinto." J. W. voltou logo para o barracão. Segundo T. R. M. Howard, Reed contou que ouviu o apavorado garoto gritando do celeiro: "Mamãe, por favor me salve", e "Por favor, Deus, não faça isso de novo". Reed testemunhou no tribunal: "Eu ouvi alguém gritando e ouvi alguns estalidos como se alguém estivesse açoitando alguém." Quanto ao número de golpes: "Teve um monte deles." Os gritos intensos finalmente se transformaram em gemidos, depois cessaram de vez. Add Reed e Mandy Bradley, um vizinho que morava por perto, confirmaram o relato dos eventos feito por Willie Reed.[4]

A inclemente ferocidade da agressão pode ser provada pelos ferimentos no corpo de Emmett Till. De início Emmett tentou evitar os golpes usando as mãos e os braços, mas logo não conseguiu mais fazer isso. Seus dois pulsos estavam fraturados por conta do esforço para se defender. Golpes cruéis esmagaram o cocuruto da cabeça dele; golpes semelhantes esmagaram a base do crânio de tal forma que pedaços se soltaram quando os agentes da lei o retiraram do rio. Surpreendentemente, dada a descrição de Mamie Bradley de seu dente quebrado, só um de seus dentes estava faltando; tampouco ele foi castrado, como alegam alguns relatos. Seus agressores conseguiram fraturar o seu fêmur, o maior e mais resistente osso do corpo humano, o que sugere que tenham pisado nele com muita força e repetidas vezes ou usado algo muito mais pesado que uma pistola. O auxiliar do xerife John Ed Cothram testemunhou que "o olho esquerdo estava quase caindo, a órbita estava quase vazia". Faltava parte de uma orelha, o que pode indicar que alguém o torturou com uma faca ou uma tesoura de poda. Um barracão de ferramentas de fazenda oferecia inúmeras escolhas de implementos para infligir dor e causar a morte. É quase certo que os ferimentos na cabeça o teriam matado, mas a causa imediata da morte foi um tiro de espingarda acima da orelha direita.[5]

Em meio a todas as especulações bem informadas, há este último fato: é preciso uma força de 250 quilos a quinhentos quilos para quebrar um crânio humano. Ninguém exerce esse nível de força na cabeça de um garoto de quatorze anos sem a intenção de matar. Quando Carolyn Bryant diz que Emmett Till não mereceu o que aconteceu com ele, isto — aplicar centenas de quilos de força de impacto, vezes e mais vezes — é parte de "o que aconteceu com ele", além de outras torturas indizíveis que aconteceram no celeiro.[6] Orelha cortada. Ossos quebrados. Olho fora da órbita. Os impiedosos ataques infligiram ferimentos que quase certamente foram fatais. Revelam um nível assombroso de selvageria, uma brutalidade que não pode ser explicada sem se considerar uma intenção homicida fanática ou uma fúria totalmente fora de controle. A supremacia branca afrontada aplicou todos os golpes.

Apesar da virulência da agressão, não está claro quando os homens tomaram a decisão consciente de matar o garoto. Segundo a versão da família de Bryant e Milam, verdadeira ou não, a história diz que a certa altura Roy se mostrou apreensivo com o espancamento fatal. De acordo com Carolyn, os homens disseram que Roy queria parar e levar o corpo ferido de Emmett ao hospital. Ela disse que isso representaria jogar o corpo em frente a um estabelecimento médico e fugir. "Bom, nós demos uma boa surra no filho da mãe", disse Roy em 1985 a um amigo que estava com um dispositivo de escuta escondido, "e eu já tinha desistido de matar o filho da puta." No fim, Roy contou ao amigo que eles perceberam que "levar o garoto até o hospital não ia adiantar nada", e que por isso preferiram "jogaram o pretinho no rio Tallahatchie". A proposta de levar Emmett ao hospital, disse-me Carolyn, violou as sensibilidades de Melvin Campbell, que praguejou em voz baixa e disparou uma bala calibre 45 na cabeça de Emmett. Este pode ter sido somente o último gesto maligno, em vista dos ferimentos do garoto. Mas certamente o tiro resultou em um final enfático para os hediondos procedimentos.[7]

J. W. mandou os homens negros limparem todo o sangue do chão do barracão e espalhar sementes de algodão para cobrir os sinais. Depois de despir o corpo, J. W., Roy e Campbell o puseram na traseira da picape e o cobriram com um oleado. Clark ou Kimbell pegaram o carro de Leslie Milam emprestado e levaram os negros para enterrar as roupas. J. W., Roy e Campbell, talvez depois de pegar o arame farpado no barracão e o pesado descaroçador numa casa ao lado, dirigiram dezesseis quilômetros pela divisa do condado até o rio Tallahatchie, amarraram o ventilador ao redor do pescoço do corpo com o arame e o jogaram nas águas profundas.[8]

Um jovem negro e seu pai disseram ter passado pela loja de J. W. em Glendora naquela manhã de domingo e verem a nova picape de J. W. estacionada ao lado. A traseira estava coberta por um oleado, mas havia sangue empoçado no chão. Johnson e Collins estavam de guarda, um com o pé no asfalto e o outro em cima da picape. O jovem lembrou que quando J. W. saiu da loja e seu pai comentou sobre o sangue, J. W. disse que tinha matado um cervo. Quando o pai lembrou que não era temporada de caça a cervos, J. W. o empurrou até o caminhão, arrancou o oleado e disse: "Isso é o que acontece com pretos espertinhos." O pai se virou sem falar nada, pegou o filho pelos ombros, levou-o para casa e nunca disse ao menino o que viu, fosse uma grande quantidade de sangue ou o próprio cadáver. Um dos principais caminhos entre a fazenda de Leslie Milam e o rio Tallahatchie passa por Glendora, e os homens podem ter parado na mercearia durante o trajeto antes de se livrar do corpo de Emmett.[9]

Esses são os fatos. Mas somos obrigados a ir além dos fatos do linchamento e lidar com o seu significado. Se nos recusarmos a olhar além da superfície, podemos simplesmente culpar algum caipira sulista e uma garrafa de uísque de milho. Podemos atribuir a responsabilidade do terrível destino de Emmett Till a monstros embrutecidos do Sul e nos congratularmos por não sermos um deles. Podemos também, como ao longo das décadas muitos de nós fizemos, atribuir certa porcentagem da culpa a Emmett, que deveria saber melhor das coisas, deveria ter se cuidado, policiado seus pensamentos e atitudes, se mantido mais em silêncio no Delta naquele verão. Se tivesse feito só isso, ele teria voltado a Chicago ileso. O fato de culparmos a turba assassina não é o problema; nem mesmo a ideia de podermos culpar o garoto negro é tanto um problema, embora isso implique diversos absurdos. O problema é *por que* nós os culpamos. Nós os culpamos para não vermos que o linchamento de Emmett Till foi causado pela natureza e pela história dos próprios Estados Unidos e por um sistema social que mudou ao longo das décadas, mas não tanto quanto fingimos acreditar.

Em "Carta de uma prisão em Birmingham", Martin Luther King Jr. escreve que seus piores inimigos não são os membros do Conselho de Cidadãos ou a Ku Klux Klan, mas "os brancos moderados" que afirmam apoiar os objetivos do movimento, mas deploram seus métodos de protesto e criticam seu cronograma para a mudança: "Teremos de nos arrepender nesta geração não apenas pelas palavras e pelas ações virulentas das pessoas ruins, mas pelo espantoso silêncio das pessoas boas."[10]

Ao culparmos os que causaram o brutal assassinato de Emmett Till, temos de incluir o presidente Eisenhower, que não considerou que a honra nacional estava em jogo quando sulistas brancos impediam afro-americanos de votar; foi ele que não aplicou os éditos da mais alta corte do país, dizendo ao juiz Earl Warren: "Todos [os opositores da dessegregação] estão preocupados com que não se exijam que suas meigas garotinhas se sentem ao lado de alguns negros grandes e mais crescidos nas escolas".[11] Devemos incluir o procurador-geral Herbert Brownell Jr., que afirmou que o governo federal não tinha jurisdição nos assassinatos políticos de George Lee e de Lamar Smith naquele verão, dessa forma não só impedindo os afro-americanos de votar como também permitindo que Milam e Bryant se sentissem confiantes para assassinar um garoto de quatorze anos de forma impune. Brownell, uma criatura política, também se recusou a intervir no caso Till. Devemos incluir os políticos que se candidataram a cargos públicos no Mississippi esmurrando o palanque pela segregação e amedrontando multidões frenéticas sobre as aterrorizantes perspectivas da dessegregação nas escolas e do voto dos negros. Isso conta o dobro para os Conselhos de Cidadãos, que criaram deliberadamente um ambiente em que sabiam que o terrorismo branco seria inevitável. Devemos incluir os jurados e os editores que forneceram cobertura para Milam, Bryant e os outros. Acima de tudo, temos de incluir os milhões de cidadãos de todas as cores e de todas as regiões que sabiam sobre a desenfreada injustiça social nos Estados Unidos e não fizeram nada para acabar com ela. O romancista negro Chester Himes escreveu uma carta ao editor do *New York Post* no dia em que ouviu a notícia das absolvições de Milam e Bryant:

"O verdadeiro horror chega quando o nosso cérebro morto precisa encarar o fato de que nós como nação não queremos que isso acabe. Se quiséssemos, nós conseguiríamos."[12]

A morte de Emmett Till foi um exemplo extremo da lógica do sistema de castas racial nacional dos Estados Unidos. Enxergar além da superfície dos fatos é perguntar a nós mesmos qual é a nossa relação hoje com os legados desse sistema de castas — legados que ainda põem fim a vidas de jovens afro-americanos por nenhuma outra razão a não ser a cor da pele e o conteúdo do nosso caráter nacional. Lembre-se de que Faulkner, ao ser indagado a respeito de um comentário sobre o caso Till quando estava sóbrio, respondeu: "Pois se nós nos Estados Unidos chegamos a um ponto de desespero na nossa cultura em que devemos assassinar crianças, não importa se por qualquer razão ou pela cor, é porque não merecemos sobreviver e provavelmente não sobreviveremos."[13] Pergunte a si mesmo se a situação nos Estados Unidos está realmente tão diferente agora.

EPÍLOGO

OS FILHOS DE EMMETT TILL

"Emmett Till está morto. Não sei por que ele não pode simplesmente continuar morto."

— Roy Bryant, citado em *Death of Innocence: The Story of the Hate Crime that Changed America*, de Mamie Till-Mobley e Christopher Benson.

"A luta da humanidade contra o poder é sempre a luta da memória contra o esquecimento."

— Milan Kundera, *O livro do riso e do esquecimento*

"Tenho certeza de que você leu sobre o linchamento e o assassinato do jovem Emmett Till de Chicago", escreveu Rosa Parks a uma amiga logo após esses notórios acontecimentos. "Esse caso poderia ser multiplicado muitas vezes no Sul, não só no Miss., mas no Ala, na Geórgia, na Fla."[1] Um mês depois das absolvições, Rosa se juntou a uma grande multidão na Igreja Batista de Martin Luther King na Dexter Avenue em Montgomery para ouvir o doutor T. R. M. Howard falar sobre o caso Till. O doutor King apresentou o fervoroso médico de Mound Bayou, que falou apaixonadamente sobre os assassinatos de George Lee e Lamar Smith e contou a história de Emmett Till em impressionantes detalhes.² Rosa tinha lido sobre o linchamento e chorou diante da repulsiva fotografia da *Jet*, mas a história de Howard foi um poderoso relato em primeira mão. Seu discurso a comoveu profundamente, deixando-a preocupada durante dias. Demorou só quatro dias para Rosa desafiar as leis de segregação em um ônibus urbano de Montgomery. O motorista insistiu para que ela mudasse de lugar. Pensando em Emmett Till, segundo disse, Rosa se recusou a obedecer. Sua subsequente prisão propiciou a ocasião para o boicote aos ônibus de Montgomery.³

O impacto do linchamento de Till ressoou pelos Estados Unidos por anos, afetando praticamente todos os que souberam do fato, mas o caso teve seu efeito mais profundo em uma geração de afro-americanos duas décadas mais nova que Rosa Parks. Pessoas de todas as idades discutiram o caso Till em barbearias, igrejas e salas de estar do Norte e do Sul. Para jovens negros de todas as partes do país, contudo, o linchamento de Till se tornou o momento decisivo no desenvolvimento de suas consciências em relação à raça. "O assassinato simplesmente me deixou chocado", lembra-se Kareem Abdul-Jabbar, um astro lendário na NBA e depois renomado escritor. "Eu comecei a pensar em mim mesmo como uma pessoa negra pela primeira vez, não apenas como uma pessoa." Muhammad Ali relembrou os efeitos da morte de Till sobre ele: "Percebi que isso poderia ter sido facilmente uma história sobre mim ou meu irmão." Richard Hatcher, de Indianapolis, o primeiro afro-americano a se eleger prefeito de uma grande cidade dos EUA, disse que o assassinato o deixou "muito amargurado e furioso com as pessoas brancas. Foi como me senti naquele momento específico".⁴ Uma mulher criada em Chicago e em Hattiesburg, Mississippi, que depois se tornou ativista dos direitos civis, rememorou: "A primeira vez em que fui realmente confrontada com essa questão negro/branco foi com Emmett Till. Aquilo foi uma bofetada no meu rosto."⁵

Joyce Ladner, natural do Mississippi que se tornou uma renomada ativista do Student Nonviolent Coordinating Committee (SNCC) [Comitê Não Violento de Coordenação Estudantil], denominou-se a si mesma e outros jovens negros que cresceram nos anos 1950 de "a geração Emmett Till".⁶ Charles McDew, que foi presidente da SNCC, disse que todos os jovens no movimento "sabiam [dizer] onde eles estavam quando viram as fotos do corpo de Emmett Till".⁷ Para Julian Bond, que trabalhou na SNCC e depois se tornou presidente da diretoria nacional da NAACP, o caso Till foi um dos eventos-chave que "providenciaram degraus que me levariam inexoravelmente em direção ao meu envolvimento na luta pela liberdade". Foram as "imagens explícitas que apareceram na revista *Jet* do corpo inchado e deformado de Emmett Till que o puseram no caminho de seu posterior ativismo".⁸ Fay Bellamy Powell, que depois trabalhou na SNCC, ficou horrorizada com a cobertura do caso Till, mas criou coragem para as batalhas que vieram a seguir: "Meu espírito me permitiu olhar para o futuro e dizer 'Não se preocupe com isso. Você vai ter uma oportunidade de enfrentar essa loucura. Você vai ajudar a mostrar ao mundo essa face do mal.'"⁹

Com estilo e ousadia, "a geração Emmett Till" mostrou ao mundo um bocado quando lançaram os *sit-ins* que se espalharam pelo Sul na primavera de 1960. Quatro calouros da A&T da Carolina do Norte entraram na loja de departamentos Woolworth's de Greensboro numa segunda-feira, 1º de fevereiro, compraram alguns artigos pessoais e depois se sentaram no balcão segregado da lanchonete e pediram para ser servidos. Os quatro ficaram lá quase uma hora, até a lanchonete fechar. Na terça-feira, 25 homens e quatro mulheres, todos alunos da A&T, ocuparam o balcão da lanchonete. Na quarta, 23 alunos participaram, e à tarde foram apoiados por três estudantes brancos do Greensboro College. Na quinta, centenas de outros estudantes se envolveram. No final da semana, estudantes de outras cidades da Carolina do Norte — Raleigh, Charlotte, Fayetteville, High Point, Concord e Elizabeth City — ocuparam balcões segregados de lanchonetes. No final do mês, jovens de todo o Sul estavam organizando *sit-ins*. Em dois meses as demonstrações tinham se espalhado para 54 cidades em nove estados; em um ano, mais de uma centena de cidades testemunharam protestos semelhantes. Era o começo de uma nova fase do movimento pelos direitos civis, um movimento de massa, com um radicalismo diferente e apoiado em uma ação direta e não violenta.[10] Era impulsionada por pessoas jovens, muitas das quais inspiradas à ação pela história de um garoto da idade delas linchado no Mississippi.

Seis décadas depois, um policial branco atirou e matou um jovem negro chamado Michael em Ferguson, Missouri. A decisão do grande júri local de não processar o policial expandiu e enraiveceu um movimento nacional nascido a partir de crimes semelhantes, e jovens manifestantes cantavam por todos os Estados Unidos: "Diga o nome dele! Emmett Till. Diga o nome dele! Emmett Till." O nome dele, invocado ao lado de uma litania de nomes de homens e mulheres negros desarmados que morreram nas mãos de policiais, permaneceu como um símbolo da destrutividade da supremacia branca. Centenas de jovens arremeteram contra a cerca em frente à Casa Branca, cantando: "Quantos garotos negros vocês vão matar? Michael Brown, Emmett Till!" Black Lives Matter — um movimento, não só uma *hashtag* — logo se tornou uma abreviação simbólica da luta. Bem semelhantes aos protestos por Emmett Till dos anos 1950, essas demonstrações se alastraram de costa a costa e inflamaram diversas campanhas locais. A brutalidade policial contra homens e mulheres de cor originou os protestos mais urgentes, mas também mostrou uma série de problemas raciais supurando: a criminalização de corpos de negros; a militarização da aplicação da lei; os encarceramentos em massa; a injustiça racial no sistema judiciário; o abismo de desigualdade entre negros e brancos e ricos e pobres; as disparidades raciais em praticamente todas as avaliações de bem-estar, de empregos a educação e cuidados com a saúde. Esses movimentos podiam originar movimentos, escreveu o cientista político Frederick Harris no *Washington Post*, e se tornarem, "como o assassinato de Emmett Till, de quatorze anos, em 1955 [...] episódios de transformação que reconfiguram a percepção e obrigam uma sociedade a abandonar práticas abomináveis".[11]

No dia 17 de novembro de 2014, enquanto esses protestos se alastravam pelo país, um ex-presidente do SNCC estava sob a chuva no jardim do Capitólio dos EUA com uma pá. Em meio a um pomar de guarda-chuvas, o deputado John Lewis ajudou a plantar um plátano americano em homenagem ao garoto de quatorze anos de Chicago que fora assassinado quase sessenta anos antes. Em suas memórias de 1998, Lewis escreve que quando tinha quinze anos, "e à beira da idade adulta, assim como Emmett, ele tinha ficado abalado até o âmago" pelo linchamento de Emmett Till.[12] Entre os que empunhavam pás com Lewis estavam senadores dos EUA do Mississippi e Eric Holder, o primeiro procurador-geral afro-americano dos EUA.

"Até hoje, a dor desse crime indizível, dessa tragédia indizível, ainda está na pele", declarou Holder, mas a árvore se tornaria o "memorial vivo de Emmett Till, aqui no coração da nossa República, à sombra do Capitólio dos Estados Unidos". Till morreu absurdamente e cedo demais, disse o procurador-geral, mas "nunca poderá ser dito que ele morreu em vão. Seu trágico assassinato galvanizou milhões para entrar em ação".[13] Depois de ter se pronunciado, repórteres perguntaram a Holder sobre a relação entre Emmett Till e as conflagrações raciais contemporâneas em Ferguson e em outras localidades. "A batalha continua", respondeu Holder. "Emmett Till nos deixou um legado duradouro com o qual ainda temos de nos confrontar como país."[14]

Décadas após sua morte, Emmett continua sendo uma metáfora nacional dos nossos pesadelos raciais. E por mais difícil que seja de suportar, sua história pode nos mostrar nossos melhores anjos e nos projetar a paragens mais altas. Com o sofrimento vem a sabedoria, nos dizem os antigos gregos, e a decisão de Mamie Bradley de tomar a história em suas mãos e ajudar a construir um movimento distila essa sabedoria mais sofrida e nos deixa com a nossa. "A luta da humanidade contra o poder", escreve Milan Kundera, "é sempre a luta da memória contra o esquecimento."[15]

Os Estados Unidos continuam matando Emmett Till, e em geral pelas mesmas razões que motivaram os violentos segregacionistas dos anos 1950 e 1960. Sim, muitas coisas mudaram. O tipo de violência que arrebatou a vida de Till ataca só raramente. Porém, um pistoleiro supremacista branco massacrando nove negros que iam à missa para uma reunião de orações em Charleston, Carolina do Sul, em 2014, nos lembra que a ideologia da supremacia branca permanece conosco em suas formas mais ostensivas e brutais. "Vocês estupram as nossas mulheres e estão tomando posse do nosso país", disse o assassino enquanto disparava rajadas após rajadas nas vítimas afro-americanas. Talvez ele estivesse citando o *Segunda-feira Negra* de 1954, do juiz Thomas Bready, ou um panfleto político da era da Reconstrução. A herança americana de imaginar negros como criminosos ferozes, com intenções políticas ou de dominação sexual, como uma ameaça a ser monitorada e controlada, nunca desapareceu. Essas ilusões têm desempenhado um papel atraente e sangrento há séculos.

O historiador Stephen Kantrowitz escreve que os assassinatos de Charleston são "uma expressão e uma consequência da história dos Estados Unidos — uma história que o país mal reconheceu, muito menos superou".[16]

São abundantes as evidências de que o passado continua conosco. O ódio racial levou um grupo de adolescentes brancos suburbanos a espancar e matar James Craig Anderson, um negro escolhido aleatoriamente em Jackson, Mississippi, em 26 de junho de 2011. Um dos adolescentes gritava "Poder branco" enquanto voltava da agressão, e muitos dos outros bradavam epítetos raciais. Tribunais federais e estaduais acusaram dez dos jovens pelo assassinato e por uma série de ataques semelhantes durante um período de meses. Os juízes sentenciaram um deles a duas penas perpétuas e os outros a penas variando de dezoito meses e meio a quatro anos de prisão.[17] Negando que esse tipo de violência seja comum, o promotor do condado de Hinds afirmou em 2011: "Acredito que por conta da estrutura política e econômica e da reengenharia da sociedade, parece que certas partes do país e o Mississippi sentem que sua cultura está sob ataque."[18]

Certamente a política dos Estados Unidos nas duas primeiras décadas do século XXI reflete que muitos cidadãos brancos acham que alguma coisa foi ou está sendo tirada deles, enquanto os ganhos nominais do movimento pelos direitos civis continuam a se afirmar na nossa sociedade — de maneira mais notável com a eleição do primeiro presidente afro-americano dos Estados Unidos.* Quase quarenta anos de ondas de estagnação e crescente desigualdade não fizeram nada para acalmar essas ansiedades. Muitos também estão com medo e procuram construir muros e não pontes entre

---

*. Referência ao presidente Barack Hussein Obama, eleito em janeiro de 2009, e que exerceu o mandato presidencial de 2009 a 2017. [N.E.]

nossos países cada vez mais divididos, separados, desiguais e frequentemente hostis; a imigração tornou nossa situação cada vez mais complexa — e, para muitos, mais assustadora. A maioria das crianças afro-americanas cresce num mundo bem mais empobrecido, desalentador e mais confinado que suas contrapartes brancas. Suas famílias ficam atrás das famílias brancas em praticamente todos os indicadores de bem-estar, riqueza e níveis de rendimento, salários, taxas de desemprego, saúde e taxas de mortalidade, níveis de encarceramento e taxas de vitimização por crime. E suas experiências frequentemente letais com agentes da lei só espelham o que Maya Angelou chama de "O que os Estados Unidos ainda estão para ser".[19]

Os Estados Unidos ainda estão matando Emmett Till, mas agora de formas menos diretas que com cassetetes e balas. Os assassinos mais atuantes da juventude afro-americana são a pobreza, as escolas públicas negligenciadas e mais uma vez segregadas, a violência de gangues e a falta de oportunidades econômicas. A violência e a exploração contra mulheres negras ferem comunidades inteiras, enquanto mães ainda carregam o fardo de enterrarem seus filhos negros. Em muitas cidades do interior o tráfico de drogas é o único empreendimento que ainda está contratando, enquanto a taxa de desemprego nacional para jovens negros fica bem acima do dobro da de outros jovens. A chamada guerra às drogas tem como alvo principal os jovens afro-americanos, ainda que negros e brancos usem e vendam drogas ilícitas mais ou menos na mesma proporção. A enorme população encarcerada e judicialmente supervisada dos Estados Unidos se tornou desproporcionalmente uma população de cor. Escreve Ta-Nehisi Coates: "Uma sociedade que protege algumas pessoas com um sistema de escolas, com empréstimos para casa própria subsidiados pelo governo, e com riquezas ancestrais, mas que só pode protegê-las com o cassetete da justiça criminal fracassou ao aplicar suas intenções ou sucedeu em algo muito mais sombrio."[20]

Homens afro-americanos apresentam a mais alta taxa de encarceramento entre todos os grupos demográficos. Em Washington, a capital do país, 75% de homens jovens negros podem estar sujeitos a cumprir penas de prisão, e a porcentagem é ainda mais alta nos bairros mais pobres da cidade. O sistema de justiça penal em alguns estados prende homens negros por causa de drogas em proporções de vinte a cinquenta vezes maiores que as de homens brancos. Em grandes cidades onde se trava a guerra às drogas, chegam a 80% os jovens negros com ficha criminal, e que por isso podem ser legalmente discriminados em termos de habitação, emprego e às vezes de voto pelo resto da vida. Essas estatísticas refletem o surgimento de um novo sistema de castas, nascido do mesmo que matou Emmett Till.[21] "Enquanto a culpa pela hedionda mutilação de Till foi lançada sobre dois homens cruéis", disse Martin Luther King Jr. em 1958, "a responsabilidade final [pelo linchamento de Till] e outros acontecimentos trágicos devem ser atribuídos ao próprio povo americano".[22]

Continuamos matando a juventude negra porque ainda não matamos a supremacia branca. Como programa político, a supremacia branca assevera que os brancos têm o direito de governar. Isso é obviamente inaceitável, e poucos de seus adeptos revelam seus nomes. Mas essa fé distorcida não chega a ser tão insidiosa e letal quanto sua prima mais robusta, encoberta e em geral inconsciente: a suposição de que Deus criou a humanidade em uma hierarquia de valores morais, culturais e intelectuais, com as pessoas de pele mais clara no topo e pessoas de pele mais escura na base. Infelizmente essa noção venenosa é tão perigosa na mente de pessoas de cor como na mente dos brancos. "A glorificação de uma raça e a consequente aviltação de outra — ou de outras — têm sido e sempre serão uma receita de assassinato", escreve James Baldwin.[23] Continua também sendo uma receita para um ódio tóxico a si próprio.

A antiga mentira continua letal. Atira primeiro e esquiva-se de perguntas depois. A supremacia branca deixa quase metade de todas as crianças afro-americanas crescerem na pobreza, num território urbano devastado e desindustrializado. Abandona a moral e a verdade prática incorporadas no caso *Brown v. Board of Education* e aceita a ressegregação escolar, apesar de esta envenenar os pobres. A supremacia branca internalizada na mente da juventude negra abate outros jovens negros, que aprendem com as imagens midiáticas de si mesmos que suas vidas valem tão pouco que podem ser desperdiçadas em batalhas de esquinas. A supremacia branca também freme nas mãos de alguns agentes da lei e vigilantes que parecem incapazes de distinguir entre o perigo real e os fantasmas de séculos atrás.

Para enxergar através dos fantasmas, todos devemos desenvolver a visão moral e a vontade política para esmagar a supremacia branca — tanto o programa político como as suposições ocultas. Temos de nos haver com nossa própria história — não apenas com os genocídios, a escravidão, a exploração e os sistemas de opressão, mas também com os legados dos que resistiram, reagiram e ainda reagem. Precisamos encontrar o que o doutor King chamou de "força para amar". Novos movimentos sociais devem encarar de frente o abismo racial na vida americana. "Nem tudo que é encarado pode ser mudado", ensina Baldwin, "mas nada pode ser mudado até ser encarado."[24]

Nossos esforços se desdobrarão em um mundo decaído, entre pessoas imperfeitas que herdaram uma história profundamente trágica. Não haverá garantias de sucesso. Mas temos guias espirituais que ainda andam entre nós. Temos o tribunal de memórias históricas, onde o reverendo Moses Wright ainda se levanta e diz: "É aquele ali." Temos a paisagem moral sem limites onde Mamie Bradley ainda estremece a terra com sua sinceridade e coragem. Temos as vozes corajosas do movimento Black Lives Matter, exigindo justiça já e nos fazendo lembrar de Emmett Till, para dizer seu nome. Temos a resistente NAACP e a coalizão inter-racial Moral Mondays se alastrando a partir da Carolina do Norte, como fizeram os *sit-ins*, e dezenas de outras cruzadas semelhantes por todo o país.[25] Ainda podemos ouvir os pés de milhões marchando nas ruas dos Estados Unidos, todos pertencentes aos filhos de Emmett Till.

AGRADECIMENTOS

Nas minas escuras desta história, sinto-me grato por não ter trabalhado sozinho. Meus primeiros agradecimentos são para David Cecelski, William H. Chafe, Steve Kantrowitz e Craig Werner, amigos inabaláveis e editores brilhantes que viveram com este livro durante anos. Bem como para os historiadores John Dittmer, Danielle McGuire, Lane Windham, Curtis Austin, Christopher Metress, David Beito e Jane Dailey, que ajudaram com comentários vitais. O brilhante Evan Lewis me forneceu ajuda e amizade inestimáveis, assim como seus pais, Ken Lewis e Holly Ewell-Lewis.

Outros escritores e estudiosos — Dan Carter, Will Jones, Kevin Kruse, Charles McKinney, Jerry Mitchell, Adriane Lentz-Smith e Jason Morgan Ward — também me ajudaram de forma crucial.

Minha assistente de pesquisa, Melody Ivins, me ajudou a dragar e digerir muito dessa história, dedicando anos de constante incentivo. Ela e Wilmarie Cintron-Muniz, Michael Grathwohl, Sam Tyson e Vernon Tyson ajudaram a rebuscar os arquivos do Mississippi, assim como Simon Balto e Amanda Klonsky o fizeram na Biblioteca Pública de Chicago.

Sou agradecido aos meus colegas do Centro de Estudos Documentários da Universidade Duke. Wesley Hogan me acompanhou aos milharais e compartilhou comigo seus brilhantes insights. Tom Rankin me ensinou como cozinhar um porco e me acompanhou às ruínas da mercearia de Bryant e ao mercado de carne. A *Dar He* de Mike Wiley, uma representação dramática da história de Emmett Till, incendiou minha imaginação, particularmente quando o vi apresentá-la numa agência de vendas de tratores não longe de onde Emmett Till morreu. Mary D. Williams me inspirou, me confortou e me conduziu em nosso trabalho em público e em nossa amizade pessoal. Jennifer Dixon-McKnight, Theo Luebke, Will Griffin e Sarah Rogers mantiveram nossas aulas nos trilhos para eu me ocupar de Emmett Till.

Outros amigos também me ajudaram a manter as ideias no lugar. Sou grato ao reverendo doutor William J. Barber, II; Herman Bennett; Nick Biddle; Sam Bridges; Vera Cecelski; Lorna Chafe; Katherine Charron; Louise e Steve Coggins; Jim Conway; Mary Ellen Curtin; Suzanne Desan; Kirsten Fischer; Barbara Forrest; Christina Greene; Laura Hanson; Pernille Ipsen; Rhonda Lee; Eddie McCoy; Lettie McCoy; Al McSurely; Jennifer Morgan; Leslee Nelson; Drew Ross; Rob Stephens; Doug Tanner; e Gayle Weitz.

Meus pais, Vernon e Martha Tyson, têm sido minhas cintilantes estrelas d'alva, assim como minhas irmãs Boo, Julie e Lori. Os Morgans de Corapeake me inspiraram, me incentivaram e me aguentaram durante décadas. Agradecimentos especiais a Susan Evans pela fotografia do autor. Meu irmão, Vern Tynson, é um belo exemplo de como aceitar a vida mesmo quando ela nos machuca, e este livro é dedicado a ele com amor.

Agradeço ao pessoal da Simon & Schuster, inclusive minhas excelentes editoras Priscilla Painton e Sophia Jimenez, Megan Hogan e Amanda Lang, bem como aos editores de texto Navorn Johnson e Judith Hoover. Thomas LeBien proporcionou orientação e amizade incomparáveis em todos os estágios. Gostaria de escrever mais uma centena de livros para minha brilhante agente, Charlotte Sheedy, que tem sido uma guerreira incansável e uma amiga decidida.

    Minha família está no cerne de tudo o que faço. Minha filha, Hope, brilha no meu coração e no mundo, tornando-se mais cativante e perspicaz a cada ano que passa. E só posso admirar meu filho, Sam, pelo jeito como se conduz com os outros, construindo amizades, mobiliários, músicas e comunidades com a mesma facilidade. Amo muito os dois. A mãe deles, Perri Morgan, é uma pérola que não tem preço. Seu amor não é apenas algo que ela sente, mas algo que faz, e tenho a imensa sorte de desfrutá-lo. Sou grato a ela por me ajudar a ter essa vida maravilhosa, preciosa e curta demais, que espero viver ao lado dela por muitos anos ainda.

NOTAS

1: NADA QUE AQUELE GAROTO FEZ

1. Carolyn Bryant Donham, entrevista ao autor, Raleigh, Carolina do Norte, 8 de setembro de 2008; acompanhada de anotações do autor, *Timothy B. Tyson Papers*, Coleção Histórica do Sul, Universidade da Carolina do Norte, Chapel Hill, arquivo fechado até 2038 a pedido de Carolyn (doravante, entrevista com Carolyn). A não ser quando especificado, todas as citações de Carolyn Bryant são dessa entrevista.
2. Citado em "*L'Affaire Till* in the French Press", *Crisis*, dezembro de 1955, p. 601.
3. Entrevista com William Bradford Huie, feita por Blackside, Inc., agosto de 1979, para *Eyes on the Prize: America's Civil Rights Years (1954-1975)*, Bibliotecas da Universidade de Washington de Filmes e Arquivos de Mídia, Coleção Henry Hampton, disponível em: <http://digital.wustl.edu/cgi/t/text/textidx?c=eop;cc=eop;rgn=main;view=text;idno=hui0015.1034.050> (doravante, entrevista com Huie), acesso em 31 de março de 2016.
4. Timothy B. Tyson, *Blood Done Sign My Name*, Nova York, Crown, 2004.
5. William Bradford Huie, "Shocking Story of Approved Killing in Mississippi", *Look*, 24 de janeiro de 1956; Bob Ward, "William Bradford Huie Paid for Their Sins", *Writer's Digest*, setembro de 1974, p. 16-22.
6. Devery S. Anderson, *Emmett Till: The Murder That Shocked the World and Propelled the Civil Rights Movement*, Jackson, University Press of Mississippi, 2015, p. 324-25.
7. Depoimento de Carolyn Bryant, *State of Mississippi vs. J. W. Milam and Roy Bryant, In the Circuit Court Second District of Tallahatchie*

County, Seventeenth Judicial District, State of Mississippi, período de setembro de 1955, transcrição (doravante, transcrição do julgamento), p. 268-72.
8. "Still Heaping Criticism on Mississippi", *Greenwood Morning Star*, 6 de novembro de 1955.
9. Depoimento de Carolyn Bryant, transcrição do julgamento, p. 272-74.
10. Dan Wakefield, "Justice in Sumner", *Nation*, 1º de outubro de 1955, in: Christopher Metress (Org.), *The Lynching of Emmett Till: A Documentary Narrative*, Charlottesville, University of Virginia Press, 2002, p. 120-24.
11. Departamento de Estado dos EUA, *Treatment of Minorities in the United States: Impact on Our Foreign Relations, Part A: A Summary Review*, RG 59 811.411/4-1956, caixa 4158, Arquivo Nacional.
12. Ver, por exemplo, Clenora Hudson-Weems, *Emmett Till: The Sacrificial Lamb of the Civil Rights Movement*, Bloomington, IN, AuthorHouse, 2006. Ver também Devery S. Anderson, op. cit.
13. Mamie Till-Mobley e Christopher Benson, *Death of Innocence: The Story of the Hate Crime That Changed America*, Nova York, One World/ Ballantine, 2004.
14. Carolyn Bryant Donham com Marsha Bryant, "More than a Wolf Whistle: The Story of Carolyn Bryant Donham", memórias não publicadas, *Timothy B. Tyson Papers*, Coleção Histórica do Sul, Universidade da Carolina do Norte, Chapel Hill, arquivo fechado até 2038 por requisição de Carolyn Bryant (doravante, Bryant, "Wolf Whistle").
15. Anotações do advogado da entrevista com Carolyn Bryant, 30 de agosto de 1955. Agradecimentos a Jerry Mitchell do *Jackson Clarion-Ledger* por compartilhar este documento.

2: BOTAS NA VARANDA

1. Embora muitas fontes se refiram ao reverendo Wright como "Mose", o filho de Wright, Simeon, afirma que seu verdadeiro nome era "Moses", e que "Mose" era um apelido. Portanto, empreguei a grafia "Moses", exceto em citações diretas. Simeon Wright com Herb Boyd, *Simeon's Story: An Eyewitness Account of the Kidnapping of Emmett Till*, Chicago, Lawrence Hill Books, 2010, dedicatória, p. 15.

NOTAS

2. *Chicago Tribune,* 19 de setembro de 1955; Simeon Wright com Herb Boyd, op. cit., p. 32.
3. Robert Denley, "Kinsman Recalls Tragic Night on Eve of Trial", *Chicago Defender,* 24 de setembro de 1955; depoimento de Moses Wright, transcrição do julgamento, p. 46; Simeon Wright com Herb Boyd, op. cit., p. 25-36, 55.
4. "Kin Tell How Murdered Boy Was Abducted", *Chicago Daily Tribune,* 3 de setembro de 1955. Sobre a intenção de Elizabeth Wright de acordar Emmett e tirá-lo pela porta de trás, ver também "Newspapers Over State Blast Murder of Negro", *Jackson Daily News,* 3 de setembro de 1955.
5. Simeon Wright com Herb Boyd, op. cit., p. 55-60.
6. Depoimento de Moses Wright, transcrição do julgamento, 39.
7. Simeon Wright com Herb Boyd, op. cit., p. 55, 57.
8. Robert Denley, op. cit. Moses Wright testemunhou no tribunal que Emmett estava na cama com Simeon. Depoimento de Moses Wright, transcrição do julgamento, p. 32-35.
9. Simeon Wright com Herb Boyd, op. cit., p. 37-39, 56.
10. Paul Holmes, "Uncle Tells How Kidnapers Invaded Home and Seized Till", *Chicago Daily Tribune,* 19 de setembro de 1955.
11. Depoimento de Moses Wright, transcrição do julgamento, p. 12; Robert Denley, op. cit.
12. Depoimento de Moses Wright, transcrição do julgamento, p. 36; Robert Denley, op. cit.
13. Relatório Processual do Federal Bureau of Investigation (FBI) [Bureau de Investigação Federal] Relacionado a _____, p. 87 (doravante Relatório do FBI), disponível em <https://vault.fbi.gov/Emmett%20Till%20/Emmett%20Till%20Part%2001%20of%2002/view>, acesso em 21 de junho de 2016. Crosby Smith afirmou que Milam e Bryant estavam "muito bêbados". Ver David Shoshtak, "Crosby Smith: Forgotten Witness to Mississippi Nightmare", *Negro History Bulletin,* dezembro de 1974, p. 322.
14. Paul Holmes, op. cit.
15. Depoimento de Moses Wright, transcrição do julgamento, p. 38. Ver também Relatório do FBI, p. 53.
16. Devery S. Anderson, op. cit., p. 370, conjetura que o grupo que sequestrou Till era composto por J. W. Milam, Roy Bryant, Carolyn Bryant e Henry Lee Loggins. É impossível dizer com certeza.

17. Amos Dixon, "Milam Master-Minded Emmett Till Killing", *California Eagle*, 2 de fevereiro de 1956; Robert Denley, op. cit.
18. Citado em Stanley Nelson, produtor e diretor, *The Murder of Emmett Till*, 2003, *American Experience*, PBS, transcrição, disponível em <http://www.pbs.org/wgbh/amex/till/filmore/pt.html>, acesso em 1º de abril de 2016.
19. Depoimento de Moses Wright, transcrição do julgamento, p. 34-35.
20. "Events Night of Kidnaping Told by Slain Boy's Cousin", *Jackson Daily News*, 1º de setembro de 1955.
21. "Kin Tell How Murdered Boy Was Abducted", *Chicago Daily Tribune*, 3 de setembro de 1955.
22. Lea Thomas, "The Day That Emmett Died", *Jackson Free Press*, 30 de novembro de 2005; Devery S. Anderson, op. cit., p. 36-37. Ver também "Newspapers over State Blast Murder of Negro", op. cit.
23. "Slain Boy's Kinfolk Tell of Begging White Men to Let Him Off with Whipping", *Jackson Daily News*, 3 de setembro de 1955; Amos Dixon, op. cit.
24. Depoimento de Moses Wright, transcrição do julgamento, p. 19.
25. Robert Denley, op. cit. O reverendo Wright admitiu no tribunal que não conseguiu ver se o veículo era um sedã ou uma picape. Ver James Featherston, "Slain Boy's Uncle Points Finger at Bryant, Milam, But Admits Light Was Dim", *Jackson Daily News*, 21 de setembro de 1955. Stephen Whitfield afirma que Wright "viu uma quarta pessoa [no carro], uma mulher (presumivelmente Carolyn Bryant)". Mas Wright não fez essa afirmação nem no tribunal nem em qualquer outro lugar, explicando que não conseguiu ver as pessoas no veículo. Whitfield cita "'Murder', White Says, Promises Prosecution", *Chicago Defender*, 10 de setembro de 1955, mas o artigo não contém tal afirmação. Ver Stephen J. Whitfield, *A Death in the Delta: The Story of Emmett Till*, Baltimore, Johns Hopkins University Press, 1988, p. 55, 160 n. 13. Sobre o veículo partindo com as lanternas desligadas e Wright incapaz de enxergar, ver depoimento de Moses Wright, transcrição do julgamento, p. 46-48.

3: CRIADO COMO NEGRO EM CHICAGO

1. Mamie Till-Mobley e Christopher Benson, op. cit., p. 98-99. Não fica claro se Wright ainda atuava como pastor na igreja em East Money.

Ele poderia ou não estar aposentado, mas continuava ministrando, e faz sentido que fizesse suas pregações ao menos ocasionalmente.
2. Olive Arnold Adams, "Time Bomb: Mississippi Exposed and the Full Story of Emmett Till", in: Christopher Metress (Org.), op. cit., p. 213-24.
3. Mamie Till-Mobley e Christopher Benson, op. cit., p. 98-100. Ao longo do livro eu chamo o garoto de "Emmett" para retratá-lo empaticamente como um ser humano, alguém com quem nos tornamos meio íntimos no decorrer dos fatos, alguém que tem sido caracteristicamente retratado como um ícone e não como uma pessoa. Faço o mesmo com a mãe dele e também com Carolyn Bryant, pelas mesmas razões. Sem intenção de nenhum desrespeito.
4. Carl Hirsch, "This Was Emmett Louis Till", *Daily Worker*, 9 de outubro de 1955.
5. Demografia de Chicago em mapa de 1950, disponível em <http://www.bing.com/images/search?q=Chicago_demographic_in_1950_map.jpg&qpvt=ChicagoDemographics_in_1950_map.jpg&qpvt=Chicago_Demographics_in_1950_map.jpg&qpvt=ChicagoDemographicsin1950map.jpg&FORM=IGRE>, acesso em 21 de junho de 2016.
6. Adam Cohen e Elizabeth Taylor, *American Pharaoh: Richard J. Daley: His Battle for Chicago and the Nation*, Nova York, Little, Brown, 2000, p. 16-18, 29.
7. Carl Hirsch, op. cit.
8. Rick Swaine, *The Integration of Major League Baseball*, reimpressão, Jefferson, NC, McFarland, 2012, p. 34-43.
9. "Untold Story", *Chicago Daily Defender*, 5 de março de 1956; Mamie Till-Mobley e Christopher Benson, op. cit., p. 71-72.
10. Isabel Wilkerson, *The Warmth of Other Suns: The Epic Story of America's Great Migration*, Nova York, Random House, 2010, p. 9, 268, 352. A obra definitiva sobre a migração negra para Chicago é de James Grossman, *Land of Hope: Chicago, Black Southerners, and the Great Migration*, Chicago, University of Chicago Press, 1989.
11. Beryl Satter, *Family Properties: How the Struggle over Race and Real Estate Transformed Chicago and Urban America*, Nova York, Picador, 2010, p. 39; James Grossman, op. cit., p. 174.

12. William Tuttle, *Race Riot: Chicago in the Red Summer of 1919*, Nova York, Atheneum, 1970, p. 3-10.
13. Davarian Baldwin, *Chicago's New Negroes: Modernity, the Great Migration, and Black Urban Life*, Chapel Hill, University of North Carolina Press, 2007, p. 7.
14. Adriane Lentz-Smith, *Freedom Struggles: African Americans and World War I*, Cambridge, MA, Harvard University Press, 2011.
15. W. E. B. Du Bois, "Returning Soldiers", *Crisis*, 18 de maio de 1919, p. 13.
16. William Tuttle, op. cit., p. 212.
17. Sobre Marcus Garvey, ver Edmund David Cronon, *Black Moses: The Story of Marcus Garvey and the Universal Negro Improvement Association*, Madison, University of Wisconsin Press, 1955; Tony Martin, *Race First: The Ideological and Organizational Struggle of Marcus Garvey and the Universal Negro Improvement Association*, Dover, MA, Majority Press, 1976; Judith Stein, *The World of Marcus Garvey*, Baton Rouge, Louisiana State University Press, 1986; Mary G. Rollinson, *Grassroot Garveyism: The Universal Negro Improvement Association in the Rural South, 1920-1927*, Chapel Hill, University of North Carolina Press, 2007. Ver também Robert A. Hill (Org.), *The Marcus Garvey and Universal Negro Improvement Association Papers*, 11 v., Berkeley, University of California Press, 1983-2006; Durham, NC, Duke University Press, 2011.
18. William Tuttle, op. cit., p. 222-26.
19. James Grossman, op. cit., p. 74-77.
20. Faith Holsaert et al. (Orgs.), *Hands on the Freedom Plow: Personal Accounts by Women in SNCC*, Urbana, University of Illinois Press, 2012, p. 63.
21. Gilbert R. Mason e James Patterson Smith, *Beaches, Blood, and Ballots: A Black Doctor's Civil Rights Struggle*, Jackson, University Press of Mississippi, 2007, p. 19.
22. Isabel Wilkerson, op. cit., p. 275.
23. Craig Werner, *Higher Ground: Stevie Wonder, Aretha Franklin, Curtis Mayfield, and the Rise and Fall of American Soul*, Nova York, Crown, 2004, p. 33.
24. Beryl Satter, op. cit., p. 40-47; Craig Werner, op. cit., p. 33.

25. Adam Green, *Selling the Race: Culture, Community, and Black Chicago, 1940-1955*, Chicago, University of Chicago Press, 2007, p. 183.
26. Craig Werner, op. cit., p. 31.
27. Para um estudo mais completo do fiasco de Trumbull Park Homes, ver Chicago, Mayor's Commission on Human Relations, *The Trumbull Park Homes Disturbances: A Chronological Report, August 4, 1953 to June 30, 1955*, 1955; Howard Mayhew, *Racial Terror at Trumbull Park*, Nova York, Pioneer Press, 1954. *Trumbull Park*, de Frank London Brown (1959; Lebanon, NH, University Press of New England, 2005), é um romance que transmite a sensação da experiência das famílias negras.
28. Adam Green, op. cit., p. 185-91; Adam Cohen e Elizabeth Taylor, op. cit., p. 1.014.
29. Adam Cohen e Elizabeth Taylor, op. cit., p. 102-3, 175.
30. Adam Green, op. cit., p. 181.
31. Adam Cohen e Elizabeth Taylor, op. cit., p. 58, 92-96, 128-29.
32. Adam Green, op. cit., p. 181; Adam Cohen e Elizabeth Taylor, op. cit., p. 95; Craig Werner, op. cit., p. 32.
33. Craig Werner, op. cit., p. 32; Adam Cohen e Elizabeth Taylor, op. cit., p. 96.
34. Adam Cohen e Elizabeth Taylor, op. cit., p. 7-12, 16, 21, 33, 45, 57-58, 125-26, 134-35, 172-74.

4. EMMETT EM CHICAGO E O "PEQUENO MISSISSIPPI"

1. Mamie Till-Mobley e Christopher Benson, op. cit., p. 18-19, 22.
2. Ibidem, p. 19. Neil R. McMillen, *Dark Journey: Black Mississippians in the Age of Jim Crow*, Urbana, University of Illinois Press, 1989, p. 252, informa que um grande número de linchamentos no Mississippi não foi publicado em nenhum jornal.
3. Neil R. McMillen, op. cit., p. 229-30. Ver também Jacquelyn Dowd Hall, *Revolt against Chivalry: Jessie Daniel Ames and the Women's Campaign against Lynching*, Nova York, Columbia University Press, 1993, p. 134-35.
4. Richard Wright, *Black Boy*, 1945, Nova York, Harper Perennial, 1993, p. 172.

5. Mamie Till-Mobley e Christopher Benson, op. cit., p. 19.
6. Ibidem, p. 3.
7. Gerald V. Stokes, *A White Hat in Argo: Family Secrets*, Lincoln, NE, iUniverse, 2004, p. 91-92.
8. Ibidem, p. 86-87.
9. Mamie Till-Mobley e Christopher Benson, op. cit., p. 23.
10. Ibidem, p. 21; E. Franklin Frazier, "The Negro Family in Chicago", dissertação de PhD, University of Chicago, 1932.
11. Mamie Till-Mobley e Christopher Benson, op. cit., p. 18, 21.
12. Gerald V. Stokes, op. cit., p. 98.
13. "Mamie Bradley's Untold Story", *Chicago Daily Defender*, 29 de fevereiro de 1956; Mamie Till-Mobley e Christopher Benson, op. cit., p. 3-5, 11.
14. Mamie Till-Mobley e Christopher Benson, op. cit., p. 11-12.
15. "Mamie Bradley's Untold Story", op. cit.; Mamie Till-Mobley e Christopher Benson, op. cit., p. 3-4, 13, 16-17.
16. "Mamie Bradley's Untold Story", op. cit.; Devery S. Anderson, op. cit, p. 11-12; Mamie Till-Mobley e Christopher Benson, op. cit., p. 3-4, 13, 16-17.
17. "Mamie Bradley's Untold Story", op. cit.
18. Mamie Till-Mobley e Christopher Benson, op. cit., p. 27.
19. Ibidem, p. 38.
20. "Mamie Bradley's Untold Story", op. cit.; Mamie Till-Mobley e Christopher Benson, op. cit., p. 37-39.
21. Mamie Till-Mobley e Christopher Benson, op. cit., p. 39.
22. Ibidem, p. 30-31, 36.
23. Ibidem, p. 46, 49-53.
24. Ibidem, p. 56.
25. Mamie Till-Mobley e Christopher Benson, op. cit., p. 56-57.
26. Ibidem, 40.
27. Simeon Wright com Herb Boyd, op. cit., p. 47.
28. Mamie Till-Mobley e Christopher Benson, op. cit., p. 81.
29. Albert Amateau, "Chelsea Woman Led Battle to End Beach Segregation in 1960", *Villager*, agosto, p. 11-17, 2011. Ver em especial Arnold Hirsch, *Making the Second Ghetto: Race and Public*

Housing in Chicago, 1940-1960, Chicago, University of Chicago Press, 1998, p. 63, 65.
30. Mamie Till-Mobley e Christopher Benson, op. cit., p. 82.
31. Stephen J. Whitfield, op. cit., p. 15.
32. Craig Werner, op. cit., p. 68-69.
33. Mamie Till-Mobley e Christopher Benson, op. cit., p. 83.
34. John Barrow, "Here's a Picture of Emmett Till by Those Who Knew Him", *Memphis Tri-State Defender,* 24 de setembro de 1955.
35. Mamie Till-Mobley e Christopher Benson, op. cit., p. 78.
36. "Mamie Bradley's Untold Story", op. cit.
37. John Barrow, op. cit.
38. Mamie Till-Mobley e Christopher Benson, op. cit., p. 63-64, 94; depoimento de Moses Wright, transcrição do julgamento, p. 48.
39. Mamie Till-Mobley e Christopher Benson, op. cit., p. 103-4; Olive Arnold Adams, "Time Bomb", in: Christopher Metress (Org.), op. cit., p. 213-24. A citação de Moses Wright é de Sam Johnson, "State Will Not Ask Death Penalty in Trial of White Men at Sumner", *Greenwood Commonwealth*, 19 de setembro de 1955.

5: CORONHADAS NO NATAL

1. Bryant, "Wolf Whistle", p. 9-10.
2. Ibidem, p. 9.
3. Ver Jack Temple Kirby, "The Southern Exodus, 1910-1960: A Primer for Historians", *Journal of Southern History*, v. 49.4, 1983, p. 585-600. Sobre a Grande Migração, ver, entre outros, Isabel Wilkerson, op. cit.; James Grossman, op. cit..
4. David M. Oshinsky, *"Worse than Slavery": Parchman Farm and the Ordeal of Jim Crow Justice*, Nova York, Simon & Schuster, 1996, p. 139.
5. Ibidem, p. 149-50, 161. Sobre o Campo A, especificamente, ver Paul Oliver, *Conversations with the Blues*, Cambridge, Cambridge University Press, 1997, p. 58.
6. David M. Oshinsky, op. cit., p. 151, 153.
7. Bryant, "Wolf Whistle", p. 13.
8. Ibidem, p. 16-17.
9. Ibidem, p. 17.

10. Devery S. Anderson, op. cit., p. 24.
11. Bryant, "Wolf Whistle", p. 21-22.
12. James Henry Hammond foi o primeiro a expor esta teoria. Ver Drew Gilpin Faust, *James Henry Hammond and the Old South*, Baton Rouge, Louisiana State University Press, 1982, p. 346-47.
13. Entrevista com Carolyn.
14. "'Were Never into Meanness', Says Accused Men's Mother", *Memphis Commercial Appeal*, 2 de setembro de 1955, citado in: Christopher Metress (Org.), op. cit., p. 34-35.
15. Relatório do FBI, p. 22-23.
16. Bryant, "Wolf Whistle", p. 17-19, 20, 22.
17. Ibidem, p. 27.
18. Olive Arnold Adams, "Time Bomb", op. cit., in: Christopher Metress (Org.), op. cit., 213-24.
19. Relatório do FBI, p. 32.
20. Olive Arnold Adams, "Time Bomb", op. cit., in: Christopher Metress (Org.), op. cit., p. 213-24.
21. Entrevista com Carolyn.
22. William Bradford Huie, "Shocking Story of Approved Killing in Mississippi", *Look*, 24 de janeiro de 1956. Ver também Relatório do FBI, p. 25-26; "Milam Is Pictured as a War Hero Who Also Snatched Negro from Drowning", *Jackson Daily News*, 20 de setembro de 1955.
23. Relatório do FBI, p. 25-26.
24. "Milam Is Pictured as a War Hero Who Also Snatched Negro from Drowning".
25. "Mother of Pair Accused in Delta Slaying 'Will Stand by Them'", *Jackson Daily News*, 2 de setembro de 1955; William Bradford Huie, "Shocking Story of Approved Killing in Mississippi", op. cit., citado em Hugh Stephen Whitaker, "A Case Study", op. cit. p. 108-9.
26. Relatório do FBI, p. 108.
27. Citado em Ronald Turner, "Remembering Emmett Till", *Howard Law Journal*, v. 38, 1994-1995, p. 422.
28. Entrevista com Carolyn.
29. Ibidem; Relatório do FBI, p. 13, 25-26.

30. William Bradford Huie, "Shocking Story of Approved Killing in Mississippi", op. cit.

6: O INCIDENTE

1. Depoimento de Moses Wright, transcrição do julgamento, p. 58-59; Devery S. Anderson, op. cit., p. 27; "Mother Waits in Vain for Her 'Bo'", *Chicago Defender*, 10 de setembro de 1955, in: Christopher Metress (Org.), op. cit., p. 30-31; Herb Boyd, "The Real Deal on Emmett Till", *Black World Today*, 18 de maio de 2004, disponível em <http://www.afro-netizen .com/2004/05/the real_ deal_o.html>, acesso em 5 de abril de 2016. Para informações sobre cada um desses jovens, ver site de Devery Anderson, www.emmetttillmurder.com, em "Who's Who in the Emmett Till Story".
2. Bryant, "Wolf Whistle", p. 31.
3. Mamie Till-Mobley e Christopher Benson, op. cit., p. 102.
4. "Kidnapped Boy Whistled at Woman", *Chicago Daily Tribune*, 30 de agosto de 1955.
5. Simeon Wright com Herb Boyd, op. cit. p. 50.
6. "Mrs. Roy Bryant, 9-2-55", anotações do advogado, cópia em posse do autor. Meus agradecimentos ao repórter Jerry Mitchell pelos documentos.
7. "Bryant and Milam Face Murder Charge in the Slaying of 15 Year Old Negro Boy", *Greenwood Morning Star*, 1º de setembro de 1955. Esse "Até mais" parece ser um ponto de acordo considerável dos dois lados. Maurice Wright também disse que ao sair da loja Emmett se virou e disse a Carolyn "Até mais". Ver "Events Night of Kidnapping Told by Slain Boy's Cousin", *Jackson Daily News*, 1º de setembro de 1955.
8. Clark Porteous, "Grand Jury to Get Case of Slain Negro Boy Monday", *Memphis Press-Scimitar*, 1º de setembro de 1955.
9. "Nation Shocked, Vow Action in Lynching of Chicago Youth", *Baltimore Afro-American*, 10 de setembro de 1955.
10. Keith Beauchamp, "The Murder of Emmett Louis Till: The Spark That Started the Civil Rights Movement", n.d., disponível online no portal *The Free Library*.
11. Philip Dray, *At the Hands of Persons Unknown: The Lynching of Black America*, Nova York, Random House, 2002, p. 423. Extraí

a frase da introdução de W. E. B. Du Bois da edição de jubileu de *The Souls of Black Folk*, mas de fato ela foi cunhada por Walter Bagehot em seu *Physics and Politics* de 1872 e era muito comum no palavreado acadêmico para Du Bois tê-la utilizado sem atribuição.
12. Lea Thomas, op. cit.
13. Simeon Wright com Herb Boyd, op. cit., p. 51.
14. Mattie S. Colon e Robert Elliott, "Mother Waits in Vain for Her 'Bo'", *Memphis Times-Scimitar*, 10 de setembro de 1955.
15. Herb Boyd, op. cit.
16. Simeon Wright com Herb Boyd, op. cit., p. 51.
17. Ibidem, p. 52-53. Wheeler Parker também declarou, em setembro de 1955: "Uma garota nos disse que tínhamos ouvido a palavra final". Ver John Barrow, op. cit.

7: NO TERCEIRO DIA

1. "Uncle Tells How 3 Kidnapers Invaded Home and Seized Till", parte 1, *Chicago Daily Tribune*, 19 de setembro de 1955. Ver também Amos Dixon, op. cit.
2. "Urges Husband to Leave Dixie", *Chicago Defender*, 17 de setembro de 1955.
3. David Shoshtak, op. cit., p. 320-25; Bryant, "Wolf Whistle", p. 44.
4. Mamie Till-Mobley e Christopher Benson, op. cit., p. 116-18.
5. Rayfield Mooty, Elizabeth Balanoff Labor Oral History Collection, Roosevelt University, transcrição, 1984, p. 140-41, disponível em <www.roosevelt.edu/~/media/Files/pdfs/Library/OralHistory/38-Mooty>, acesso em 1º de abril de 2016 (doravante, entrevista com Mooty).
6. "Bryant and Milam Face Murder Charge in Slaying of 15 Year Old Negro Boy", *Greenwood Morning Star*, 1º de setembro de 1955; *Greenwood Commonwealth*, 30 de agosto de 1955.
7. David Shoshtak, op. cit., p. 320-25.
8. Dixon, "Till Case: Torture and Murder", *California Eagle*, 16 de fevereiro de 1956.
9. Bryant, "Wolf Whistle", p. 46-47.
10. Depoimento de George Smith, transcrição do julgamento, p. 119-20. O xerife Smith também confirmou que a questão foi de supostos

NOTAS

"comentários ofensivos" ("White Storekeeper Held in Abduction of Negro Youth", *Jackson Daily News*, 29 de agosto de 1955). Ver também "'Kidnaped' Negro Boy Still Missing, Fear Foul Play", *Jackson Daily News*, 30 de agosto de 1955.

11. Devery S. Anderson, op. cit., p. 42-43.
12. Depoimento de Robert Hodges, transcrição do julgamento, p. 103-4. Para uma descrição de Hodges, ver John Herbers, "Contradictions Develop as Testimony in Till Trial Begins", *Greenwood Morning Star*, 22 de setembro de 1955.
13. Relatório do FBI, p. 80; entrevista com Carolyn.
14. "No Clues in Disappearance of Negro Youth", *Greenwood Morning Star*, 31 de agosto de 1955.
15. Darryl Christopher Mace, "Regional Identities and Racial Messages: The Print Media's Stories of Emmett Till", dissertação de PhD, Temple University, 2007, p. 120.
16. "Boy's Slaying Held Murder by Gov. White", *Chicago Daily Tribune*, 2 de setembro de 1955.
17. "Search Halted for Woman in Negro Slaying", *Birmingham News*, 3 de setembro de 1955.
18. Bryant, "Wolf Whistle", p. 47.
19. "Bryant's Brother Claims Charges Are All 'Politics'", *Memphis Commercial Appeal*, 3 de setembro de 1955.
20. "Mississippi Sheriff Voices Doubt Body That of Till", *Greenwood Morning Star*, 4 de setembro de 1955.
21. Stanley Nelson, op. cit.
22. Depoimento de B. L. Mims, transcrição do julgamento, p. 113-18; depoimento de Robert Hodges, transcrição do julgamento, p. 103-12.
23. James Featherston, "White Orders Investigation in Slaying of Delta Negro: White Deplores Slaying in a Note to NAACP Which Is Creating a National Issue", *Jackson Daily News*, 1º de setembro de 1955. Ver também *Chicago Tribune*, 1º de setembro de 1955; *Memphis Commercial Appeal*, 1º de setembro de 1955.
24. *Greenwood Commonwealth*, 31 de agosto de 1955; depoimento de Chester Miller, transcrição do julgamento, p. 67-82.
25. Depoimento de Moses Wright, transcrição do julgamento, p. 70-71, 73-74, 97-99. Sobre a identificação do corpo por Wright, ver também *Arkansas Gazette*, 4 de setembro de 1955.

26. Depoimento de Chester Miller, transcrição do julgamento, p. 70--71, 73-74, 97-99.
27. "Muddy River Gives Up Body of Brutally Slain Negro Boy", *Memphis Commercial Appeal*, 1º de setembro de 1955.
28. *New York Post*, 1º de setembro de 1955; James Featherston, "White Orders Investigation in Slaying of Delta Negro", op. cit.
29. Mamie Till-Mobley e Christopher Benson, op. cit., p. 130.
30. Joe Atkins, "Chicago Youth Was 'Sacrificial Lamb'", *Jackson Daily News*, 25 de agosto de 1985, clipping, caixa 90, arquivo 18, arquivo Emmett Till (1955-1985), Erle Johnston Papers, Universidade do Sudeste do Mississippi.
31. Suzanne E. Smith, *To Serve the Living*, Cambridge, MA, Belknap Press of Harvard University Press, 2010, p. 126; Hugh Stephen Whitaker, "A Case Study in Southern Justice", p. 118-19; depoimento de C. M. Nelson, transcrição do julgamento, p. 182.
32. Mamie Till-Mobley e Christopher Benson, op. cit., p. xxii.
33. *Pittsburgh Courier*, citado em Darryl Christopher Mace, op. cit., p. 169.
34. Charles Frederick Weller para Anne Braden, 31 de janeiro de 1956, caixa 26, arquivo 6, Carl e Anne Braden Papers, Sociedade Histórica de Wisconsin.

8: MAMÃE FEZ A TERRA TREMER

1. Mamie Till-Mobley e Christopher Benson, op. cit., p. 130-31.
2. Mattie Smith Colin, "Mother's Tears Greet Son Who Died a Martyr", *Chicago Defender*, 10 de setembro de 1955.
3. Darryl Christopher Mace, op. cit., p. 219, cita a cobertura do *Chicago Sun-Times*.
4. Mamie Till-Mobley e Christopher Benson, op. cit., p. 132. Ver também Suzanne E. Smith, op. cit., p. 127. Para uma boa noção da dinâmica de gênero em suas apresentações públicas, ver Ruth Feldstein, "'I Wanted the Whole World to See': Race, Gender and Constructions of Motherhood in the Death of Emmett Till", in: Joanne Meyerowitz (Org.), *Not June Cleaver: Women and Gender in Postwar America, 1945-1960*, Filadélfia, Temple University Press, 1993, p. 263-303.

5. Entrevista com Mooty.
6. Mattie Smith Colin, op. cit.
7. Charles M. Payne, *I've Got the Light of Freedom: The Organizing Tradition and the Mississippi Freedom Struggle*, Berkeley, University of California Press, 1995, p. 13-14. Ver também Langston Hughes, "Langston Hughes Wonders Why No Lynching Probes", *Chicago Defender*, 1º de outubro de 1955, in: Christopher Metress (Org.), op. cit., p. 124-27; "2 Negro Boys Lynched", *New York Times*, 13 de outubro de 1942. Para um relato completo e brilhante deste linchamento que fala de um século de violência racial nos Estados Unidos, ver Jason Ward, *Hanging Bridge: Racial Violence and America's Civil Rights Century*, Nova York, Oxford University Press, 2016.
8. Entrevista de Aaron Henry a John Dittmer e John Jones, 22 de abril de 1981, transcrição, p. 7-8, Departamento de Arquivos e História do Mississippi; Erle Johnston, *Mississippi's Defiant Years, 1953-1973: An Interpretive History with Personal Experiences*, Forest, MS, Lake Harbor, 1990, p. 35.
9. *Pittsburgh Courier*, 17 de setembro de 1955, p. 4.
10. Entrevista com Mooty.
11. Mamie Till-Mobley e Christopher Benson, op. cit., p. 131-32.
12. Wil Haygood, "The Man from *Jet*: Simeon Booker Not Only Covered a Tumultuous Era, He Lived It", *Washington Post*, 15 de julho de 2007.
13. Mamie Till-Mobley e Christopher Benson, op. cit., p. 133.
14. Ibidem, p. 132-37. Sobre a identificação de Till por Gene Mobley pelo seu corte de cabelo, ver também *Chicago Tribune*, 4 de setembro de 1955, p. 2.
15. *Chicago Sun-Times* citado em Darryl Christopher Mace, op. cit., p. 220; entrevista com Mooty.
16. Mamie Till-Mobley e Christopher Benson, op. cit., p. 139-40.
17. Stephen J. Whitfield, op. cit., p. 23, calcula a presença naquela primeira noite de "talvez dez mil [pessoas]". *Chicago Defender*, 10 de setembro de 1955; Suzanne E. Smith, op. cit., p. 127-28, também calcula multidões de cinquenta mil pessoas.
18. Michael Vinson Williams, *Medgar Evers: Mississippi Martyr*, Fayetteville, University of Arkansas Press, 2011, p. 126.
19. Mamie Till-Mobley e Christopher Benson, op. cit., p. 139.

20. *Chicago Tribune*, 4 de setembro de 1955.
21. Isabel Wilkerson, op. cit., p. 369-70.
22. Mamie Till-Mobley e Christopher Benson, op. cit., p. 141, 144.
23. David Smothers, "Killing of Boy in Mississippi called 'Atrocity'", *Jackson Daily News*, 3 de setembro de 1955.
24. Mamie Till-Mobley e Christopher Benson, op. cit., p. 143.
25. *Chicago Tribune,* 7 de setembro de 1955.
26. Ibidem; *Chicago Defender*, 17 de setembro de 1955.
27. "Milam and Bryant to Be Tried Sept. 19", *Greenwood Morning Star*, 10 de setembro de 1955.
28. *Jet*, 15 de setembro de 1955, p. 6-9; *Chicago Defender*, 17 de setembro de 1955.
29. Adam Green, op. cit., p. 198.
30. Julian Bond, "The Media and the Movement: Looking Back from the Southern Front", in: Brian Ward (Org.), *Media, Culture and the Modern African American Freedom Struggle*, Gainesville, University Press of Florida, 2001, p. 27.
31. Ann Marie Tabb, "Perspectives in Journalism: Covering the Emmett Till Trial", tese de MA, Universidade do Sudeste do Mississippi, 2001, p. 20.
32. Adam Green, op. cit., p. 180-82, 208.

9: REGIMENTOS EM GUERRA NO MISSISSIPPI

1. Tom P. Brady, *Black Monday: Segregation or Amalgamation. America Has Its Choice*. Winona, MS, Association of Citizens' Councils, 1954, p. 63-64. Ver também Hodding Carter III, *The South Strikes Back*, Garden City, NY, Doubleday, 1959, p. 29.
2. J. W. Milam, citado em William Bradford Huie, op. cit., p. 50.
3. Ver Douglas R. Edgerton, *The Wars of Reconstruction: The Brief, Violent History of America's Most Progressive Era*, Nova York, Bloomsbury, 2014; LeRae Sikes Umfleet, *A Day of Blood: The 1898 Wilmington Race Riot*, Raleigh, North Carolina Office of Archives and History, 2009; David S. Cecelski e Timothy B. Tyson, *Democracy Betrayed: The Wilmington Race Riot and Its Legacy*, Chapel Hill, University of North Carolina Press, 1998; H. Leon Prather, *We Have Taken a City: Wilmington Coup and Massacre of 1898*, Rutherford,

NJ, Fairleigh Dickinson University Press, 1984; Helen G. Edmonds, *The Negro and Fusion Politics in North Carolina,1894-1901*, Chapel Hill, University of North Carolina Press, 1951; David Fort Godshalk, *Veiled Visions: The 1906 Atlanta Race Riot and the Reshaping of American Race Relations*, Chapel Hill, University of North Carolina Press, 2005; Roberta Senechal, *The Sociogenesis of a Race Riot: Springfield, Illinois, in 1908*, Urbana, University of Illinois Press, 1990; Elliott Rudwick, *Race Riot at East St. Louis, July 2, 1917*, Urbana, University of Illinois Press, 1982; Nan Elizabeth Woodruff, *American Congo: The African American Freedom Struggle in the Delta*, Cambridge, MA, Harvard University Press, 2003, p. 74-109; Scott Ellsworth, *Death in a Promised Land: The Tulsa Race Riot of 1921* (1982), Baton Rouge, Louisiana State University Press, 1992.

4. William Bradford Huie, "Wolf Whistle", in: Christopher Metress (Org.), op. cit., p. 241.
5. Jason Morgan Ward, *Defending White Democracy: The Making of a Segregationist Movement and the Remaking of Racial Politics, 1936-1965*, Chapel Hill, University of North Carolina Press, 2011, p. 6-7.
6. Nan Elizabeth Woodruff, op. cit., p. 213-14, 222.
7. Richard Wright, *12 Million Black Voices* (1941), Nova York, Basic Books, 2011, p. 11.
8. Kari Frederickson, *The Dixiecrat Revolt and the End of the Solid South, 1932-1968*, Chapel Hill, University of North Carolina Press, 2001, p. 2-3, 237-38.
9. Jason Morgan Ward, op. cit., p. 102, 105.
10. Nan Elizabeth Woodruff, op. cit., p. 224.
11. National Association of Post Office and General Services Employees para Amzie Moore, 17 de julho de 1953, caixa 1, arquivo 2, Amzie Moore Papers, Sociedade Histórica de Wisconsin; entrevista de Amzie Moore a Michael Garvey, 29 de março e 13 de abril de 1977, University of Southern Mississippi Oral History, disponível em <crdl.usg.edu/export/html/usm/coh/crdl_usm_coh_ohmoorea.html?welcome> (doravante entrevista de Moore a Garvey). Sobre o comparecimento de Moore, ver fotografia em Henry Hampton et al. (Orgs.), *Voices of Freedom: An Oral History of the Civil Rights Movement from the 1950s through the 1980s*, Nova York, Bantam, 1990, p. 139.

12. Entrevista com Amzie Moore, por Blackside, Inc., 1979, para *Eyes on the Prize: America's Civil Rights Years (1954-1975)*, Washington University Film and Media Archive, Henry Hampton Collection, disponível online em <http://digital.wustl.edu/cgi/t/text/text-idx?c=eop;cc=eop;rgn=main;view=text;idno=moo0015.0109.072>, acesso em 1º de abril de 2016 (doravante Moore, entrevista *Eyes on the Prize*).
13. Moore, entrevista a Garvey.
14. Malcolm Boyd, "Survival of a Negro Leader", 27 de fevereiro de 1965, caixa 1, arquivo 1, Amzie Moore Papers, Sociedade Histórica de Wisconsin. Ver também James Forman, *The Making of Black Revolutionaries*, Nova York, Macmillan, 1972, p. 278.
15. Moore, entrevista a Garvey.
16. Ibidem.
17. Charles McLaurin, entrevistado pelo autor, 2012, Timothy B. Tyson Papers, Coleção Histórica do Sul, Universidade da Carolina do Norte, Chapel Hill.
18. James Forman, op. cit., p. 278-79.
19. Matthew Skidmore para Amzie Moore, 10 de julho de 1955, caixa 4, arquivo 2, Amzie Moore Papers, Sociedade Histórica de Wisconsin.
20. Ibidem, 16 de julho de 1955, caixa 1, arquivo 2.
21. James Forman, op. cit., p. 278-79.
22. Amzie Moore, entrevista, in: Howell Raines (Org.), *My Soul Is Rested: Movement Days in the Deep South Remembered*, Nova York, Penguin, 1977, p. 233.
23. James Forman, op. cit., p. 279.
24. Moore, entrevista a Garvey.
25. Certificado de Dispensa Honorável de Amzie Moore do Exército dos EUA, 17 de janeiro de 1946, Camp Shelby, Mississippi, caixa 1, arquivo 1, Amzie Moore Papers, Sociedade Histórica de Wisconsin.
26. Charles M. Payne, op. cit., p. 30.
27. James Forman, op. cit., p. 279. Moore calcula que pelo menos um soldado negro que voltava da guerra foi morto por semana durante seis a oito semanas. Charles Payne conclui de forma razoável que provavelmente o número é exagerado, ainda que a vida dura nas lavouras isoladas fosse descartável, e notícias sobre o número de mortes pode não ter sido divulgado (Charles M. Payne, op. cit., p. 448, n. 6).

28. Moore, entrevista a Garvey.
29. Moore, entrevista em *Eyes on the Prize*.
30. John Dittmer, *Local People: The Struggle for Civil Rights in Mississippi*, Urbana, University of Illinois Press, 1994, p. 9.
31. Myrlie Evers-Williams e Manning Marable (Orgs.), *The Autobiography of Medgar Evers*, Nova York, Basic Books, 2005, p. 12.
32. Ibidem, p. 38, 40-41; Charles Evers e Andrew Szanton, *Have No Fear: A Black Man's Fight for Respect in America*, Nova York, Wiley, 1997, p. 64.
33. Myrlie Evers-Williams e Manning Marable (Orgs.), op. cit., p. 31, 44-51; Charles M. Payne, op. cit., p. 49-50; Charles Evers e Andrew Szanton, op. cit, p. 57-58. Ver também "Mound Bayou Man Files Application at 'U' Law School", *Jackson Daily News*, 22 de janeiro de 1954.
34. Myrlie Evers-Williams e Manning Marable (Orgs.), op. cit., p. 7-9; Charles Evers e Andrew Szanton, op. cit, p. 67.
35. Essa descrição de Howard é extraída de uma excelente biografia de David Beito e Linda Royster Beito, *Black Maverick: T.R.M. Howard's Fight for Civil Rights and Economic Power*, Urbana, University of Illinois Press, 2009; John Dittmer, op. cit., p. 32; Charles Evers e Andrew Szanton, op. cit, p. 65-66; Michael Vinson Williams, op. cit., p. 56-57. Sobre as armas, ver David Beito e Linda Royster Beito, op. cit., p. xiii.
36. Jay Driskell, "Amzie Moore: The Biographical Roots of the Civil Rights Movement in Mississippi", in: Susan Glisson (Org.), *The Human Tradition in the Civil Rights Movement*, Lanham, MD, Rowman & Littlefield, 2006, p. 137.
37. "Dear Leader", Bolivar County Invitational Committee of the Proposed Delta Council of Negro Leadership, 10 de dezembro de 1951, caixa 7, arquivo 2, Amzie Moore Papers, Sociedade Histórica de Wisconsin. Moore recordou que a primeira reunião teve lugar na H. M. Nailer School em Cleveland, em 1950, mas os convites impressos indicam que foi no Cleveland Colored High School em 1951. Ver James Forman, op. cit., p. 279; Aaron Henry entrevistado por John Dittmer e John Jones, 22 de abril de 1981, transcrição, p. 18-19, Departamento de Arquivos e História do Mississippi.
38. Moore, entrevista a Garvey.

39. "The Accomplishments and Objectives of the Regional Council of Negro Leadership of Mississippi", caixa 7, arquivo 2, Amzie Moore Papers, Sociedade Histórica de Wisconsin. Ver também "The New Fighting South: Militant Negroes Refuse to Leave Dixie or Be Silenced", *Jet*, agosto de 1955, p. 69-74.
40. Charles M. Payne, op. cit., p. 31-32; Jay Driskell, op. cit., p. 137-40; "The Accomplishments and Objectives of the Regional Council on Negro Leadership of Mississippi".
41. Moore, entrevista a Garvey; Malcolm Boyd, op. cit.
42. David Beito e Linda Royster Beito, op. cit., p. 80; "The Accomplishments and Objectives of the Regional Council on Negro Leadership of Mississippi"; "No Rest Room, No Gas", comunicado de impressa do Regional Council on Negro Leadership, n.d., caixa A466, Grupo 2, NAACP Papers, Biblioteca do Congresso. Ver também Jay Driskell, op. cit., p. 139-40.
43. Charles Evers e Andrew Szanton, op. cit, p. 73.
44. Myrlie Evers com William Peters, *For Us, the Living*, Garden City, NY, Doubleday, 1967, p. 87-88.
45. "The Accomplishments and Objectives of the Regional Council on Negro Leadership of Mississippi"; "No Rest Room, No Gas"; David Beito e Linda Royster Beito, op. cit., p. 81.
46. David Beito e Linda Royster Beito, op. cit., p. 79.
47. "Program of the Third Annual Meeting of the Mississippi Regional Council of Negro Leadership", 7 de maio de 1954, Mound Bayou, Mississippi, caixa 7, arquivo 2, Amzie Moore Papers, Sociedade Histórica de Wisconsin; David Beito e Linda Royster Beito, op. cit., p. 88.
48. "The New Fighting South", p. 69. Ver também Akinyele Omowale Umoja, *We Will Shoot Back: Armed Resistance in the Mississippi Freedom Movement*, Nova York, Nova York University Press, 2013, p. 32.
49. David Beito e Linda Royster Beito, op. cit., p. 82, 89.
50. Jason Morgan Ward, op. cit., p. 65, 90, 102, 123-24.

10. SEGUNDA-FEIRA NEGRA

1. Joseph Crespino, *In Search of Another Country: Mississippi and the Conservative Counterrevolution*, Princeton, Princeton University Press, 2007, p. 19.

2. Tom Ethridge, "Racial Crisis Spurs Sale of Book, 'Black Monday'", *Clarion-Ledger,* 7 de agosto de 1955.
3. Neil R. McMillen, *The Citizens' Council: Organized Resistance to the Second Reconstruction, 1954-64*, Urbana, University of Illinois Press, 1971, p. 17-18.
4. Tom P. Brady, *Black Monday,* excerto em Clayborne Carson et al. (Orgs.), *Eyes on the Prize Reader*, Nova York, Penguin, 1991, p. 86-89.
5. Florence Mars, *Witness in Philadelphia*, Baton Rouge, Louisiana State University Press, 1977, p. 53.
6. Neil R. McMillen, op. cit., p. 17-18.
7. Florence Mars, op. cit., p. 53.
8. Neil R. McMillen, op. cit., p. 17.
9. Jacquelyn Dowd Hall, "The Mind That Burns in Each Body", *Southern Exposure,* novembro-dezembro de 1984, p. 64; Jacquelyn Dowd Hall, op. cit., p. 15.
10. Tom P. Brady, op. cit., p. 12.
11. Ibidem, p. 10-11 e 10-13.
12. Ibidem.
13. Ibidem
14. Wayne Addison Clark, "An Analysis of the Relationship between Anti-Communism and Segregationist Thought in the Deep South, 1948-1964", dissertação de PhD, University of Wisconsin-Madison, 1976, p. 95-96.
15. Tom P. Brady, *Black Monday*, excerto em Clayborne Carson et al. (Orgs.), op. cit., p. 89.
16. Wayne Addison Clark, op. cit., p. 84, 92, 95-96.
17. Robert Patterson, entrevista em Howell Raines (Org.), op. cit., p. 298.
18. Richard Kluger, *Simple Justice*, Nova York, Vintage, 1977, p. 279-82.
19. Jason Morgan Ward, op. cit., p. 125.
20. Hodding Carter, op. cit., p. 22-23.
21. Phillip Luce, "Down in Mississippi — The White Citizens' Council", *Chicago Jewish Forum*, c. 1958, caixa 1, pasta 19, Citizens' Council Papers, Universidade do Sudeste do Mississippi, p. 324.
22. Neil R. McMillen, op. cit., p. 18-19; Robert Patterson, entrevista em Howell Raines (Org.), op. cit., p. 298.

23. Joseph Crespino, op. cit., p. 23.
24. Erle Johnston, *Mississippi's Defiant Years*, op. cit., p. 13-14.
25. Erle Johnston, "Interview with Dr. Caudill", n.d., Citizens' Council Papers, Universidade do Sudeste do Mississippi.
26. Phillip Abbott Luce, "The Mississippi White Citizens Council, 1954-1959", tese de MA, Ohio State University, 1960, p. 19.
27. Relatório do FBI, p. 16-17.
28. "Pro-Segregation Groups in the South", Southern Regional Council, 19 de novembro de 1956, 1, caixa 3, pasta 15, Citizens Council Collection, Universidade do Sudeste do Mississippi.
29. Neil R. McMillen, op. cit., p. 18-19. Para uma análise desse tipo de retórica masculina no movimento Conselho de Cidadãos, ver Steve Estes, *I Am a Man! Race, Manhood and the Civil Rights Movement*, Chapel Hill, University of North Carolina Press, 2005, p. 43-48.
30. W. J. Cash, *The Mind of the South*, Nova York, Knopf, 1941, p. 117-19.
31. "Strong Organization Only Way to Combat Integration Says Patterson", *Greenwood Morning Star*, 14 de setembro de 1955.
32. Charles M. Payne, op. cit., p. 35; Erle Johnston, *Mississippi's Defiant Years*, op. cit., p. 15-16.
33. Para a citação de Lillian Smith, ver Wayne Addison Clark, op. cit., p. 205.
34. Hodding Carter, op. cit., p. 49-50.
35. John Dittmer, op. cit., p. 45-46.
36. Charles M. Payne, op. cit., p. 431.
37. "Pro-Segregation Groups in the South", op. cit., p. 7-8.
38. Hodding Carter, op. cit., p. 17.
39. Phillip Luce, op. cit.
40. Hugh Stephen Whitaker, op. cit., p. 81.
41. "Citizens Council to Establish Official Paper at Indianola", *Greenwood Morning Star*, 16 de setembro de 1955.
42. Phillip Luce, op. cit., p. 327. Todos os aspectos de *Citizen* estão disponíveis em <www.citizenscouncils.com>.
43. Hugh Stephen Whitaker, op. cit., p. 73.
44. Medgar Evers, citado em Bem Price, "Associated Press Writer Views Mississippi Problem", *Jackson Daily News*, 21 de agosto de 1955;

Ruby Hurley, "News and Action", Diretório Regional da NAACP do Sudeste, Birmingham, Alabama, setembro de 1955, caixa 2, Medgar Evers Papers, Departamento de Arquivos e História do Mississippi.
45. John Dittmer, op. cit., p. 46-47.
46. Bem Price, "Associated Press Writer Views Mississippi Problem", *Jackson Daily News*, 21 de agosto de 1955.
47. "McCoy Has Reached the Limit", *Jackson Daily News*, 22 de agosto de 1955.
48. Joseph Crespino, op. cit., p. 25.
49. NAACP, "M Is for Mississippi and Murder", 1955, caixa 2, pasta 19, artigos para revista do Conselho de Cidadãos, McCain Papers, Universidade do Sudeste do Mississippi.
50. Joseph Crespino, op. cit., p. 26.
51. Este fundador e financista é citado em Phillip Luce, op. cit, p. 32, n. 6.
52. Sobre o Fundo Legal dos Cidadãos Brancos e a defesa do assassinato de Medgar Evers, ver clipping de junho de 1963 do *Greenwood Commonwealth*, Medgar Evers FBI arquivo, 19, Medgar Evers Papers, Departamento de Arquivos e História do Mississippi.
53. Joseph Crespino, op. cit., p. 26.
54. Phillip Luce, op. cit.
55. Ruby Hurley, secretaria regional, a Gloster Current, diretor de sucursais da NAACP, Cidade de Nova York, caixa 2, pasta 7, Medgar Evers Papers, Departamento de Arquivos e História do Mississippi.
56. John Dittmer, op. cit., p. 34-36, 43.
57. Charles C. Bolton, *The Hardest Deal of All: The Battle over School Integration in Mississippi, 1870-1980*, Jackson, University Press of Mississippi, 2005, p. 67-69.
58. John Dittmer, op. cit., p. 46.
59. Hodding Carter, op. cit., p. 37.
60. Charles C. Bolton, op. cit., p. 67.
61. John Dittmer, op. cit., p. 45.
62. Percy Greene citado em David Beito e Linda Royster Beito, op. cit., p. 110; "Rev. George Lee's Murderers Never Caught", *Neshoba News*, 8 de dezembro de 1995; Neil R. McMillen, op. cit., p. 28.
63. *Jackson Daily News*, 18 de agosto de 1955; Charles C. Bolton, p. 73-75.

64. Medgar Evers, 1955 Annual Report from the Mississippi State Office, National Association for the Advancement of Colored People, Jackson, caixa 2, Medgar Evers Papers, Departmento de Arquivos e História do Mississippi; Charles C. Bolton, op. cit., p. 73-75.
65. Medgar Evers, 1955 Annual Report. Sobre o crescimento da NAACP, ver Charles M. Payne, op. cit., p. 40, 140.
66. Medgar Evers para Roy Wilkins, 12 de setembro de 1956, caixa 2, pasta 9, Coleman Papers, Departmento de Arquivos e História do Mississippi.
67. *Eagle Eye*, 20 de agosto de 1955, caixa 2, pasta 7, Medgar Evers Papers, Departmento de Arquivos e História do Mississippi.
68. Citado em Steven D. Classen, *Watching Jim Crow: The Struggles over Mississippi TV, 1955-1969*, Durham, NC, Duke University Press, 2004, p. 32-33.
69. Citado em Randy Sparkman, "The Murder of Emmett Till", *Slate*, 21 de junho de 2005, disponível em <http://www.slate.com/articles/News_and_politics/jurisprudence/2005/06/the_murder_of_emmett_till.html>, acesso em 31 de outubro de 2016.

11. GENTE QUE NÃO PRECISAMOS MAIS TER POR AQUI

1. Phillip Abbott Luce, "The Mississippi White Citizens Council, 1954-1959", tese de MA, Ohio State University, 1960, p. 3.
2. NAACP, "M Is for Mississippi and Murder", 1955, caixa 2, pasta 19, artigos para revista do Conselho de Cidadãos, McCain Papers, Special Collections, Universidade do Sudeste do Mississippi.
3. Aaron Henry entrevistado por John Dittmer e John Jones, 1982, transcrição, p. 10-11, Departamento de Arquivos e História do Mississippi (doravante citado como MDAH).
4. Jack Mendelsohn, *The Martyrs*, Nova York, Harper & Row, 1966, p. 1.
5. David Halberstam, *The Fifties*, Nova York, Villard, 1993, p. 430.
6. Jack Mendelsohn, op. cit., p. 13.
7. David Beito e Linda Royster Beito, op. cit., p. 112.
8. "Candidates Say Delta Negroes Aren't Democrats", *Jackson Daily News*, 2 de agosto de 1955.

9. "U.S. Won't Investigate Charges Negroes Couldn't Vote in First Primary", *Jackson Daily News*, 16 de agosto de 1955. Ver também Stephen Andrew Berrey, "Against the Law: Violence, Crime, State Repression, and Black Resistance in Jim Crow Mississippi", dissertação de PhD, University of Texas at Austin, 2006, p. 162.
10. "Prosecution Is Sought in Negro Voting Methods", *Jackson Daily News*, 26 de agosto de 1955; "Group Named to Study Ways to Cut Down on Negro Voting: Committee Fears Negroes 'Played Too Large a Part in State's Last Elections'", *Jackson Daily News*, 30 de agosto de 1955.
11. Margaret Price, *The Negro Voter in the South*, Atlanta, Southern Regional Council, 1957, p. 20.
12. Bem Price, "Associated Press Writer Views Mississippi Problem", *Jackson Daily News*, 21 de agosto de 1955; Hodding Carter, op. cit., p. 41-42.
13. Hugh Stephen Whitaker, "A Case Study in Southern Justice: The Emmett Till Case", tese de MA, Florida State University, 1963, p. 62, 74-75. Doravante, Hugh Stephen Whitaker, "A Case Study".
14. Hodding Carter, op. cit., p. 41-42.
15. Cópia fotostática submetida pelo diretor executivo nacional Roy Wilkins da NAACP ao Comitê Judiciário do Senado dos EUA, 16 de maio de 1956, nos arquivos online da Mississippi State Sovereignty Commission sob o nome "Gus Courts".
16. Jack Mendelsohn, op. cit., p. 7.
17. Simeon Booker, *Black Man's America*, Englewood, NJ, Prentice-Hall, 1964, p. 161.
18. Jack Mendelsohn, op. cit., p. 2.
19. David T. Beito e Linda Royster Beito, "The Grim and Overlooked Anniversary of the Murder of the Rev. George W. Lee, Civil Rights Activist", *History News Network*, 9 de maio de 2005, disponível em <www.hnn.us/article/11744>, acesso em 31de outubro de 2016.
20. Simeon Booker, *Black Man's America*, op. cit., p. 161-62.
21. Charles M. Payne, op. cit., p. 140. Sobre a militância de Lee, ver "Is Mississippi Hushing Up a Lynching? Mississippi Gunmen Take Life of Militant Negro Minister", *Jet*, v. 8.3, 1955, p. 196. Payne tem uma visão semelhante à de Lee, definindo-o como um dos "líderes

mais radicais" do Mississippi, ao lado de Medgar Evers, Aaron Henry e Amzie Moore, todos ativos na RCNL.
22. Charles M. Payne, op. cit., p. 36, 49.
23. Para uma estimativa de Wilkins dos sucessos nos registros de votos de Courts e Lee, ver Roy Wilkins com Tom Mathews, *Standing Fast: The Autobiography of Roy Wilkins*, Nova York, Viking, 1982, p. 222. Charles M. Payne, op. cit., p. 36-37, calcula em "cerca de 100" e documenta a ameaça de processar o xerife Shelton quando ele se recusou a aceitar o pagamento das taxas de registros. Sobre a citação do xerife, ver Robert A. Caro, *Master of the Senate*, Nova York, Knopf, 2002, p. 700. O próprio Courts calcula em "cerca de 400". "Testimony of Rev. Gus Courts, Belzoni, Miss.", in: *Civil Rights — 1957: Hearings before the Subcommittee on Constitutional Rights of the Committee on the Judiciary, U.S. Senate, 85th Congress, First Session*, 532 (doravante citado como depoimento de Courts).
24. Roy Wilkins, depoimento ao Comitê Judiciário do Senado dos EUA, 16 de maio de 1956, online na Mississippi State Sovereignty Commission, sob o nome "Gus Courts".
25. Charles M. Payne, op. cit., p. 36-37, 49. Sobre a campanha de represálias do Conselho de Cidadãos, ver <http://www.splc.org/what-we-do-/civil-rights-memorial/civil-rights-martyrs/george-lee>, accesso em 31 de outubro de 2016.
26. Bem Price, op. cit.
27. Henry Clay Anderson et al., op. cit., p. 121; Charles M. Payne, op. cit., p. 37.
28. Jack Mendelsohn, op. cit., p. 3.
29. Charles M. Payne, op. cit., p. 37; Jack Mendelsohn, op. cit., p. 5. Ver também depoimento de Courts, p. 545.
30. "Rev. George Lee's Murderers Never Caught", *Neshoba News*, 8 de dezembro de 2005. Ver também Susan Klopfer, "FBI Investigated George Lee's Murder; Suspects Never Tried", *Ezine*, 8 de dezembro de 2005, disponível em <http://ezinearticles.com/?FBI-Investigated-George-Lees-Murder;-Suspects-Never-Tried&id=109869>, acesso em 31 de outubro de 2016.
31. Mary Panzet, "H. C. Anderson and the Civil Rights Struggle", in: Henry Clay Anderson et al., *Separate but Equal: The Mississippi*

Photographs of Henry Clay Anderson, Nova York, PublicAffairs, 2002, p. 122-23.

32. Jack Mendelsohn, op. cit., p. 5; Charles M. Payne, op. cit., p. 37; Relatório do FBI, p. 17.
33. John Dittmer, op. cit., p. 53-54; Relatório do FBI, p. 17.
34. Michael Vinson Williams, op. cit., p. 120; Charles M. Payne, op. cit., p. 37; Wilkins Roy, op. cit., p. 222.
35. Medgar Evers, *1955 Annual Report*, Mississippi State Office of the NAACP, caixa 2, Medgar Evers Papers, MDAH.
36. Charles M. Payne, op. cit., p. 51; Jack Mendelsohn, op. cit., p. 8-9.
37. Roy Wilkins para Medgar Evers, 26 de maio de 1955, caixa 2, Medgar Evers Papers, MDAH; "NAACP Posts Reward in Lee's Death", Jackson *State-Times*, 2 de junho de 1955.
38. Jack Mendelsohn, op. cit., p. 8-9; "NAACP Posts Reward in Lee's Death".
39. J. Todd Moye, *Let the People Decide: Black Freedom and White Resistance Movements in Sunflower County, Mississippi, 1945-1986*, Chapel Hill, University of North Carolina Press, 2004, p. 80.
40. Jack Mendelsohn, op. cit., p. 10. Ver também Akinyele Omowale Umoja, op. cit., p. 34.
41. Henry Clay Anderson et al., op. cit, p. 134.
42. Charles M. Payne, op. cit., p. 37-38, 138-39.
43. "Is Mississippi Hushing Up a Lynching? Mississippi Gunmen Take Life of Militant Negro Minister", *Jet*, n.d., 1955, Medgar Evers Papers, MDAH; Carl M. Cannon, "Emmett Till and the Dark Path to August 28, 1963", *Real Clear Politics*, 28 de agosto de 2013, disponível em <www.realclearpolitics.com/articles./2013/08/28/Emmett_till_and_the_dark_path_to_aug_28_1963_119750.html>, acesso em 31 de outubro de 2016.
44. Akinyele Omowale Umoja, op. cit., p. 34; Charles M. Payne, op. cit., p. 139.
45. Jack Mendelsohn, op. cit., p. 11-12.
46. Memorando de 1956 do FBI citado em Klopfer, "FBI Investigated George Lee's Murder".
47. Depoimento de Courts, p. 532-33; Jay Milner, "Wounded Negro's Wife Says Mate Was 'Threatened'", *Jackson Clarion-Ledger*, 11 de

novembro de 1955, clipping em caixa 3, pasta 6, Ed King Papers, Coleman Library, Tougaloo College (agora na MDAH).
48. Bem Price, op. cit.
49. Depoimento de Courts, p. 533-34.
50. Depoimento de Courts, p. 559. Ver também "Is Mississippi Hushing Up a Lynching?"; Charles M. Payne, op. cit., p. 37-39.
51. Gus Courts para Medgar Evers, n.d., caixa 2, Medgar Evers Papers, MDAH.
52. Jay Milner, op. cit.
53. Depoimento de Courts, p. 533.
54. Jay Milner, op. cit. Ver também Robert A. Caro, op. cit., p. 700.
55. Charles M. Payne, op. cit., p. 39.
56. James Featherston, "Two More White Men Charged in Brookhaven for Murder of Negro", *Jackson Daily News*, 17 de agosto de 1955; James Featherston, "Links Shooting of Negro with Voting Irregularities", *Jackson Daily News*, 14 de agosto de 1955.
57. Arrington High, *The Eagle Eye: The Women's Voice*, 2.36, 20 de agosto de 1955, em Medgar Evers Papers, caixa 2, pasta 7, MDAH.
58. "See Further Drop in Negro Voting in Next Tuesday's Election Following Slaying of Brookhaven Negro Leader", *Jackson Advocate*, 20 de agosto de 1955.
59. Hodding Carter, op. cit., p. 119.
60. "Lincoln County Grand Jury Unable to Get One Witness to Testify", *Jackson Advocate*, 24 de setembro de 1955.
61. Charles M. Payne, op. cit., p. 40.
62. Jack Mendelsohn, op. cit., p. 19.
63. Amzie Moore para James Kizart, 20 de dezembro de 1955, caixa 1, pasta 2, Amzie Moore Papers, Sociedade Histórica de Wisconsin.
64. Charles M. Payne, op. cit., p. 44; Charles McLaurin, entrevista com o autor, 2012, Timothy B. Tyson Papers, Coleção Histórica do Sul, Universidade da Carolina do Norte, Chapel Hill.
65. Depoimento de Courts, p. 532. Ver também Aaron Henry com Constance Curry, *The Fire Ever Burning*, Jackson, University Press of Mississippi, 2000, p. 97.
66. Susan Klopfer et al., *Where Rebels Roost: Mississippi Civil Rights Revisited*, Lulu.com, 2005, p. 287.

12: OPINIÕES FORMADAS

1. Hugh Stephen Whitaker, "A Case Study", p. 126.
2. Lloyd L. General, "Moses Wright Made His Decision — Became Hero", *Atlanta Daily World*, 2 de outubro de 1955.
3. Moses Newsom, "Emmett's Kin Hang On to Harvest Crop", *Chicago Defender*, 17 de setembro de 1955.
4. Robert Denley, "Kinsman Recalls Tragic Night on Eve of Trial", *Chicago Defender*, 24 de setembro de 1955, p. 2.
5. Lloyd L. General, op. cit.
6. James Featherston, "White 'Deplores' Slaying in Note to NAACP Which Is Creating National Issue", *Jackson Daily News*, 1º de setembro de 1955, p. 1.
7. *Greenwood Morning Star*, 3 de setembro de 1955, p. 1.
8. David T. Beito e Linda Royster Beito, p. 119.
9. Devery S. Anderson, op. cit., p. 53; Hugh Stephen Whitaker, "A Case Study", p. 147-48.
10. *Delta Democrat-Times*, 29 de dezembro de 1955, p. 1.
11. Dan Wakefield, "Justice in Sumner", *Nation*, 1º de outubro de 1955, in: Christopher Metress (Org.), op. cit. p. 120-24.
12. Darryl Christopher Mace, op. cit., p. 240-41.
13. Entevista com Carolyn.
14. David Shoshtak, op. cit., p. 323.
15. Jack Telfer, coordenador de programa, United Packinghouse Workers Association — CIO, 21 de setembro de 1955, para Richard Durham, diretor nacional de programa, caixa 396, pasta 7, United Packinghouse Workers of America Papers, Sociedade Histórica de Wisconsin.
16. James Featherston, "State Will Not Seek Death Penalty", *Jackson Daily News*, 19 de setembro de 1955, p. 14.
17. Citado em Craig Flournoy, "Reporting the Movement in Black and White: The Emmett Till Lynching and the Montgomery Bus Boycott", dissertação de PhD, Louisiana State University, 2003, p. 84.
18. L. Alex Wilson, "Jim Crow Press at Trial", *Chicago Defender*, 24 de setembro de 1955, p. 1.
19. "Newspaper Over State Blast Murder of Negro", *Jackson Daily News*, 3 de setembro de 1955, p. 1; Hugh Stephen Whitaker, "A Case Study", p. 119-21; David T. Beito e Linda Royster Beito, p. 118-19.

20. Mattie Smith Colin "Mother's Tears Greet Son Who Died a Martyr", *Chicago Defender*, 10 setembro de 1955, p. 1.
21. James Featherston, "White Orders Investigation in Slaying of Delta Negro — White 'Deplores' Slaying in Note to NAACP Which Is Creating a National Issue", *Jackson Daily News*, 1º de setembro de 1955, p. 1.
22. *Greenwood Morning Star*, 1º de setembro de 1955, p. 1.
23. "Body of Negro Found in River", *Jackson Clarion-Ledger*, 1º de setembro de 1955, p. 1; James Featherston, "White Orders Investigation In Slaying of Delta Negro", *Jackson Daily News*, 1º de setembro de 1955, p. 1.
24. David T. Beito e Linda Royster Beito, p. 118-19.
25. Citado em Houck e Grindy, *Emmett Till and the Mississippi Press*, p. 51.
26. Hugh Stephen Whitaker, "A Case Study", p. 132; entrevista com Carolyn; *Memphis Commercial Appeal*, 4 de setembro de 1955, in: Christopher Metress (Org.), op. cit., p. 36.
27. *Jackson Daily News*, 5 de setembro de 1955, p. 1, in: Christopher Metress (Org.), op. cit. p. 38.
28. Devery S. Anderson, op. cit., p. 57-58.
29. *Greenwood Morning Star*, 6 de setembro de 1955, p. 1.
30. *Delta Democrat-Times*, 6 de setembro de 1955, in: Christopher Metress (Org.), op. cit., p. 38-39.
31. Houck e Grindy, *Emmett Till and the Mississippi Press*, op. cit., p. 66.
32. David T. Beito e Linda Royster Beito, op. cit., p. 119.
33. James Hicks, "Mississippi Jungle Law Frees Slayers of Child", *Cleveland Call and Post*, 1º de outubro 1955, in: Christopher Metress (Org.), op. cit., p. 111-13.
34. Harry Marsh, "Judge Swango Is Good Promoter for South", *Delta Democrat-Times*, 21 de setembro de 1955, in: Christopher Metress (Org.), op. cit. p. 60.
35. Murray Kempton, "Heart of Darkness", *New York Post*, 21 de setembro de 1955, in: Christopher Metress (Org.), op. cit., p. 64.
36. "Roman Circus", *Jackson Daily News*, 22 de setembro de 1955, in: Christopher Metress (Org.), op. cit., p. 60; "Cast in Compelling Courtroom Drama Matches Movies", *Jackson Daily News*, 20 de setembro de 1955, p. 1.

37. L. Alex Wilson, "Jim Crow Press at Trial", *Chicago Defender*, 24 de setembro de 1955, p. 1.
38. "Summary Fact Sheet of the Emmett Till Lynching Case", caixa 69, pasta 7, 2, United Packinghouse Workers of America Papers, Sociedade Histórica de Wisconsin.
39. Entrevista de Harry Marsh transcrita em Ann Marie Tabb, "Perspectives in Journalism: Covering the Emmett Till Trial", tese com louvor, Universidade do Sudeste do Mississippi, 2001, p. 17-18.
40. Harry Marsh, "Judge Swango Is Good Promoter for South", *Delta Democrat-Times*, 21 de setembro de 1955, in: Christopher Metress (Org.), op. cit., p. 61.
41. Simeon Booker, *Shocking the Conscience: A Reporter's Account of the Civil Rights Movement*, Jackson, University Press of Mississippi, 2013, p. 74.
42. Sam Johnson, "Two White Men Go On Trial Monday for Slaying of Negro", *Jackson Daily News*, 18 de setembro de 1955, p. 4.
43. "Two White Men Go On Trial", *Arkansas Gazette*, 20 de setembro de 1955, p. 14-B.
44. L. Alex Wilson, "Jim Crow Press at Till Trial; Frisk Newsmen; Picking of Jury Delays Opening", *Chicago Defender*, 24 de setembro de 1955, p. 1.
45. "Two White Men Go On Trial", *Arkansas Gazette*, 20 de setembro de 1955, p. 14-B.
46. Hugh Stephen Whitaker, "A Case Study", p. 139.
47. Rob Hall, "Lynched Boy's Mother Sees Jurymen Picked", *Daily Worker*, 21 de setembro 1955, p. 1.
48. *Greenwood Morning Star*, 25 de setembro de 1955, p. 1; *Memphis Commercial Appeal*, 21 de setembro de 1955, Ann Marie Tabb, op. cit., p. 59.
49. O pagamento dos jurados está em Darryl Christopher Mace, op. cit., p. 259. Os detalhes do hotel e a prova de os jurados terem sido influenciados pelo Conselho de Cidadãos podem ser encontrados em Hugh Stephen Whitaker, "A Case Study", p. 154, e no Relatório do FBI, p. 16-17.
50. Murray Kempton, "Heart of Darkness", *New York Post*, 21 de setembro de 1955, in: Christopher Metress (Org.), op. cit., p. 63.
51. Hugh Stephen Whitaker, "A Case Study", p. 145-46.

52. O *Chicago Tribune* de 18 de setembro de 1955, p. 1, publicou: "Entre os moradores brancos do condado de Tallahatchie, uma amostragem aleatória da opinião pública não dá margem a que ninguém espere que os dois réus acusados de assassinato sejam condenados." Ver também *Baltimore Afro-American*, 2 de outubro de 1955, p. 4, que registra que seus repórteres "não conseguiram encontrar uma só pessoa no Delta do Mississippi que acreditasse que os dois homens seriam condenados".
53. *Greenwood Morning Star*, 23 de setembro de 1955, p. 6.
54. W. C. Shoemaker, "Sumner Citizens Turn Public Relations Experts While Sunlight Beams At Them", *Jackson Daily News*, 20 de setembro de 1955, p. 1; Darryl Christopher Mace, op. cit., p. 182.
55. Hugh Stephen Whitaker, "A Case Study", p. 148; in: Christopher Metress (Org.), op. cit., p. 44-45.
56. Harry Marsh, "Radio Station Making Much Ado with Emmett Till Murder Trial", *Delta Democrat-Times*, 22 de setembro de 1955.
57. Robert A. Caro, op. cit., p. 701-9.
58. Harry Marsh, "Communist Writer at Trial Lauds Citizens", *Delta Democrat-Times*, 28 de setembro de 1955, p. 1.
59. Harry Marsh, "Radio Stations Making Much Ado with Emmett Till Murder Trial", p. 17. Ver também Ann Marie Tabb, op. cit., p. 28.
60. Robert Elliot, "A Report on the Till Case: All the Witnesses Fled", *Chicago*, novembro de 1955, p. 54-55; Kevin Grimm, "Color and Credibility: Eisenhower, the United States Information Agency, and Race", tese de MA, Ohio University, 2008, p. 72-73 e 83.
61. Robert A. Caro, op. cit., p. 709.
62. Hugh Stephen Whitaker, "A Case Study", p. 149.
63. Dan Wakefield escrevendo para o *Nation*, citado em Craig Flournoy, "Reporting the Movement in Black and White: The Emmett Till Lynching and the Montgomery Bus Boycott", dissertação de PhD, Louisiana State University, 2003, p. 84.
64. David Halberstam, *The Fifties*, Nova York, Villard Books, 1993, p. 453.
65. Sobre a maioria dos homens portando armas, ver "UPWA Carries Fight for Justice to the Scene of Trial", *Packinghouse Worker*, v. 14, n. 1, setembro de 1955, p. 1, caixa 369, pasta 7, United Packinghouse Workers Papers, Sociedade Histórica de Wisconsin; a citação é de

Matthew Nichter, minuta do Capítulo 3, "'Did Emmett Till Die in Vain? Labor Says No': The United Packinghouse Workers of America and Civil Rights Unionism in the Mid-1950s", p. 11-12, em "Rethinking the Origins of the Civil Rights Movement: Radicals, Repression, and the Black Freedom Struggle", dissertação de PhD, University of Wisconsin — Madison, 2014, em posse do autor. Muito obrigado a Nichter por compartilhá-la comigo.

66. James Featherston, "Till Murder Trial", *Jackson Daily News*, 20 de setembro de 1955, p. 7.
67. Entrevista de Moore a Michael Garvey.
68. Matthew Nichter, "'Did Emmett Till Die in Vain?'", p. 13-17.
69. "UPWA Carries Fight for Justice to the Scene of Trial", op. cit.
70. Lillian Pittman, presidente da Ladies Auxiliary, United Packinghouse Workers of America — CIO Local 1167, Gramercy, Louisiana, fala sobre o julgamento de Till em *Packinghouse Worker*, v. 14, n. 9, setembro de 1955, p. 3.
71. Ibidem.
72. Ibidem.
73. "UPWA Carries Fight for Justice to the Scene of Trial", op. cit.
74. Jack Telfer, coordenador de programa, United Packinghouse Workers of America — CIO, verão, Mississippi, 21 de setembro de 1955, para Richard Durham, coordenador do programa nacional, UPWA — CIO, caixa 369, pasta 7, UPWA Papers, Sociedade Histórica de Wisconsin.
75. "UPWA Carries Fight for Justice to the Scene of Trial", op. cit.
76. Matthew Nichter, op. cit., p. 26.
77. *Chicago Defender*, 24 de setembro de 1955, in: Christopher Metress (Org.), op. cit., p. 48-50; "Jim Crow Press Table", *Chicago Defender*, 1º de outubro de 1955, p. 3; *Jackson Daily News*, 20 de setembro de 1955, p. 6; James Hicks, "White Reporters Double-Crossed Probers Seeking Lost Witnesses", *Cleveland Call and Post*, 15 de outubro de 1955, in: Christopher Metress (Org.), op. cit., p. 161-67.
78. Murray Kempton, "Heart of Darkness", *New York Post*, 21 de setembro de 1955, in: Christopher Metress (Org.), op. cit., p. 62-64.
79. Charles E. Cobb, Jr., *This Nonviolent Stuff'll Get You Killed*, Nova York, Basic Books, 2014, p. 132. Este cumprimento foi relatado, com certas variações quanto à hora do dia, por diversos observadores.

Ver, por exemplo, Murray Kempton, op. cit., in: Christopher Metress (Org.), op. cit., p. 62-64.

80. Harvey Young, "A New Fear Unknown to Me: Emmett Till's Influence and the Black Panther Party", *Southern Quarterly*, v. 45, n. 4, 2008, p. 30.

13: A RESISTÊNCIA DO MISSISSIPPI

1. David T. Beito e Linda Royster Beito, op. cit., p. 120-21. Ver também Simeon Booker, *Black Man's America*, op. cit., p. 167-68.
2. James Hicks, "Sheriff Kept Key Witness in Jail During Trial", *Cleveland Call and Post*, 8 de outubro de1955, in: Christopher Metress (Org.), op. cit., p. 155-61.
3. Hugh Stephen Whitaker, "A Case Study", p. 150.
4. Myrlie Evers com William Peters, op. cit., p. 172.
5. David T. Beito e Linda Royster Beito, op. cit., p. 120-23.
6. James Hicks, "White Reporters Double-Crossed Probers Seeking Lost Witnesses", in: Christopher Metress (Org.), op. cit., p. 164-66.
7. David T. Beito e Linda Royster Beito, op. cit., p. 122–23.
8. Rob Hall, op. cit.
9. James Featherston, "Till Murder Trial", op. cit. Ver também *Boston Globe*, 20 de setembro de 1955.
10. Rob Hall, op. cit.
11. "Congressman Diggs, Till's Mother in Attendance at Sumner Trial", *Jackson Advocate*, 24 de setembro de 1955.
12. James Hicks, "Awakenings", *Eyes on the Prize*, transcrição, disponível em <www.pbs.org/wgbh/amex/eyesontheprize/about/pt_101.html>, acesso em 31 de outubro de 2016. Ver também Darryl Christopher Mace, op. cit., p. 384; Charles Cobb, op. cit., p. 132.
13. Rob Hall, op. cit.
14. "Roman Circus", in: Christopher Metress (Org.), op. cit., p. 60.
15. James Featherston, "Till Murder Trial", op. cit.; Devery S. Anderson, op. cit., p. 100, 101-3.
16. Simeon Booker, "A Negro Reporter at the Till Trial" (1956), *Nieman Reports*, inverno de 1999-primavera de 2000, p. 136-37; Kempton, "Heart of Darkness", in: Christopher Metress (Org.), op. cit., p. 62-64.
17. Devery S. Anderson, op. cit., p. 105.

18. Booker, "A Negro Reporter at the Till Trial"; David T. Beito e Linda Royster Beito, op. cit., p. 123-24; James Hicks, "The Mississippi Lynching Story: Luring Terrorized Witnesses from the Plantation Was Toughest Job", *Cleveland Call and Post*, 22 de outubro de 1955, in: Christopher Metress (Org.), op. cit., p. 168-70; "Defender Writer in Witness Hunt", *Chicago Defender*, 1º de outubro de 1955.

14: "É AQUELE ALI"

1. *Delta Democrat-Times*, 20 de setembro de 1955. *Greenwood Morning Star*, 21 de setembro de 1955, estima que o público no tribunal era de "mais de quatrocentas pessoas". Parece um pouco excessivo. Sobre a atmosfera, ver John Herbers, "Jury Selection Reveals Death Demand Unlikely", p. 45-53.
2. Bill Minor, *Eyes on Mississippi*, Jackson, MS, J. Prichard Morris, 2001, p. 191. Sobre os adeptos da igreja, ver Murray Kempton, "Heart of Darkness", in: Christopher Metress (Org.), op. cit., p. 62-64.
3. *New York Times*, 22 de setembro de 1955; Moses Wright, "How I Escaped from Mississippi", *Jet*, 13 de outubro de 1955.
4. Depoimento de Moses Wright, transcrição do julgamento, p. 11-12. Esta afirmação costuma ser apresentada como "*Dar he*" ["Tá ali"] originada de uma entrevista de James Hick em *Eyes on the Prize: Awakenings*, quase 25 anos mais tarde. A transcrição e todos os outros relatos contemporâneos do julgamento citam "*There he is*" ["É aquele ali"]. Ver também Sam Johnson, "Uncle of Till's Identifies Pair of Men Who Abducted Chicago Negro", *Greenwood Commonwealth*, 21 de setembro de 1955, in: Christopher Metress (Org.), op. cit., p. 68; Rob Hall, "Acquittal in the Till Murder Shows Federal Intervention Is Needed", *Daily Worker*, 2 de outubro de 1955.
5. James Featherston, "Dim Light Casts Some Doubt on the Identity of Till's Abductors", *Jackson Daily News*, 22 de setembro de 1955; Simeon Booker, *Shocking the Conscience*, op. cit., p. 74.
6. Depoimento de Moses Wright, transcrição do julgamento, p. 17-18; James Featherston, "Dim Light Casts Some Doubt on the Identity of Till's Abductors", op. cit.
7. Murray Kempton, "He Went All the Way", *New York Post*, 22 de setembro de 1955, in: Christopher Metress (Org.), op. cit., p. 65.

8. Depoimento de Moses Wright, transcrição do julgamento, p. 18-24.
9. Ibidem, p. 27; Murray Kempton, "He Went All the Way", in: Christopher Metress (Org.), op. cit., p. 66.
10. Depoimento de Moses Wright, transcrição do julgamento, p. 32-66.
11. Dan Wakefield, "Justice in Sumner", in: Christopher Metress (Org.), op. cit., p. 120-24.
12. Depoimento de Chester Miller, transcrição do julgamento, p. 66-67.
13. Ibidem, p. 67-83, 94-102.
14. Murray Kempton, "Heart of Darkness", in: Christopher Metress (Org.), op. cit., p. 64.
15. Depoimento de Robert Hodges, transcrição do julgamento, p. 103-12; depoimento de Mims, transcrição do julgamento, p. 113-18.
16. Depoimento de George Smith, transcrição do julgamento, p. 122-33.
17. Depoimento de John Ed Cothran, transcrição do julgamento, p. 139-46.
18. Ibidem, p. 159-71.
19. "UPWA Carries Fight for Justice to the Scene of Trial", p. 1.
20. *New York Times*, 23 de setembro de 1955; Murray Kempton, "The Future", *New York Post*, 23 de setembro de 1955, in: Christopher Metress (Org.), op. cit., p. 84; *Greenwood Commonwealth*, 22 de setembro de 1955.
21. Depoimento de Mamie Bradley, transcrição do julgamento, p. 185-87.
22. "Mother Insulted on Witness Stand", *Washington Afro-American*, 24 de setembro de 1955, in: Christopher Metress (Org.), op. cit., p. 83-84.
23. Depoimento de Mamie Bradley, transcrição do julgamento, p. 188-90.
24. *Pittsburgh Post-Gazette* e *Pittsburgh Evening Bulletin*, citado em Darryl Christopher Mace, op. cit., p. 147-48; Depoimento de Mamie Bradley, transcrição do julgamento, p. 189.
25. Depoimento de Mamie Bradley, transcrição do julgamento, p. 190-91.
26. Ibidem, p. 192-209.

15. CADA ANGLO-SAXÃO ENTRE VOCÊS

1. Entrevista com Carolyn.
2. "Till Witness Starts Guarded Life Here", clipping, n.d., caixa 369, pasta 7, United Packinghouse Workers Papers, Sociedade Histórica de Wisconsin. Provavelmente o clipping é de *Packinghouse Worker*, c. outubro de 1955.
3. Depoimento de Willie Reed, transcrição do julgamento, p. 213-25.
4. *Baltimore Afro-American*, 1º de outubro de 1955.
5. Depoimentos de Willie Reed, Amanda Bradley e Add Reed, transcrições do julgamento, p. 226-59.
6. James Hicks, "Youth Puts Milam in Till Death Barn", *Washington Afro-American*, 24 de setembro de 1955, in: Christopher Metress (Org.), op. cit., p. 87-88.
7. Hugh Stephen Whitaker, "A Case Study", p. 150-51.
8. Depoimento de Carolyn Bryant, transcrição do julgamento, p. 268.
9. Ibidem, p. 261-79.
10. Depoimento de L. B. Otken, transcrição do julgamento, p. 296-304.
11. Depoimento de H. C. Strider, transcrição do julgamento, p. 284-95.
12. Transcrição do julgamento, p. 284-95.
13. James Hicks, "Called Lynch-Murder 'Morally, Legally' Wrong", *Cleveland Call and Post*, 1º de outubro de 1955, in: Christopher Metress (Org.), op. cit., p. 102.
14. James Featherston, "Bryant, Milam Still in Custody of Law to Face Kidnapping Charges in Leflore County after Acquittal of Murder", *Jackson Daily News*, 24 de setembro de 1955.
15. James Hicks, "Called Lynch-Murder 'Morally, Legally' Wrong", in: Christopher Metress (Org.), op. cit., p. 102-3.
16. Hugh Stephen Whitaker, "A Case Study", op. cit, p. 153.
17. James Hicks, "Called Lynch-Murder 'Morally, Legally' Wrong", in: Christopher Metress (Org.), op. cit., p. 104.
18. Dan Wakefield, "Justice in Sumner", in: Christopher Metress (Org.), op. cit., p. 3.

19. Sam Johnson, "Jury Hears Defense and Prosecution Arguments as Testimony Ends in Kidnap-Slaying Case", *Greenwood Commonwealth*, 23 de setembro de 1955.
20. James Featherston e W. C. Shoemaker, "Verdict Awaited in Till Trial — State Demands Conviction; Defense Says No Proof Presented, Asks Acquittal", *Jackson Daily News*, 23 de setembro de 1955.
21. Murray Kempton, "2 Face Trial as 'Whistle' Kidnappers — Due to Post Bond and Go Home", *New York Post*, 25 de setembro de 1955, in: Christopher Metress (Org.), op. cit., p. 107-11.
22. Mamie Till-Mobley e Christopher Benson, op. cit., p. 188.
23. James Featherston, "Bryant, Milam Still in Custody of Law to Face Kidnap Charges in Leflore County after Acquittal of Murder in Sumner".
24. Mamie Till-Mobley e Christopher Benson, op. cit., p. 188.
25. Johnson, "Jury Hears Defense and Prosecution Arguments as Testimony Ends in Kidnap-Slaying Case"; Sam Johnson, "District Attorney Not Concerned by Outside Agitation and Pressure", *Greenwood Commonwealth*, 23 de setembro de 1955.
26. Jack Telfer para Richard Durham, caixa 369, pasta 7, United Packinghouse Workers of America Papers, Sociedade Histórica de Wisconsin, 21 de setembro de 1955, p. 3.
27. Murray Kempton, "2 Face Trial As 'Whistle' Kidnappers", in: Christopher Metress (Org.), op. cit., p. 108.
28. Ibidem, p. 107-11.
29. John Herbers, "Not Guilty Verdict in Wolf Whistle Murder", *Greenwood Morning Star*, 24 de setembro de 1955.
30. Murray Kempton, "2 Face Trial As 'Whistle' Kidnappers", in: Christopher Metress (Org.), op. cit., p. 107-11.
31. Mamie Till-Mobley e Christopher Benson, op. cit., p. 189; "Till Witness Starts Guarded Life Here", op.cit.

16: O VEREDITO DO MUNDO

1. *Arkansas Gazette*, 2 de setembro de 1955. Ver também *Chicago Defender*, 10 de setembro de 1955.
2. Todas as principais organizações contra linchamentos concordaram em 1940 que linchamento era um assassinato perpetrado por um grupo agindo a serviço de raça, justiça ou tradição. Ver Christopher

Waldrep, "War of Words: The Controversy over the Definition of Lynching, 1899-1940", *Journal of Southern History*, v. 46, n. 1, 2000, p. 75-100.

3. Amy Louise Wood, *Lynching and Spectacle: Witnessing Racial Violence in America, 1890-1940*, Chapel Hill, University of North Carolina Press, 2009. Ver James Allen, *Without Sanctuary: Lynching Photography in America*, Santa Fe, Twin Palms Publishers, 2000. Ver também James Allen, *Without Sanctuary: Photographs and Postcards of Lynching in America*, disponível em: <www.withoutsanctuary.org>, acesso em 31 de outubro de 2016.
4. John Herbers entrevistado em Stanley Nelson, op. cit.
5. James Kilgallen, "Defendants Receive Handshakes, Kisses", *Memphis Commercial Appeal*, 24 de setembro de 1955, in: Christopher Metress (Org.), op. cit., p. 104-7.
6. Entrevista com Carolyn; Murray Kempton, "2 Face Trial as 'Whistle' Kidnappers", in: Christopher Metress (Org.), op. cit., p. 107-11; Bill Minor, op. cit., p. 195.
7. Kilgallen, "Defendants Receive Handshakes, Kisses", in: Christopher Metress (Org.), op. cit., p. 104-7.
8. *Chicago Defender*, 1º de outubro de 1955; *Arkansas Gazette*, 24 de setembro de 1955.
9. John Dittmer, op. cit., p. 57; entrevista com Carolyn. Carolyn me contou anos depois que o casamento jamais se recuperou do assassinato de Emmett Till e suas consequências.
10. *Chicago Tribune*, 24 de setembro de 1955.
11. John Herbers, "Not Guilty Verdict in Wolf Whistle Murder", op. cit.
12. *Chicago Tribune*, 24 de setembro de 1955; Hugh Stephen Whitaker, "A Case Study", p. 154-55; Stephen J. Whitfield, op. cit., p. 42.
13. *Chicago Tribune*, 24 de setembro de 1955.
14. Hugh Stephen Whitaker, "A Case Study", p. 155.
15. Mamie Till-Mobley e Christopher Benson, op. cit., p. 189; "Till Witness Starts Guarded Life Here", op. cit.
16. Herbert Shapiro, *White Violence and Black Response: From Reconstruction to Montgomery*, Amherst, University of Massachusetts Press, 1988, p. 411.

17. James Hicks, "Mississippi Jungle Law Frees Slayers of Child", in: Christopher Metress (Org.), op. cit., p. 101-4.
18. Darryl Christopher Mace, op. cit., p. 153-54.
19. Erle Johnston, *Mississippi's Defiant Years*, op. cit., p. 36-37.
20. *Greenwood Morning Star*, 28 de setembro de 1955.
21. *Delta Democrat-Times*, 23 de setembro de 1955.
22. Darryl Christopher Mace, op. cit., p. 430.
23. *Greenwood Morning Star*, 23 de setembro de 1955.
24. Hodding Carter, "Acquittal", *Delta Democrat-Times*, 23 de setembro de 1955.
25. Hodding Carter, "Racial Crisis in the Deep South", *Saturday Evening Post* 228.25, 17 de dezembro de 1955, p. 26.
26. Roi Ottley, "Pathetic Mississippi", *Chicago Defender*, 31 de dezembro de 1955.
27. H. D. Schenk para o editor, *Memphis Commercial Appeal*, 25 de setembro de 1955, in: Christopher Metress (Org.), op. cit., p. 147-48.
28. Jason Sokol, *There Goes My Everything: White Southerners in the Age of Civil Rights, 1945-1975*, reimpressão, Nova York, Vintage, 2007, p. 40.
29. *Greenwood Morning Star,* 30 de setembro de 1955.
30. William Faulkner, carta aberta, in: Christopher Metress (Org.), op. cit., p. 42-43. Ver também Joel Williamson, *William Faulkner and Southern History*, Nova York, Oxford University Press, 1993, p. 303.
31. Carol Posner, *Divided Minds: Intellectuals and the Civil Rights Movement*, Nova York, Norton, 2001, p. 17. Ver também "Faulkner Challenged", *New York Times*, 18 de abril de 1956; William Faulkner para W. E. B. Du Bois, 17 de abril de 1956, in: Joseph Blotner (Org.), *Selected Letters of William Faulkner*, Nova York, Scholar Press, 1977, p. 398; Joel Williamson, op. cit., p. 307.
32. Fred Hobson, *But Now I See: The White Racial Conversion Narrative*, Baton Rouge, Louisiana State University Press, 1999, p. 129.
33. John Barrow, op. cit.
34. Gabinete do Honorável Adam Clayton Powell Jr., comunicado à imprensa, 11 de outubro de 1955, in: Christopher Metress (Org.), op. cit., p. 133-36.

35. *New York Times*, 25 de setembro de 1955. Ver também Thomas Borstelmann, *The Cold War and the Color Line*, Cambridge, MA, Harvard University Press, 2003, p. 99.
36. A. Philip Randolph, "Call to Negro Americans", 1º de julho de 1941, arquivo 93, Franklin D. Roosevelt Papers, Franklin D. Roosevelt Presidential Library. Para um estudo acadêmico, ver Beth Tomkins Bates, *Pullman Porters and the Rise of Protest Politics in Black America*, Chapel Hill, University of North Carolina Press, 2001, especialmente p. 148-74.
37. Departamento de Estado dos EUA, "Progress Report on the Employment of Colored Persons in the Department of State", 31 de março de 1953, caixa A617, grupo 2, NAACP Papers, Biblioteca do Congresso.
38. Mary Dudziak, "Desegregation as a Cold War Imperative", *Stanford Law Review*, v. 41, 1988, p. 95; Walter White, *A Man Called White*, Nova York, Ayer, 1948, p. 358-59.
39. Deyton J. Brooks para W. E. B. Du Bois, 13 de outubro de 1947, caixa A637, grupo 2, NAACP Papers, Biblioteca do Congresso.
40. Comitê do Presidente sobre Direitos Civis, *To Secure These Rights: The Report of the President's Committee on Civil Rights*, Nova York, Simon & Schuster, 1947, p. 147.
41. Mary Dudziak, "Desegregation as a Cold War Imperative", op. cit., 95.
42. Ibidem, p. 111-12.
43. Thomas Borstelmann, op. cit., p. 98-99.
44. *Baltimore Afro-American*, 29 de outubro de 1955. O articulista citou jornais de Paris, Roma e Berlim, entre outros.
45. Eleanor Roosevelt, "I Think the Till Jury Will Have an Uneasy Conscience", *Memphis Press-Scimitar*, 11 de outubro de 1955, in: Christopher Metress (Org.), op. cit., p. 136-37.
46. Kevin Grimm, "Color and Credibility", op. cit., p. 107.
47. Carl T. Rowan, *Breaking the Barriers: A Memoir*, Nova York, Little, Brown, 1991, p. 123.
48. Departamento de Estado dos EUA, *Treatment of Minorities in the United States*, p. 10.
49. Agência de Informações dos Estados Unidos, "World Wide Press Comment on the Race Problem in the United States", 10 de abril

de 1956, citado em Kevin Grimm, "Color and Credibility", op. cit., p. 64-65. Para uma discussão mais abrangente das questões maiores envolvendo esses incidentes, ver Mary Dudziak, *Cold War Civil Rights*, Princeton, Princeton University Press, 2000, especialmente p. 114, 118.

50. Departamento de Estado dos EUA, Serviço de Despachos Estrangeiros, Embaixada Americana, Bruxelas, para o Departamento de Estado, Washington, 20 de março de 1956, RG 59 811.411/4-1956, caixa 4158, Departamento de Arquivos do Estado, Arquivos Nacionais e Administração de Registros dos Estados Unidos, College Park, MD.
51. Kevin Grimm, "Color and Credibility", op. cit., p. 79; *Chicago Defender*, 5 de novembro de 1955.
52. Kevin Grimm, "Color and Credibility", op. cit., p. 72-73, 83.
53. Robert A. Caro, op. cit., p. 708.
54. Departamento de Estado dos EUA, *Treatment of Minorities in the United States*, p. 10.
55. "Lynching Acquittal Shocks All of Europe", *Daily Worker*, 11 de outubro de 1955. O articulista cita o *Figaro* e o *Le Monde*.
56. Adam Green, op. cit., p. 201.
57. Citado em "Summary Fact Sheet of the Emmett Till Lynching Case", 8, caixa 369, pasta 7, United Packinghouse Workers of America Papers, Sociedade Histórica de Wisconsin.
58. Jerry Ward e Robert J. Butler (Orgs.), *The Richard Wright Encyclopedia*, Westport, CT, Greenwood Press, 2008, p. 373.

17: POLÍTICAS DE PROTESTO

1. "Two Rallies in North Protest Decision in Mississippi Trial", *Arkansas Gazette*, 26 de setembro de 1955, de registros da United Press.
2. "6000 at Detroit Rally Protest Mississippi Verdict", *Detroit Free Press*, n.d. [setembro de 1955], caixa 26, pasta 4, Carl e Anne Braden Papers, Sociedade Histórica de Wisconsin.
3. Hugh Stephen Whitaker, "A Case Study", p. 168.
4. "6000 at Detroit Rally Protest Mississippi Verdict"; Rob Hall, "Lynchers Pals Stack Jury; Protests Mount thru Land", *Daily Worker*, 25 setembro de 1955; "Summary Fact Sheet of the Emmett Till Lynching Case", 4; "Two Rallies in North Protest Decision

in Mississippi Trial". Discurso de Howard publicado no *Chicago Defender*, 1º de outubro de 1955; *Greenwood Commonwealth*, 26 setembro de 1955. As manifestações de Cleveland, New Rochelle e Newark foram publicadas no *Daily Worker*, 26 setembro de 1955.
5. "Two Rallies in North Protest Decision in Mississippi Trial".
6. Adam Green, op. cit., p. 201; *Daily Worker*, 25 setembro de 1955.
7. Hugh Stephen Whitaker, "A Case Study", p. 168; Hall, "Lynchers Pals Stack Jury"; Adam Green, op. cit., p. 201; Stanley Nelson, op. cit.; "NAACP Mass Meetings", *Greenwood Commonwealth*, 26 setembro de 1955.
8. "Summary Fact Sheet of the Emmett Till Lynching Case".
9. *New York Times*, 25 de outubro de 1955.
10. *Daily Worker*, 29 de setembro de 1955.
11. "6000 at Detroit Rally Protest Mississippi Verdict". Sobre Hurley e Marshall, ver "Overflow Rally Voices Anger in Brooklyn", *Daily Worker*, 3 de outubro de 1955. Ver também Evers, *For Us, the Living*, p. 172.
12. Hugh Stephen Whitaker, "A Case Study", p. 168. Whitaker afirma que a manifestação de Detroit reuniu 65 mil pessoas; se fosse verdade, os números somados ficariam perto de 175 mil, mas como várias outras fontes dizem seis mil, suponho que 65 mil seja um erro tipográfico. Sobre Detroit e Nova York, ver William P. Jones, *The March on Washington: Jobs, Freedom, and the Forgotten History of Civil Rights*, Nova York, Norton, 2014, p. 88-89.
13. Governador Frank Clement na Convenção Nacional Democrática de 1956, citado em W. H. Lawrence, "Democratic Keynote Talk Assails Nixon as 'Hatchet Man' of G.O.P.; Lays 'Indifference' to President", *New York Times*, 14 de agosto de 1956.
14. Sobre o movimento para libertar os réus de Scottsboro, ver Dan T. Carter, *Scottsboro: A Tragedy of the American South*, ed. revisada, Baton Rouge, Louisiana State University Press, 1979; James Goodman, *Stories of Scottsboro*, Nova York, Pantheon, 1994.
15. Rob Hall, "Set Marathon Service to Hit Till's Murder", *Daily Worker*, 25 de setembro de 1955.
16. *Chicago Tribune*, 30 de setembro de 1955.
17. "100,000 Across Nation Protest Till Lynching", *Chicago Defender*, 8 de outubro de 1955.

18. "Harlem Rally", *Chicago Defender*, 8 de outubro de 1955.
19. Robert Birchman, "10,000 Jam Till Mass Meet Here", *Chicago Defender*, 8 de outubro de 1955.
20. "Minneapolis AFL Asks U.S. Act in Till Murder", *Daily Worker*, 3 de outubro de 1955.
21. *Daily Worker*, 3 de outubro de 1955.
22. "Rally of 20,000 Here Cheers Call for Action Against Mississippi Goods", *New York Times*, 12 de outubro de 1955. Ver também *Daily Worker*, 3 de outubro de 1955. Sobre os Comitês da Marcha para Washington, ver William P. Jones, op. cit., p. 89.
23. *Daily Worker*, 9 de outubro de 1955.
24. "Donate $10,000 at Till Rally in Los Angeles", *Chicago Defender*, 22 de outubro de 1955; *Memphis Tri-State Defender*, 22 de outubro de 1955.
25. *Chicago Defender*, 19 de novembro de 1955.
26. Medgar Evers, 1955 Annual Report.
27. William Bradford Huie, "Shocking Story of Approved Killing in Mississippi", op. cit., p. 46-48.
28. "Shake-up at *Look*", *Time*, 11 de janeiro de 1954; Christopher Metress, "Truth Be Told: William Bradford Huie's Emmett Till Cycle", *Southern Quarterly* v. 45, n. 4, p. 48-75. Ver também Craig Flournoy, "Reporting the Movement in Black and White", op. cit., p. 83.
29. Craig Flournoy, op. cit., p. 83.
30. William Bradford Huie, "Wolf Whistle", in: Christopher Metress (Org.), op. cit., p. 235.
31. William Bradford Huie, entrevista, em Howell Raines (Org.), op. cit., p. 388-89.
32. Randy Sparkman, "The Murder of Emmett Till", *Slate*, 21 de junho de 2005.
33. William Bradford Huie, "Shocking Story of Approved Killing in Mississippi", p. 46-48.
34. Ibidem.
35. William Bradford Huie, "Wolf Whistle", in: Christopher Metress (Org.), op. cit., p. 242.
36. Hugh Stephen Whitaker, entrevista a Devery S. Anderson, *Emmett Till Murder*, 22 de junho de 2005, disponível em <http://www.emmetttillmurder.com/new-page-92>, acesso em 3 de abril de 2016.

37. A. Philip Randolph para Martin Luther King Jr., 7 de maio de 1956, em Clayborne Carson et al. (Orgs.), *Papers of Martin Luther King, Jr.*, Berkeley, University of California Press, 1997, 3, p. 247-48; Taylor Branch, *Parting the Waters: America in the King Years, 1955-1963*, Nova York: Simon & Schuster, 1987, p. 209.
38. David T. Beito e Linda Royster Beito, op. cit., p. 167-68; Clayborne Carson et al. (Orgs.), op. cit., p. 252-53.
39. T. R. M. Howard, discurso, Madison Square Garden, 24 de maio de 1956, fita gravada na Biblioteca Pública de Chicago.
40. Ibidem.
41. A. Philip Randolph, discurso, Madison Square Garden, 24 de maio de 1956, fita gravada na Biblioteca Pública de Chicago; Matthew Nichter, "'Did Emmett Till Die in Vain?'", op. cit., p. 31.
42. *Daily Worker*, 10 de setembro de 1955; Mamie Till-Mobley e Christopher Benson, op. cit., "About the Authors".
43. Roue Jourdain, in: Stanley Nelson, *The Murder of Emmett Till*, op. cit.
44. "Clean Up Chicago First", *Greenwood Morning Star*, 11 de setembro de 1955.
45. District N. 1, United Packinghouse Workers of America, Chicago, comunicado à imprensa, 3 de setembro de 1955, caixa 369, pasta 7, UPWA Papers, Sociedade Histórica de Wisconsin.
46. *Daily Worker*, 2 de outubro de 1955.
47. Sobre a importância do caso Till no estímulo ao movimento no Norte e como essas lutas se basearam em estratégias de campanhas anteriores, ver Martha Biondi, *To Stand and Fight: The Struggle for Civil Rights in Postwar New York City*, Cambridge, MA, Harvard University Press, 2003, p. 207. A citação de Herbert Hill surgiu em várias de nossas conversas quando fomos colegas no Departamento de Estudos Afro-Americanos na Universidade de Wisconsin-Madison entre 1994 até sua morte, em 2004.

18: COMO MORREU EMMITT TILL

1. David Blight, "Healing and History: Battlefields and the Problems of Civil War Memory", *Rally on the High Ground: the National Park Service Symposium on the Civil War*, livro online, National Park Service, 2001, disponível em <http://www.cr.nps.gov/history/online_books/rthg/index.htm>, acesso em 30 de outubro de 2016.

2. Relatório do FBI, p. 28-29, 87-91.
3. Devery S. Anderson, *Emmett Till*, op. cit., p. 333-34, 372-73, 375.
4. Depoimento de Willie Reed, transcrição do julgamento, p. 223--25; *Daily Worker*, 13 de outubro de 1955; depoimento de Mandy Bradley, transcrição do julgamento, p. 253-55; David T. Beito e Linda Royster Beito, op. cit., p. 125.
5. Relatório da autópsia, Relatório do FBI, p. 99-110; Registros do FBI "Emmett Till": The Vault, disponível em <https://vault.fbi.gov/Emmett%20Till%20>, acesso em 5 de abril de 2016. Ver também depoimento de Chester Miller, transcrição do julgamento, p. 97--99; depoimento de John Ed Cothran, transcrição do julgamento, p. 150-61. Sobre a descrição de Strider do rosto de Till, ver "Ask Mississippi Governor to Denounce Killing of Boy", *Chicago Tribune*, 1º de setembro de 1955.
6. E. S. Gurdjian et al., "Studies on Skull Fractures with Particular Reference to Engineering Factors", *American Journal of Surgery*, v. 78, n. 5, 1949, p. 738-39. Ver também Steven N. Byers, *Introduction to Forensic Anthropology*, Nova York, Routledge, 2016, p. 266-83.
7. Entrevista com Carolyn; Devery S. Anderson, op. cit., p. 334-35.
8. Relatório do FBI, p. 89-91.
9. Relatório do FBI, 64, p. 89-91; Devery S. Anderson, op. cit., p. 336, 376.
10. Martin Luther King Jr., "Letter from Birmingham City Jail", in: James Melvin Washington (Org.), *A Testament of Hope: The Essential Writings of Martin Luther King, Jr.*, Nova York, HarperOne, 1986, p. 295-96.
11. William H. Chafe, *The Unfinished Journey: America Since World War II*, 2003; Nova York, Oxford University Press, 2011, p. 148.
12. Chester Himes, carta ao editor, *New York Post*, 25 de setembro de 1955, in: Christopher Metress (Org.), op. cit., p. 117.
13. William Faulkner, carta aberta, in: Christopher Metress (Org.), op. cit., p. 43. Ver também Williamson, *William Faulkner and Southern History*, 303.

EPÍLOGO: OS FILHOS DE EMMETT TILL

1. Stephanie Kingsley, "'So Much to Remember': Exploring the Rosa Parks Papers at the Library of Congress", *Perspectives on History*:

The Newsmagazine of the American Historical Association, abril de 2015, disponível em <https://www.historians.org/publications-and-directories/perspectives-on-history/april-2015/so-much-to-remember>, acesso em 21 de junho de 2016.
2. David T. Beito e Linda Royster Beito, op. cit., p. 139; entrevista de Rosa Parks a Blackside, Inc., 14 de novembro de 1985, para *Eyes on the Prize: America's Civil Rights Years (1954–1975)*, Washington University Film and Media Archive, Henry Hampton Collection, disponível em <http://digital.wustl.edu/cgi/t/text/textidx?c=eop;cc=eop;rgn=main;view=text;idno=par0015.0895.080>, acesso em 10 de abril de 2016.
3. Jeanne Theoharis, *The Rebellious Life of Mrs. Rosa Parks*, Boston, Beacon, 2013, p. 45, 62.
4. Darryl Christopher Mace, op. cit., p. 19-22.
5. Raylawni Branch, entrevista a Kim Adams, 25 de outubro de 1993, transcrição, p. 21, Oral History Collection, Universidade do Sudeste do Mississippi.
6. Charles M. Payne, op. cit., p. 54.
7. Charles McDew, in: Cheryl Lynn Greenberg, *A Circle of Trust: Remembering SNCC*, New Brunswick, NJ, Rutgers University Press, 1998, p. 68.
8. Julian Bond, "The Media and the Movement", op. cit., p. 26-27.
9. Fay Bellamy Powell, in: Faith Holsaert et al. (Orgs.), op. cit., p. 475.
10. William H. Chafe, *Civilities and Civil Rights: Greensboro, North Carolina and the Black Struggle for Freedom*, Nova York, Oxford University Press, 1980, p. 71-72; Clayborne Carson, *In Struggle: SNCC and the Black Awakening of the 1960s*, Cambridge, MA, Harvard University Press, 1981, p. 9-12.
11. Frederick Harris, "Will Ferguson Be a Moment or a Movement?", *Washington Post*, 22 de agosto de 2014.
12. John Lewis discute o poder do efeito do linchamento de Till em suas memórias, *Walking with the Wind: A Memoir of the Movement*, Nova York, Simon & Schuster, 1998, p. 57-58.
13. Para o texto completo do discurso, ver Lynn Sweet, "Attorney General Eric Holder Remembers Chicago's Emmett Till", *Chicago Sun-Times*, 17 de novembro de 2014.

14. Jerome Hudson, "Eric Holder Compares Michael Brown to Emmett Till: 'The Struggle Goes On'", *Daily Surge*, 18 de novembro de 2014, disponível em <dailysurge.com/2014/11/eric-holder-compares-michael-brown-emmett-till-struggle-goes>, acesso em 5 de abril de 2016.
15. Milan Kundera, *O livro do riso e do esquecimento*, trad. Teresa Bulhões Carvalho da Fonseca, São Paulo, Companhia das Letras, 2008.
16. Stephen Kantrowitz, "America's Long History of Racial Fear", *We're History*, 15 de junho de 2015, disponível em <www.werehistory.org/racial-fear>, acesso em 15 de março de 2016.
17. FBI, "Ten Sentenced in Hate Crime Case: Murdered Man among Multiple Victims", comunicado a imprensa, 16 de junho de 2015, disponível em <https://www.fbi.gov/news/stories/2015/june/ten-sentenced-in-hate-crime-case/ten-sentenced-in-hate-crime-case>, acesso em 10 de abril de 2016.
18. Kim Severinson, "Weighing Race and Hate in a Mississippi Killing", *New York Times*, 22 de agosto de 2011.
19. Maya Angelou, *The Complete Collected Poems*, Nova York, Random House, 1994, p. 241.
20. Ta-Nehisi Coates, *Between the World and Me*, Nova York, Spiegel & Grau, 2015, p. 17-18.
21. Michelle Alexander, *The New Jim Crow: Mass Incarceration in an Era of Colorblindness*, Nova York, New Press, 2010, p. 6-7.
22. Martin Luther King Jr., "Who Speaks for the South?", *Liberation* 2, março de 1958, p. 13-14.
23. James Baldwin, *The Fire Next Time*, in: Toni Morrison (Org.), *James Baldwin: Collected Essays*, Nova York, Library of America, 1998, p. 334.
24. James Baldwin, "As Much Truth as One Can Bear", in: Randall Kenan (Org.), *James Baldwin: The Cross of Redemption: Uncollected Writings*, Nova York, Pantheon, 2010, p. 34.
25. William J. Barber II com Barbara Zelter, *Forward Together: A Moral Message for the Nation*, St. Louis, Chalice Press, 2014.

BIBLIOGRAFIA

COLEÇÕES DE ARQUIVO

Carl e Anne Braden Papers, Sociedade Histórica de Wisconsin.
Citizens' Council Papers, Universidade do Sudeste do Mississippi.
Coleman Papers, Departamento de Arquivos e História do Mississippi.
Gov. J. P. Coleman Papers, Departamento de Arquivos e História do Mississippi.
Medgar Evers Papers, Departamento de Arquivos e História do Mississippi.
Erle Johnston Papers, Universidade do Sudeste do Mississippi.
Ed King Collection, Universidade do Sudeste do Mississippi.
Ed King Papers, Tougaloo College (agora guardados no Departamento de Arquivos e História do Mississippi).
McCain Papers, Universidade do Sudeste do Mississippi.
Amzie Moore Papers, Sociedade Histórica de Wisconsin.
National Association for the Advancement of Colored People Papers, Biblioteca do Congresso.
United Packinghouse Workers of America Papers, Sociedade Histórica de Wisconsin.
Departamento de Arquivos do Estado, Arquivos Nacionais e Administração de Registros dos Estados Unidos, College Park, Maryland.

FONTES PRIMÁRIAS SELECIONADAS

"Mrs. Roy Bryant, 9-2-55", anotações dos advogados. Cópia em posse do autor.
Carolyn Bryant Donham com Marsha Bryant, "More Than a Wolf Whistle: The Story of Carolyn Bryant Donham", memórias não publicadas,

Timothy B. Tyson Papers, Coleção Histórica do Sul, Universidade da Carolina do Norte, Chapel Hill.

Demografia de Chicago em 1950, mmap.jpg. Disponível em: <https://commons.m.wikimedia.org/wiki/File:ChicagoDemographics_in_1950_Map.jpg>.

"Testimony of Rev. Gus Courts, Belzoni, Miss.", Senado dos EUA, *Civil Rights — 1957: Hearings before the Subcommittee on Constitutional Rights of the Committee on the Judiciary*, LXXXV Congresso, primeira sessão. Washington, D.C.: United States Printing Office, 1957.

Relatório Processual do Federal Bureau of Investigation (FBI) sobre _____. Disponível em: <https://vault.fbi.gov/Emmett%20Till%20/Emmett%20Till%20Part%2001%20of%2002/view>.

Foreign Service Dispatch, Embaixada Americana, Bruxelas para o Departamento de Estado, Washington, 20 de março de 1956, Registros Gerais do Departamento de Estado, RG 59 811.411/4-1956, caixa 4158, Arquivos Nacionais.

Discursos de T. R. M. Howard e A. Philip Randolph em Madison Square Garden, 24 de maio de 1956. Fita de áudio na Biblioteca Pública de Chicago .

Luther King Jr., Martin. "Letter from Birmingham Jail". In: Washington, James (Org.) *A Testament of Hope: The Essential Writings of Martin Luther King, Jr.* Nova York: HarperOne, 1986, p. 295-96.

Arquivos online da Comissão de Soberania do Estado do Mississippi.

Carson, Clayborne et al. (Orgs.) *Papers of Martin Luther King, Jr.* Berkeley: University of California Press, 1997, p. 3.

"Summary Fact Sheet of the Emmett Till Lynching Case", caixa 369, pasta 7, United Packinghouse Workers Papers, Sociedade Histórica de Wisconsin.

"Treatment of Minorities in the United States: Impact on our foreign relations, Part A Summary review", United States State Department RG 59 811.411/4-1956, caixa 4158, Registros Gerais do Departamento de Estado, Arquivos Nacionais.

State of Mississippi v. J.W. Milam and Roy Bryant, no Tribunal do Segundo Distrito do condado de Tallahatchie, Décimo sétimo Distrito Judicial, Estado do Mississippi, Período de setembro, 1955. Disponível em Appendix A no Relatório Processual do Federal Bureau of Investigation sobre

_____. Disponível em: <https://vault.fbi.gov/Emmett%20Till%20/Emmett%20Till%20Part%2001%20of%2002/view>.

The Trumbull Park Homes Disturbances: A Chronological Report, August 4, 1953 to June 30, 1955. Chicago, Mayor's Commission on Human Relations, 1955. Biblioteca Pública de Chicago.

JORNAIS E REVISTAS

Amsterdam News
Arkansas Gazette
Atlanta Constitution
Atlanta Daily World
Baltimore Afro-American
Birmingham News
Boston Globe
California Eagle
Chicago
Chicago Defender
Chicago Jewish Forum
Chicago Tribune
Citizen (www.citizenscouncils.com)
Clarksdale Press Register
Cleveland Call and Post
Crisis
Daily Worker
Delta Democrat-Times
Detroit Free Press
Eagle Eye: The Woman's Voice
Ebony
Greenwood Commonwealth
Greenwood Morning Star
Grenada Daily Sentinel Star
Hattiesburg American
Jet
Jackson Advocate
Jackson Clarion-Ledger
Jackson Daily News
Jackson Free Press
Jackson State-Times
Le Democrate
Liberation
Memphis Commercial Appeal
Memphis Press-Scimitar
Memphis Tri-State Defender
Nation
Neshoba News
New York Herald Tribune
New York Post
New York Times
Nieman Reports
Packinghouse Worker
Pittsburgh Courier
Pittsburgh Evening Bulletin
Pittsburgh Post-Gazette
St. Louis Argus
Saturday Evening Post
La Sentinelle
Sumner Sentinel
Time
Vicksburg Post
Villager
Washington Post

LIVROS

ALEXANDER, Michelle. *The New Jim Crow: Mass Incarceration in an Era of Colorblindness*. Nova York: Nova Press, 2010.

ANDERSON, Devery. *Emmett Till: The Murder That Shocked the World and Propelled the Civil Rights Movement*. Jackson: University Press of Mississippi, 2015.

ANDERSON, Henry Clay. *Separate but Equal: The Mississippi Photographs of Henry Clay Anderson*. Nova York: PublicAffairs, 2002.

ASCH, Chris Myers. *The Senator and the Sharecropper*. Nova York: New Press, 2008.

BALDWIN, Davarian. *Chicago's New Negroes: Modernity, the Great Migration, and Black Urban Life*. Chapel Hill: University of North Carolina Press, 2007.

BALDWIN, James. *The Fire Next Time*. 1962; reproduzido in: Morrison, Toni (Org.); Baldwin, James. *Collected Essays*. Nova York: Library of America, 1998.

_____; KENAN, Randall (Orgs.) *The Cross of Redemption: Uncollected Writings*. Nova York: Pantheon, 2010.

BARTLEY, Numan. *The Rise of Massive Resistance*. Baton Rouge: Louisiana State University Press, 1969.

BATES, Beth Tomkins. *Pullman Porters and the Rise of Black Protest Politics in America*. Chapel Hill: University of North Carolina Press, 2001.

BEITO, David; BEITO, Linda Royster. *Black Maverick: T.R.M. Howard's Fight for Civil Rights and Economic Power*. Urbana: University of Illinois Press, 2009.

BIONDI, Martha. *To Stand and Fight: The Struggle for Civil Rights in Postwar New York City*. Cambridge, MA: Harvard University Press, 2003.

BLACKWELL, Unita. *Barefootin': Life Lessons from the Road to Freedom*. Nova York: Crown, 2006.

BOLTON, Charles. *The Hardest Deal of All: The Battle Over School Integration in Mississippi, 1870–1980*. Jackson: University Press of Mississippi, 2007.

BOOKER, Simeon. *Black Man's America*. Nova York: Prentice-Hall, 1964.

_____. *Shocking the Conscience: A Reporter's Account of the Civil Rights Movement*. Jackson: University Press of Mississippi, 2013.

BORSTELMANN, Thomas. *The Cold War and the Color Line: American Race Relations in the Global Arena*. Cambridge, MA: Harvard University Press, 2001.

BRANCH, Taylor. *Parting the Waters: America in the King Years, 1955--1963*. Nova York: Simon & Schuster, 1987.

BRINKLEY, Douglas. *Rosa Parks*. Nova York: Penguin, 2000.

BROWN, Frank London. *Trumbull Park*. 1959; Lebanon, NH: University Press of New England, 2005.

BROWNELL, Herbert. *Advising Ike: The Memoirs of Attorney General Herbert Brownell*. Lawrence: University Press of Kansas, 1993.

BYERS, Steven N. *Introduction to Forensic Anthropology*. Nova York: Routledge, 2016.

CARO, Robert. *Master of the Senate: The Years of Lyndon Johnson III*. Nova York: Knopf, 2002.

CARSON, Clayborne. *In Struggle: SNCC and the Black Awakening of the 1960s*. Cambridge, MA: Harvard University Press, 1981.

_____ et al. (Orgs.) *Eyes on the Prize: America's Civil Rights Years: A Reader and Guide*. Nova York: Penguin, 1987.

CARTER, Dan T. *Scottsboro: A Tragedy of the American South*. Baton Rouge: Louisiana State University Press, 1976.

CARTER, Hodding. *Southern Legacy*. Baton Rouge: Louisiana State University Press, 1950.

_____. *The South Strikes Back*. Garden City, NY: Doubleday, 1959.

CASH, W. J. *The Mind of the South*. Nova York: Knopf, 1941.

CECELSKI, David S., Tyson, Timothy B. (Orgs.) *Democracy Betrayed: The Wilmington Race Riot and Its Legacy*. Chapel Hill: University of North Carolina Press, 1998.

CHAFE, William H. *Civilities and Civil Rights: Greensboro, North Carolina and the Black Struggle for Equality*. Nova York: Oxford University Press, 1979.

_____. *The Unfinished Journey: America Since World War II*. 7 ed. Nova York: Oxford University Press, 2010.

CLASSEN, Steven D. *Watching Jim Crow: The Struggles Over Mississippi TV, 1955–1969*. Durham, NC: Duke University Press, 2004.

COATES, Ta-Nehisi. *Between the World and Me*. Nova York: Spiegel & Grau, 2015.

COBB, Charles. *This Nonviolent Stuff'll Get You Killed: How Guns Made the Civil Rights Movement Possible*. Nova York: Basic Books, 2014.

COBB, James. *The Most Southern Place on Earth: The Mississippi Delta and the Roots of Regional Identity*. Nova York: Oxford University Press, 1992.

COHEN, Adam; TAYLOR, Elizabeth. *American Pharaoh: Richard J. Daley: His Battle for Chicago and the Nation*. Nova York: Little, Brown, 2000.

CRESPINO, Joseph. *In Search of Another Country: Mississippi and the Conservative Counterrevolution*. Princeton, NJ: Princeton University Press, 2007.

CRONON, Edmund David. *Black Moses: The Story of Marcus Garvey and the Universal Negro Improvement Association*. Madison: University of Wisconsin Press, 1955.

CROSBY, Emilye et al. (Orgs.) *Civil Rights History from the Ground Up: Local Struggles, a National Movement*. Athens: University of Georgia Press, 2011.

CURRY, Constance et al. (Orgs.) *Deep in Our Hearts: Nine White Women in the Freedom Movement*. Athens: University of Georgia Press, 2000.

DALLEK, Robert. *Lone Star Rising: Lyndon Johnson and His Times, 1908-1960*. Nova York: Oxford University Press, 1991.

DANIEL, Pete. *Lost Revolutions: The South in the 1950s*. Chapel Hill: University of North Carolina Press, 2000.

DAVIES, David R. *The Press and Race: Mississippi Journalists Confront the Movement*. Jackson: University Press of Mississippi, 2001.

DITTMER, John. *Local People: The Struggle for Civil Rights in Mississippi*. Urbana: University of Illinois Press, 1994.

DOWER, John W. *War Without Mercy: Race and Power in the Pacific War*. Nova York: Pantheon, 1987.

DRAKE, St. Clair; CAYTON, Horace. *Black Metropolis: A Study of Negro Life in a Northern City*. 1983; Nova York: Harcourt & Brace, 1998.

DRAY, Philip. *At the Hands of Parties Unknown: The Lynching of Black America*. Nova York: Random House, 2002.

DUDZIAK, Mary. *Cold War Civil Rights*. Princeton, NJ: Princeton University Press, 2000.

EDGERTON, Douglas R. *The Wars of Reconstruction: The Brief, Violent History of America's Most Progressive Era*. Nova York: Bloomsbury, 2014.

EDMONDS, Helen G. *The Negro and Fusion Politics in North Carolina, 1894-1901.* Chapel Hill: University of North Carolina Press, 1951.

EGERTON, John. *Speak Now Against the Day: The Generation Before the Civil Rights Movement.* Nova York: Knopf, 1994.

ELLSWORTH, Scott. *Death in a Promised Land: The Tulsa Race Riot of 1921.* Baton Rouge: Louisiana State University Press, 1982.

ESTES, Steve. *I Am a Man! Race, Manhood and the Civil Rights Movement.* Chapel Hill: University of North Carolina Press, 2005.

EVERS, Charles; SZANTON, Andrew. *Have No Fear: The Charles Evers Story.* Nova York: Wiley, 1997.

EVERS, Myrlie, com William Peters. *For Us, the Living.* Garden City, NY: Doubleday, 1967.

EVERS-WILLIAMS, Myrlie; MARABLE, Manning (Orgs.) *The Autobiography of Medgar Evers.* Nova York: Basic Books, 2005.

FARMER, James. *Lay Bare the Heart: An Autobiography of the Civil Rights Movement.* Nova York: Arbor House, 1985.

FAULKNER, William. *Requiem for a Nun.* Nova York: Random House, 1951.

FAUST, Drew. *James Henry Hammond and the Old South: A Design for Mastery.* Baton Rouge: Louisiana State University Press, 1985.

FORMAN, James. *The Making of Black Revolutionaries.* Nova York: Macmillan, 1972.

FREDERICKSON, Kari. *The Dixiecrat Revolt.* Chapel Hill: University of North Carolina Press, 2001.

GOODMAN, James. *Stories of Scottsboro.* Nova York: Pantheon, 1994.

GOODWYN, Lawrence. *Breaking the Barrier: The Rise of Solidarity in Poland.* Nova York: Oxford University Press, 1991.

GOTTSCHALK, David Fort. *Veiled Visions: The Atlanta Race Riot of 1906.* Chapel Hill: University of North Carolina Press, 2005.

GRAHAM, Allison. *Framing the South: Hollywood, Television, and Race During the Civil Rights Movement.* Baltimore: Johns Hopkins University Press, 2001.

GREEN, Adam. *Selling the Race: Culture, Community and Black Chicago, 1940-1955.* Chicago: University of Chicago Press, 2009.

GROSSMAN, James. *Land of Hope: Chicago, Black Southerners, and the Great Migration.* Chicago: University of Chicago Press, 1989.

HALBERSTAM, David. *The Children.* Nova York: Random House, 1998.

_____. *The Fifties*. Nova York: Villard Books, 1993.

HALL, Jacquelyn Dowd. *Revolt Against Chivalry: Jessie Daniel Ames and the Women's Campaign Against Lynching*. Nova York: Columbia University Press, 1993.

HAMLIN, Françoise. *Crossroads at Clarksdale: The Black Freedom Struggle in the Mississippi Delta After World War II*. Chapel Hill: University of North Carolina Press, 2014.

HAMPTON, Henry et al. (Orgs.) *Voices of Freedom: An Oral History of the Civil Rights Movement from the 1950s through the 1980s*. Nova York: Bantam, 1990.

HANDY, W. C. *Father of the Blues: An Autobiography of W.C. Handy*. Colaboração de Arna Wendell Bontemps. Nova York: Da Capo Press, 1991.

HARKEY, Ira B. *The Smell of Burning Crosses*. Jacksonville, IL: Harris-Wolfe, 1967.

HENRY, Aaron, com Constance Curry. *The Fire Ever Burning*. Jackson: University Press of Mississippi, 2000.

HILL, Robert A. (Org.) *The Marcus Garvey and Universal Negro Improvement Association Papers*. v. 1-11. Berkeley: University of California Press, 1983-2006, e Durham, NC: Duke University Press, 2011.

HIRSCH, Arnold R. *Making the Second Ghetto: Race and Housing in Chicago, 1940–1960*. Chicago: University of Chicago Press, 1983.

HOBSON, Fred. *But Now I See: The White Racial Conversion Narrative*. Baton Rouge: Louisiana State University Press, 1999.

HOLSAERT, Faith. *Hands on the Freedom Plow: Personal Accounts by Women in SNCC*. Urbana: University of Illinois Press, 2012.

HOUCK, Davis W.; GRINDY, Matthew. *Emmett Till and the Mississippi Press*. Jackson: University Press of Mississippi, 2010.

HUDSON-WEEMS, Clenora. *Emmett Till: The Sacrificial Lamb of the Civil Rights Movement*. Bloomington, IN: AuthorHouse, 2006.

JOHNSTON, Erle. *Mississippi's Defiant Years, 1953-1973*. Forest, MS: Lake Harbor, 1990.

JONES, William P. *The March on Washington: Jobs, Freedom, and the Forgotten Civil Rights Movement*. Nova York: Norton, 2014.

KENNEDY, Randall. *Interracial Intimacies: Sex, Marriage, Identity and Adoption*. Nova York: Pantheon, 2003.

_____. *Race, Crime and the Law*. Nova York: Pantheon, 1997.
KING, Mary. *Freedom Song*. Nova York: William Morrow, 1987.
KLOPFER, Susan. *Where Rebels Roost*. Raleigh, NC: Lulu, 2005.
_____. *Who Killed Emmett Till?* Mt. Pleasant, IA: Author, 2010.
KLUGER, Richard. *Simple Justice*. 2005; Nova York: Vintage, 1976.
LENTZ-SMITH, Adriane. *Freedom Struggles: African Americans and World War II*. Cambridge, MA: Harvard University Press, 2011.
LEWIS, Andrew. *The Shadows of Youth: The Remarkable Journey of the Civil Rights Generation*. Nova York: Hill & Wang, 2010.
LEWIS, David Levering. *King: A Critical Biography*. Nova York: Praeger, 1970.
LEWIS, John. *Walking with the Wind: A Memoir of the Civil Rights Movement*. Nova York: Simon & Schuster, 1998.
MARS, Florence. *Witness in Philadelphia*. Baton Rouge: Louisiana State University Press, 1977.
MARTIN, Tony. *Race First: The Ideological and Organizational Struggle of Marcus Garvey and the Universal Negro Improvement Association*. Dover, MA: Majority Press, 1976.
MASON, Gilbert R., com James Patterson Smith. *Beaches, Blood, and Ballots: A Black Doctor's Civil Rights Struggle*. Jackson: University Press of Mississippi, 2000.
MAYHEW, Howard. *Racial Terror at Trumbull Park*. Nova York: Pioneer Press, 1954.
MCGUIRE, Danielle. *At the Dark End of the Street: Black Women, Rape, and Resistance*. Nova York: Knopf, 2010.
MCMILLEN, Neil R. *Citizens' Council: Organized Resistance to the Second Reconstruction, 1954-1964*. Urbana: University of Illinois Press, 1971.
_____. *Dark Journey: Black Mississippians in the Age of Jim Crow*. Urbana: University of Illinois Press, 1990.
MENDELSOHN, Jack. *The Martyrs: Sixteen Who Gave Their Lives for Racial Justice*. Nova York: Harper & Row, 1966.
METRESS, Christopher (Org.) *The Lynching of Emmett Till: A Documentary Narrative*. Charlottesville: University of Virginia Press, 2002.
MINOR, Bill. *Eyes on Mississippi*. Jackson, MS: J. Prichard Morris, 2001.

MORRIS, Aldon. *The Origins of the Civil Rights Movement*. Nova York: Free Press, 1984.

MORROW, E. Frederic. *Black Man in the White House*. Nova York: McFadden, 1963.

MOYE, Todd. *Let the People Decide: Black Freedom and White Resistance Movements in Sunflower County, Mississippi, 1945-1986*. Chapel Hill: University of North Carolina Press, 2004.

MURCH, Donna Jean. *Living for the City*. Chapel Hill: University of North Carolina Press, 2010.

NOSSITER, Adam. *Of Long Memory: Mississippi and the Murder of Medgar Evers*. Nova York: Addison-Wesley, 1994.

OSHINSKY, David. *Worse than Slavery: Parchman Farm and the Ordeal of Jim Crow America*. Nova York: Free Press, 1996.

PAYNE, Charles M. *I've Got the Light of Freedom: The Organizing Tradition and the Mississippi Freedom Struggle*. Berkeley: University of California Press, 1995.

POSGROVE, Carol. *Divided Minds: Intellectuals and the Civil Rights Movement*. Nova York: Norton, 2001.

RAINES, Howell. *My Soul Is Rested: The Story of the Civil Rights Movement in the Deep South*. Nova York: Putnam, 1977.

ROBERTS, Gene; KLIBANOFF, Hank. *The Race Beat: The Press, the Civil Rights Movement, and the Awakening of a Nation*. Nova York: Vintage, 2004.

ROBNETT, Brenda. *How Long? How Long? African American Women in the Struggle for Civil Rights*. Nova York: Oxford University Press, 1997.

ROGERS, Kim Lacy. *Life and Death in the Delta: African American Narratives of Violence, Resilience, and Social Change*. Nova York: Palgrave Macmillan, 2006.

ROLLINSON, Mary G. *Grassroots Garveyism: The Universal Negro Improvement Association in the Rural South, 1920-1927*. Chapel Hill: University of North Carolina Press, 2007.

ROWAN, Carl. *Breaking the Barriers: A Memoir*. Nova York: Little, Brown, 1991.

SALVATORE, Nick. *Singing in a Strange Land: C. L. Franklin, the Black Church, and the Transformation of America*. Nova York: Little, Brown, 2005.

SATTER, Beryl. *Family Properties: How the Struggle Over Race and Real Estate Transformed Chicago and Urban America*. Nova York: Picador, 2010.

SELLERS, Cleveland. *The River of No Return*. Jackson: University Press of Mississippi, 1990.

SHAPIRO, Herbert. *White Violence and Black Response: From Reconstruction to Montgomery*. Amherst: University of Massachusetts Press, 1988.

SMITH, Suzanne E. *To Serve the Living*. Cambridge, MA: Belknap Press of Harvard University Press, 2010.

SOKOL, Jason. *There Goes My Everything: White Southerners in the Age of Civil Rights, 1945-1975*. Nova York: Knopf, 2006.

STEIN, Judith. *The World of Marcus Garvey*. Baton Rouge: Louisiana State University Press, 1986.

STOKES, Gerald. *A White Hat in Argo: Family Secrets*. Lincoln, NE: iUniverse, 2004.

SWAINE, Rick. *The Integration of Major League Baseball*. Jefferson, NC: McFarland, 2012.

THEOHARIS, Jeanne. *The Rebellious Life of Mrs. Rosa Parks*. Boston: Beacon Press, 2013.

THOMPSON, Julius Eric. *Percy Greene and the Jackson Advocate: The Life and Times of a Radical Black Conservative Newspaperman, 1897-1977*. Jefferson, NC: MacFarland, 1994.

THORNTON, J. Wills. *Dividing Lines: Municipal Politics and the Struggle for Civil Rights in Montgomery, Birmingham, and Selma*. Tuscaloosa: University of Alabama Press, 2002.

TILL-MOBLEY, Mamie; BENSON, Christopher. *Death of Innocence: The Story of the Hate Crime That Changed America*. Nova York: One World/Ballantine, 2003.

TUTTLE, William. *Race Riot: Chicago in the Red Summer of 1919*. Nova York: Atheneum, 1970.

TYSON, Timothy B. *Blood Done Sign My Name*. Nova York: Crown, 2004.

_____. *Radio Free Dixie: Robert F. Williams and the Roots of Black Power*. Chapel Hill: University of North Carolina Press, 1999.

UMOJA, Akinyele Omowale. *We Will Shoot Back: Armed Resistance in the Mississippi Freedom Movement*. Nova York: New York University Press, 2014.

VOLLERS, Maryanne. *Ghosts of Mississippi*. Nova York: Little, Brown, 1995.

WALDRON, Ann. *Hodding Carter: The Reconstruction of a Racist*. Chapel Hill: Algonquin Press, 1993.

WARD, Brian (Org.) *Media, Culture, and the Modern African American Freedom Struggle*. Gainesville: University of Florida Press, 2001.

WARD, Jason. *Defending White Democracy: The Making of a Segregationist Movement and the Remaking of Racial Politics, 1936-1965*. Chapel Hill: University of North Carolina Press, 2011.

_____. *Hanging Bridge: Racial Violence and America's Civil Rights Century*. Nova York: Oxford University Press, 2016.

WARD, Jerry W.; BUTLER, Robert J. (Orgs.) *The Richard Wright Encyclopedia*. Westport, CT: Greenwood Press, 2008.

WEILL, Susan. *In a Madhouse's Din: Civil Rights Coverage in Mississippi's Daily Press, 1948-1968*. Nova York: Praeger, 2002.

WELTY, Eudora. *Delta Wedding*. 1946; Nova York: Houghton-Mifflin, 1991.

WERNER, Craig. *Higher Ground: Stevie Wonder, Aretha Franklin, Curtis Mayfield, and the Rise and Fall of American Soul*. Nova York: Crown, 2004.

WHITFIELD, Stephen. *A Death in the Delta: The Story of Emmett Till*. Baltimore: Johns Hopkins University Press, 1987.

WILKERSON, Isabel. *The Warmth of Other Suns*. Nova York: Random House, 2010.

WILKINS, Roy. *Standing Fast: The Autobiography of Roy Wilkins*. Nova York: Viking, 1982.

WILLIAMS, Michael Vinson. *Medgar Evers: Mississippi Martyr*. Fayetteville: University of Arkansas Press, 2011.

WILLIAMSON, Joel. *William Faulkner and Southern History*. Nova York: Oxford University Press, 1993.

WOOD, Amy Louise. *Lynching and Spectacle*. Chapel Hill: University of North Carolina Press, 2009.

WOODRUFF, Nan. *American Congo: The African American Freedom Struggle in the Delta*. Cambridge, MA: Harvard University Press, 2003.

WRIGHT, Richard. *Black Boy*. 1945; reimpressão, Nova York: Harper Perennial, 1993.

_____. *12 Million Black Voices*. 1941; reimpressão, Nova York: Basic Books, 2002.

WRIGHT, Simeon; BOYD, Herb. *Simeon's Story: An Eyewitness Account of the Kidnapping of Emmett Till*. Chicago: Chicago Review Press, 2010.

ZELLNER, Bob. *The Wrong Side of Murder Creek*. Montgomery, AL: New South Books, 2008.

ARTIGOS

AMATEAU, Albert. Chelsea Woman Led Battle to End Beach Segregation in 1960. *Villager*, v. 81, n. 11, 11-17 de agosto de 2011.

ANDERSON, Devery. A Wallet, a White Woman, and a Whistle: Fact and Fiction in Emmett Till's Encounter in Money, Mississippi. *Southern Quarterly*, p. 10-21, v. 45, n. 4, 2008.

BALDWIN, James. "As Much Truth as One Can Bear". In: Kenan, Randall (Org.) *The Cross of Redemption: Uncollected writings*. Nova York: Pantheon, 2010.

BEAUCHAMP, Keith. The Murder of Emmett Louis Till: The Spark That Started the Civil Rights Movement. Disponível em: <http://www.black-collegian.com/african/till/2005-2nd.shtml>.

BEITO, David; BEITO, Linda Royster. The Grim and Overlooked Anniversary of the Murder of the Rev. George W. Lee, Civil Rights Activist. *History News Network*. Disponível em: <http://hnn.us/article/11744>.

_____. Why It's Unlikely the Emmett Till Murder Will Ever Be Solved. *History News Network*, 26 de abril de 2004. Disponível em: <http://hnn.us/articles/4853.html/>.

BOND, Julian. "The Media and the Movement". In: Ward, Brian (Org.) *Media, Culture and the Modern African American Freedom Struggle*. Gainesville: University of Florida Press, 2001.

BOOKER, Simeon. A Negro Reporter at the Till Trial. *Nieman Reports* (inverno de 1999/primavera de 2000), reimpressão de janeiro de 1956.

_____. To Be a "Negro" Newsman — Reporting at the Till Trial. *Nieman Reports* (outono de 2011).

BOYD, Herb. The Real Deal on Emmett Till. *Black World Today*, 18 de maio de 2004. Disponível em: <www.afro-netizen.com>.

CANNON, Carl M. Emmett Till and the Dark Path to Aug. 28, 1963. *Real Clear Politics*, 28 de agosto de 2013. Disponível em: <https://

www.realclearpolitics.com/articles/2013/08/28/emmett_till_and_ the_dark_path_to_aug_28_1963_119750.html>.

COURTWRIGHT, Marguerite. "The Mob Still Rides." *Negro History Bulletin*, p. 105-6, fevereiro de 1956.

DRISKELL, Jay. "Amzie Moore". In: Glisson, Susan (Org.) *The Human Tradition in the Civil Rights Movement*. Lanham, MD: Rowman & Littlefield, 2006.

ELLIOTT, Robert. A Reporter on the Till Case: All the Witnesses Fled. *Chicago*, p. 51-56, novembro de 1955.

FELDSTEIN, Ruth. "'I Wanted the Whole World to See': Race, Gender and Constructions of Motherhood in the Death of Emmett Till". In: MEYEROWITZ, Joanne (Org.) *Not June Cleaver: Women and Gender in Postwar America*. Filadélfia: Temple University Press, 1993, p. 263-303.

GRAHAM, Allison. "Civil Rights, Films, and the New Red Menace". In: Ward, Brian (Org.) *Media, Culture and the Modern African American Freedom Struggle*. Gainesville: University of Florida Press, 2001.

GURDJAIN, E. S., M.D., et al. Studies on Skull Fractures with Particular Reference to Engineering Factors. *American Journal of Surgery*, p. 738-39, v. 78, n. 5 (novembro).

HAYGOOD, Wil. The Man From *Jet*: Simeon Booker Not Only Covered a Tumultuous Era, He Lived It. *Washington Post*, 15 de julho de 2007, W20.

HUIE, William Bradford. Shocking Story of Approved Killing in Mississippi. *Look*, p. 46-48, v. 20, 24 de janeiro de 1956.

_____. "What Happened to the Emmett Till Killers?" *Look*, p. 63-68, 22 de janeiro de 1957.

_____. "Wolf Whistle." Reproduzido em METRESS, Christopher (Org.) *The Lynching of Emmett Till: A Documentary Narrative*. Urbana: University of Illinois Press, 2002.

KANTROWITZ, Stephen. America's Long History of Racial Fear. *We're History*, 24 de junho de 2015. Disponível em: <www.werehistory.org/racial-fear>.

KING Jr., Martin Luther. Who Speaks for the South? *Liberation*, p. 13--14, v. 2, março de 1958.

KINGSLEY, Stephanie. "So Much to Remember": Exploring the Rosa Parks Papers at the Library of Congress. *Perspectives on History: The Newsmagazine of the American Historical Association*, abril de 2015.

KIRBY, Jack Temple. The Southern Exodus, 1910-1960: A Primer for Historians. *Journal of Southern History*, p. 585-600, v. 49, n. 4, novembro de 1983.

LUCE, Phillip. Down in Mississippi — The White Citizens' Council. *Chicago Jewish Forum*, c. 1958.

METRESS, Christopher. Truth Be Told: William Bradford Huie's Emmett Till Cycle. *Southern Quarterly*, p. 48-75, v. 45, n. 4 (verão), 2008.

OLIVER, Paul. *Conversations with the Blues*. Cambridge, MA: Cambridge University Press, 1997.

PANZER, Mary. "H. C. Anderson and the Civil Rights Struggle". In: ANDERSON, H. C. *Separate but Equal: The Mississippi Photographs of Henry Clay Anderson*. Nova York: PublicAffairs, 2002.

SHOSTAK, David. Crosby Smith: Forgotten Witness to a Mississippi Nightmare. *Negro History Bulletin*, p. 320-25, dezembro de 1974.

SOUTHERN Poverty Law Center. Martyrs Remembered: George Lee. Disponível em: <www.splcenter.org/GeorgeLee>.

TISDALE, John R. Different Assignments, Different Perspectives: How Reporters Reconstruct the Emmett Till Civil Rights Murder Trial. *Oral History Review*, p. 39-58, v. 29, n. 1 (inverno/primavera), 2002.

TURNER, Ronald. Remembering Emmett Till. *Howard Library Journal*, 1994-1995.

WALDREP, Christopher. War of Words: The Controversy Over the Definition of Lynching, 1899-1940. *Journal of Southern History*, p. 75-100, v. 66, n. 1, fevereiro de 2000.

WARD, Bob. William Bradford Huie Paid for Their Sins. *Writer's Digest*, p. 16-22, setembro de 1974.

WHITAKER, Hugh Stephen. A Case Study in Southern Justice: The Murder and Trial of Emmett Till. *Rhetoric and Public Affairs*, p. 189-224, v. 8, n. 2, 2005.

YOUNG, Harvey. A New Fear Known to Me: Emmett Till's Influence and the Black Panther Party. *Southern Quarterly*, p. 22-47, v. 45, n. 4, 2008.

ZHENG, Jianqing. A Guided Tour Through Hell. *Southern Quarterly*, p. 118, v. 45, n. 4, 2008.

TESES E DISSERTAÇÕES

BERREY, Stephen Andrew. *Against the Law: Violence, Crime, State Repression, and Black Resistance in Jim Crow Mississippi*. Austin, 2006. Dissertação (PhD) — Universidade do Texas em Austin.

CHAMBERLAIN, Daphne Rochelle. *"And a Little Child Shall Lead The Way": Children's Participation in the Jackson, Mississippi Black Freedom Struggle, 1946-1970*. Mississippi, 2009, Tese (PhD) — Universidade do Mississippi.

CLARK, Wayne Addison. *An Analysis of the Relationship Between Anti-Communism and Segregationist Thought in the Deep South, 1948-1964*. Wisconsin-Madison, 1976. Tese (PhD) — Universidade de Wisconsin-Madison.

FLOURNOY, Craig. *Reporting the Movement in Black and White: The Emmett Till Lynching and the Montgomery Bus Boycott*. Louisiana, 2003. Tese (PhD) — Universidade do Estado da Louisiana.

FRAZIER, E. Franklin. *The Negro Family in Chicago*. Chicago, 1932. Tese (PhD) — Universidade de Chicago.

GRIMM, Kevin. *Color and Credibility: Eisenhower, the United States Information Agency, and Race, 1955-1957*. Ohio, 2008. Tese (MA) — Universidade de Ohio.

LUCE, Phillip Abbott. *The Mississippi White Citizens' Council, 1954--1959*. Ohio, 1960. Tese (MA) — Ohio State University. In: Citizens' Council Papers, Universidade do Sul do Mississippi.

MACE, Darryl Christopher. *Regional Identities and Racial Messages: The Print Media's Stories of Emmett Till*. Filadélfia, 2007. Tese (PhD) — Universidade Temple.

NICHTER, Matthew. *Rethinking the Origins of the Civil Rights Movement: Radicals, Repression, and the Black Freedom Struggle*. Madison, Wisconsin, 2014. Tese (PhD) — Universidade de Wisconsin-Madison.

SCHWEINITZ, Rebecca Lyn. *If We Could Change the World: Children, Childhood, and African American Civil Rights Politics*. Virginia, 2004. Tese (PhD) —Universidade da Virginia.

TABB, Ann Marie. Perspectives in Journalism: Covering the Emmett Till Trial. Mississippi, 2001. Tese com louvor — Universidade do Sul do Mississippi.

WHITAKER, Hugh Stephen. A Case Study in Southern Justice: The Emmett Till Case. Flórida, 1963. Tese (MA) — Universidade do Estado da Flórida.

PANFLETOS

ADAMS, Olive Arnold. *Time Bomb: Mississippi Exposed and the Full Story of Emmett Till*. 1956. Reproduzido em Metress, Christopher (Org.) *The Lynching of Emmett Till: A Documentary Narrative*. Charlottesville: University of Virginia Press, 2002, p. 213-24.

BRADY, Tom P. *Black Monday: Segregation or Amalgamation: America Has Its Choice*. Winona, MS: Association of Citizens' Councils, 1955.

PRICE, Margaret. *The Negro Voter in the South*. Atlanta: Southern Regional Council, 1957.

NAACP. *M is for Mississippi and Murder*. NAACP, 1955.

SOUTHERN REGIONAL COUNCIL. *Pro-Segregation Groups in the South*. Atlanta: Southern Regional Council, 1956. Citizens' Council Papers, University of Southern Mississippi.

FILMES

BEAUCHAMP, Keith (Dir.) *The Untold Story of Emmett Louis Till*. ThinkFilm e Till Freedom Come Productions, 2005.

NELSON, Stanley (Prod. e Dir.) *The Murder of Emmett Till*. Firelight Media, 2003. Disponível em: <www.pbs.org/wgbh/amex/till/filmmore/pt.html>.

OBRAS INÉDITAS

DONHAM, Carolyn Bryant, escrito por BRYANT, Marsha. "More than a Wolf Whistle." Southern Historical Collection, University of North Carolina at Chapel Hill.

DRISKELL, Jay. "Amzie Moore". Texto inédito em posse do autor.

NICHTER, Matthew. "'Did Emmett Till Die in Vain? Organized Labor Says No!': The United Packinghouse Workers of America and Civil Rights Unionism in the Mid-1950s." Texto inédito em posse do autor.

ENTREVISTAS

BRANCH, Raylawni, com Kim Adams, 25 de outubro de 1993. University of Southern Mississippi Oral History Collection, Hattiesburg.

CAUDILL, Dr., com Erle Johnston, s.d. University of Southern Mississippi Oral History Collection, Hattiesburg.

DONHAM, Carolyn Bryant, com Timothy B. Tyson, julho de 2008. S.n., s.l.

HENRY, Aaron, com John Dittmer e John Jones, 1981. Mississippi Department of Archives and History, Jackson, Mississippi.

HERBERS, John, em NELSON, Stanley (Dir.) *The Murder of Emmett Till*. Transcrição disponível em: <www.pbs.org/wgbh/amex/till/filmmore/pt.html>.

HICKS, James, em "Awakenings". In: *Eyes on the Prize: America's Civil Rights Year*. Transcrição disponível em: <www.pbs.org/wgbh/amex/eyesontheprize/about/pt_101.html>.

HOWARD, T. R. M., com Sidney Roger, 2 de fevereiro de 1958. Disponível em: <https://archive.org/details/T.r.m.HowardInterviewBySidneyRogerFebruary261956>.

HUIE, William Bradford, em RAINES, Howell (Org.) *My Soul Is Rested: Movement Days in the Deep South Remembered*. Nova York: Penguin, 1977, p. 388-89.

MARS, Florence, em University of Southern Mississippi Oral History Collection, Hattiesburg.

McDEW, Charles, em GREENBERG, Cheryl Lynn. *A Circle of Trust: Remembering SNCC*. New Brunswick, NJ: Rutgers University Press, 1998.

McLAURIN, Charles, com Timothy B. Tyson, 22 de julho de 2013. S.l., s.n.

MOORE, Amzie, com Michael Garvey, 29 de março e 13 de abril de 1977. University of Southern Mississippi Oral History Project, Hattiesburg.

_____, por Blackside, Inc., 1979, para *Eyes on the Prize: America's Civil Rights Years (1954-1975)*. Washington University Film and Media Archive, Henry Hampton Collection. Disponível em: <http://digital.wustl.edu/cgi/t/text/text-idx?c=eop;cc=eop;rgn=main;view=text;idno=moo0015.0109.072>. Acesso em 1º de abril de 2016.

_____, em HAMPTON, Henry et al. (Orgs.) *Voices of Freedom*. Nova York: Bantam, 1990.

_____, em RAINES, Howell (Org.) *My Soul Is Rested: The Story of the Civil Rights Movement in the Deep South*. Nova York: Putnam, 1977, p. 233.

MOOTY, Rayfield, com Elizabeth Balanoff. Oral History in Labor Project. Disponível em: <www.roosevelt.edu/Librar/Locations/UniversityArchives/OralHistory.aspx>.

PARKS, Rosa, por Blackside, Inc., 14 de novembro de 1985, para *Eyes on the Prize: America's Civil Rights Years (1954-1975)*. Washington University Film and Media Archive, Henry Hampton Collection. Disponível em: <http://digital.wustl.edu/cgi/t/text/text-idx?c=eop;cc=eop;rgn=main;view=text;idno=par0015.0895.080>. Acessado em 10 de abril de 2016.

PATTERSON, Robert, em RAINES, Howell (Org.) *My Soul Is Rested: The Story of the Civil Rights Movement in the Deep South*. Nova York: Putnam, 1977, p. 298.

WHITAKER, Hugh Stephen, com Devery Anderson, s.d. S.l, s.n. Disponível em: <www.emmetttillmurder.com>.

ÍNDICE REMISSIVO

Abbott, Leroy, 31
Abdul-Jabbar, Kareem, 286
Abner, Willoughby, 39, 43, 260, 263, 273
Acheson, Dean, 254
açoitamento, 58-60
Adams, Cornelius, 107
AFL, 260-61, 264
África, 255
Afro-American News Service [Agência de Notícias Afro-Americana], 178, 187
Agência de Informação dos EUA, 255
algodão, 128
Ali, Muhammad, 286
Alinsky, Saul, 37
Anderson, Albert, 108
Anderson, James Craig, 291
Angelou, Maya, 292
Argo (IL), 45, 47-48, 50, 52-54
assassinato de Emmett Till, 13, 65, 70, 88, 94, 111-12, 169, 275-84
   audiência para o, 241-42
   busca pelo corpo, 87, 89-90
   caixão aberto e a visão do corpo, 18, 102-08
   cobertura da imprensa, 86-89, 97, 99-101, 103, 106-09, 174-76, 213-15
   como algo justificável, 112-13, 223--25, 228-29, 245, 247, 250
   como linchamento vs. assassinato, 241-42
   corpo encontrado, 14, 89-94, 121, 144, 172, 174-77
   e a jurisdição, 94, 172-73, 177, 191, 198, 222
   e a NAACP, 105, 107, 175-77, 190, 197-98, 213, 234-38, 244-45, 248-52
   e a violência racial contemporânea, 287-92
   e Carolyn Bryant, 90-91
   e o assassinato de Lee, 160, 249
   e o assassinato de Marrow, 16-17
   e o Conselho de Cidadãos, 144-46
   e o movimento pelos direitos civis, 14, 108-09, 150, 184-85, 259--74, 275
   e o sequestro, 24-27, 81, 85-92, 95, 100, 112, 120, 168, 216, 276-77
   enterro e preparativos para o funeral no Mississippi, 94-96
   ferimentos, 18, 93-94, 75, 278-80
   fotografias do corpo impressas, 108--09, 287
   funeral, 18, 95-97, 102-08, 271-72
   impacto do, 286-88
   investigação do, 172-73, 190-91, 196-97
   julgamento do, *ver* julgamento do assassinato de Emmett Till
   relato de Huie do, 13, 16, 75, 112--13, 151, 266-68
   testemunhas dos eventos, 189-92, 195-97, 222-23, 260-1, 279
   versões de Milam e Bryant, 266-68
Atlanta (GA), 113
Aurore, 13

Baker, Ella, 269
Baldwin, James, 276, 294
Baltimore Afro-American, 222
banheiros públicos, 125-26
Barlow, E. C., 169
Barnett, Ross, 137
Battle, C. C., 170
Beauchamp, Keith, 81
Belzoni (MS), 146, 153-54, 156-58, 160-62, 164, 166-67, 170, 270
Bigart, Homer, 246
Bilbo, Theodore, 129, 270
Billingsley, Walter, 204
Birmingham News, 91
Black Lives Matter, 288-89, 295
boicote aos ônibus de Montgomery, 269-71, 286
Bond, Julian, 287
Booker, Simeon, 103, 157, 187, 192, 196, 260, 264
Braden, Anne, 97
Bradley, Amanda "Mandy", 197, 204, 222-23, 279
Bradley, Mamie, *ver* Till, Mamie
Bradley, Pink, 52, 54
Brady, Thomas, 111, 113, 115, 128, 131-34, 136-37, 144-45, 169
  Segunda-feira Negra, 132, 136, 290
Breland, J. J., 75-76, 113, 151, 181, 191, 196, 203, 205, 208, 212-13, 216-17, 221, 224, 226, 229, 266-67
Brotherhood of Sleeping Car Porters [Irmandade dos Carregadores de Vagões-dormitórios], 260, 262, 269
Brown, Frank, 184, 209, 264
Brown, Michael, 288
Brownell, Herbert, Jr., 168, 254, 283
Brown v. Board of Education (caso), 111-14, 121, 127-28, 131-33, 135-36, 146, 148, 153-54, 254, 270, 294
Brown II (caso), 148
Bryant, Aileen, 65
Bryant, Carolyn, 13-17, 19-20, 57-76, 86
  Barnes Freeman e, 60-63
  beleza de, 13, 63
  casamento com Roy, 67-68, 71-73
  depoimento de Mamie e, 219
  depoimento no tribunal, 16-19, 81, 195, 224-28, 232
  e o rapto e assassinato de Till, 27, 87-92, 279-81
  encontro com Till, 14, 17-21, 24, 26-27, 79-84, 150, 266-67, 275-76
  família Milam-Bryant e, 64-70, 90, 91
  infância, 57-65
  J.W. Milam e, 74-76
  memórias de, 19
  nascimento de, 57
  primeiro encontro com Roy, 66
  sobre Strider, 72, 173-74, 176
  veredito do tribunal e, 243-44
Bryant, Doris, 65
Bryant, Eula Lee, 65-71, 74, 195
Bryant, Henry Ezra "Big Boy", 65-66, 76
Bryant, James, 65
Bryant, Lamar, 72
Bryant, Raymond, 65, 90
Bryant, Roy, 65-69, 72-74, 76, 285
  absolvição de, 243-45, 266-67, 283-84
  acusações de assassinato contra, 95, 177
  casamento com Carolyn, 67-68, 71-73
  depoimento de Smith e, 206-07
  história do assassinato de Till contada por, 265-67; *ver também* assassinato de Emmett Till
  julgamento de, *ver* julgamento do assassinato de Emmett Till
  primeiro encontro com Carolyn, 66
  prisão de, 20-21, 88-90, 173
  relação com J. W., 76
  Till assassinado por, 14, 69-70, 87, 94-95, 169-170, 266-68, 275-284
  Till sequestrado por, 24-27, 81, 85-92, 94, 100, 112, 120, 168, 216
Bryant, Roy, Jr., 72

Caldwell, Hamilton, 176
Calloway, Cab, 269
Campanella, Roy, 31
Campbell, Mary Louise, 65, 68-69
Campbell, Melvin, 26, 65, 68, 88, 90, 276-77, 281
Carlton, C. Sidney, 171-72, 195, 202--03, 207-09, 227-28, 232-33, 247
Caro, Robert, 183
Carthan, Alma, 45, 50-52, 54, 86-87
Carthan, Wiley Nash "John", 45, 193
Carter, Hodding, Jr., 177, 248-49, 250
Cash, W. J., 138
Chatham, Gerald, 175, 195-96, 200--02, 208, 231-32, 246
Chicago (IL),
   e a cobertura do caso Till, 86-89, 97, 99-102, 104, 106-09, 213-14
   e as encenações de *doo-wop*, 53-54
   e o Mississippi, 32-34, 36, 40, 43, 45-46, 109, 212, 272-73
   segregação de afro-americanos em, 18-19, 29-43, 56, 106-07, 216--17
   Trumbull Park Homes, 30-32, 38--43, 273
   vida de Till em, 30-32, 36, 52-56, 212, 216-17
   violência em, 34-40
Chicago Daily Tribune, 91
Chicago Defender, 36, 99, 105, 106, 187, 192, 196, 213-14, 229, 250, 262-63, 265
Chicago Sun-Times, 99, 104
Chicago Tribune, 106, 108, 262
Citizen, 141
Comitê Judiciário do Senado, 170
Comitê Trabalhista Judeu, 261
Conselho de Cidadãos, 63, 112, 113, 134-45, 149, 168, 246, 270, 282-83
   crescimento do, 137-40
   e a NAACP, 139-45
   e o assassinato de Evers, 145
   e o assassinato de Till, 144-45
   e o julgamento pelo assassinato de Till, 180-81
   e o voto, 156, 157-58, 164, 166

   e *Segunda-feira Negra*, 131-32, 135
   em Indianola, 63, 137-40
   fundação do, 63, 132, 136-37
   intimidações, represálias e violência do, 140-45, 150, 158, 164, 165--66, 189
   lista de morte, 150
   no Mississippi, poder do, 139-40
City of New Orleans, 32, 43
Clark, Arthur B., Jr., 136
Clark, Hubert, 26, 276-77, 281
Clarksdale Press Register, 174
Cleveland Call and Post, 187
Coates, Ta-Nehisi, 292
Collins, Levi "Two Tight", 190-91, 276-77, 281
Colmer, William, 135
Comitê pelos Direitos Civis, 254
Companhia Magnolia Mutual Life Insurance, 123-24
comunismo, 129, 132, 134-35, 138, 147, 176, 250, 253-56
Connor, Mike, 128
Constituição, 134
   Décima Quarta Emenda, 132, 168
   Décima Quinta Emenda, 155
Cothran, John Ed, 88, 93-94, 195, 204, 280
   depoimento de, 207-09
Courts, Gus, 122, 157-58, 163-68, 170, 172
   tentativa de assassinato de, 166-68
Crawford, Roosevelt, 79
Crawford, Ruthie Mae, 79, 81
Crisis, 35
Current, Gloster, 145

Daily Worker, 193
Daley, Richard, 41-43, 272-73
Davis, Sammy, Jr., 269
Dawson, William, 41-42, 127
Death of Innocence (Till-Mobley e Benson), 119, 285
Décima Quarta Emenda, 132, 168
Décima Quinta Emenda, 155
decisão de *Smith v. Allwright* nas primárias brancas, 128, 155

Delta Democrat-Times, 177, 178, 199, 248
democracia, 253-55
Departamento de Estado, 18, 253, 255-56
Departamento de Justiça, 142, 163, 165, 168, 254
Dickens, Charles, 233
Diggs, Charles, 109, 127, 160, 190, 194, 195, 238-39, 245
 manifestação de, 259
direito ao voto, 114-15, 120-22, 127--29, 146-48, 151, 153-59, 162--66, 168, 185, 249, 270, 283
 e o Conselho de Cidadãos, 156, 158, 164-66
 decisão *Smith v. Allwright* nas primárias brancas, 128, 155
disparos na igreja de Charleston, 290--91
Dittmer, John, 121
dixiecratas (Partido Democrata dos Direitos dos Estados), 114-15, 128
Dogan, Harry, 179, 181
drogas, 292-93
Du Bois, W. E. B., 35, 113, 251, 254, 276
Duncan, Steve, 187

Eagle Eye: The Women's Voice, 150, 169
Eastland, James O., 115, 137, 139, 270
East St. Louis (IL), 164, 266
Ebony, 108, 118, 127, 182, 187, 196
Eisenhower, Dwight D., 260-61, 272--73, 283
Elaine (AR), 113
Elks' Rest, 162
empregados domésticos, 60-61
escravos, 133
Europa, 255-56
Evers, Charles, 122-23
Evers, Darrell Kenyatta, 123
Evers, Medgar, 105-06, 121-26, 142, 145, 149-50, 157, 160-61, 164--66, 170, 191-92, 197, 235, 261, 266
 assassinato de, 145
 discursos de, 265-66
 e o assassinato de Lee, 160-61
 e o caso Till, 105, 191, 195-96
 na Alcorn State College, 122-23
Evers, Myrlie, 123-24, 191

Faculdade Estadual do Delta, 117
Faculdade de Direito da Universidade de Oklahoma, 135
Faculdade de Direito da Universidade do Texas, 135
Falgoust, Grace, 185,
família Bryant-Milam, *ver* família Milam-Bryant
família Milam-Bryant, 64-71, 76
 e Carolyn, 64-66, 67-71, 89-90
 e o rapto de Till, 89
 e Strider, 72, 176
 racismo da, 68-69, 74-75
Faulkner, William, 250-52, 284
Fazenda Parchman, 58-60
FBI, 145-46, 168, 192
 e o caso de Lee, 159-60, 163
 e o caso de Till, 16, 75, 101
Featherston, James, 193, 196
Ford, Louis Henry, 100, 107
Ford, Percy, 164-66
França, 256
Franklin, C. L., 259
Franklin, William B., 187
Frazier, E. Franklin, 48
Frederick, G. C., 23
Freeman, Annie, 60
Freeman, Barnes, 60-62, 64
Freeman, Isadore, 60

Gainey, Andrew, 137
Garvey, Marcus, 35
Gana, 255
Grande Migração, 33, 45, 265
Green, Adam, 109-10
Green, Ernest, 101
Green, Lee, 48
Greene, Percy, 149, 298
Greenwood Commonwealth, 175, 201, 209

Greenwood Morning Star, 81, 91-92, 108, 177, 180, 248-49, 272
guerra fria, 134, 251-53, 263, 270

Hall, Rob, 193-94
Harris, Frederick, 289
Hatcher, Richard, 286
Hawkins, David H., 136
Hayes, Charles, 264
Henry, Aaron, 101, 121, 124-25, 149, 153
  RCNL fundada por, 124-26
"Heróis do Sul" (manifestação), 269-70
Hicks, James, 177, 179, 187, 191-92, 194, 196, 223, 231-32, 247
High, Arrington, 150, 169, 288
Hill, Herbert, 264, 274
Hill, Lindsey, 53
Himes, Chester, 283
Hirsch, Carl, 30
Hodges, Robert, 90, 92, 195, 206
Hodges, W. E., 195
Holder, Eric, 289-90
Holloway, Tom, 57-58, 60, 63
Hoover, J. Edgar, 261
Howard, Donald e Betty, 38-39
Howard, T. R. M., 122-27, 148, 157, 160-62, 170, 173, 175, 220, 223, 235, 261
  discursos de, 265-66, 279, 285-86
  e a resistência do Mississippi, 189-90, 192-93, 196-98, 260
  e Moore, 124
  e o caso Till, 174-75, 189-91, 195-97
  e Young, 189-94, 223
  na Manifestação pelos Direitos Civis em Madison Square Garden, 269-71
  RCNL fundada por, 124-25
Hubbard, Joe Willie, 277
Hudson, Alex, 161
Huie, William Bradford, 13, 16, 75, 77, 112-13, 151, 266-68
Hurley, Ruby, 142, 145, 161, 173, 191-92, 197, 261

Indianola (MS), 63-66

Conselho de Cidadãos em, 63, 136-37
In Friendship, 269
integração, *ver* segregação e integração
integração nas escolas, 16, 111-13, 121, 127-29, 134-37, 142-43, 146-49, 151, 235, 249-50, 270
  Brown v. Board of Education, 111-14, 121, 127-28, 131-33, 135-6, 146, 148, 153-54, 156, 254, 270
  Brown II, 148
  petições pela, 147-50
  ressegregação, 294
Itália, 255-56

Jackson, David, 108, 187, 196
Jackson, Mahalia, 127
Jackson Advocate, 149, 169
Jackson Clarion-Ledger, 20, 139, 160, 175
Jackson Daily News, 139-40, 143, 145, 151, 155, 178, 180, 193, 195-96, 248
Jet, 103, 106, 108-09, 162, 182, 196, 229, 286-87
Johnson, Eva, 54-55
Johnson, James Weldon, 35
Johnson, Otha "Oso", 277, 281
Johnson, Paul, 234
Jones, Curtis, 24, 29, 86, 95
Jones, Robert, 29
Jones, Willie Mae, 29, 86
julgamento do assassinato de Emmett Till, 13, 16-17, 109, 171-88, 192-97, 199-217, 219-239
  a singularidade do, 224-25
  apresentação de justificativa para o assassinato de Till, 224-25, 229
  consequências para as testemunhas afro-americanas, 219-220
  convocações, 229-38
  delegação da UPWA no, 183-86, 209
  depoimento de Carolyn Bryant, 16-19, 81-82, 195, 224-28, 232-33
  depoimento de Cothran, 207-09
  depoimento de Mamie, 209-17, 219-20, 237-38, 243, 245
  depoimento de Miller, 204-06

depoimento de Otken, 228-29
depoimento de Reed, 220-24, 237--38, 279
depoimento de Smith, 207-08
depoimento de Strider, 229-30
depoimento de Wright, 171-72, 188, 195, 199-204, 208, 220, 237--38, 295
e a jurisdição, 172-73, 177, 191, 193, 197-98, 222-23
e o júri, 17-18, 181, 186, 234
encerramento do caso pela acusação, 223-24
espectadores e visitantes, 181, 183--86
júri retirado durante depoimento de Carolyn Bryant, 224-26
Mamie no, 193-95, 234-35, 243
primeiro dia do, 172, 180
protestos subsequentes, 259-66, 288
reações ao veredito, 246-56
repórteres e fotógrafos no, 178-79, 182-83, 186-87, 201, 244, 246
seleção do júri, 179-81, 186, 195, 199
sincronia, 172-73
Strider no, 179-81, 184, 187-88, 191, 193-95, 197-98, 206
testemunhas do, 195, 204
transcrição do, 16-17, 19
veredito, 230, 238-39, 241-46
julgamentos de Scottsboro, 262

Kansas City Star, 135
Kantrowitz, Stephen, 291
Kellum, J. W., 234
Kempton, Murray, 178, 181, 187, 196, 202, 209
Kennelly, Martin, 39-41
Kenyatta, Jomo, 123
Kimbell, Elmer, 26, 277, 281
King, Martin Luther, Jr., 269, 271, 285-86, 293-94
"Letter from a Birmingham Jail", 282
Ku Klux Klan, 112, 136-37, 282
Kundera, Milan, 285, 290

Ladner, Joyce, 287

Lang, Charlie, 101
Lawrence, Ellet, 140
Lee, George, 122, 153-64, 172, 270
assassinato de, 101, 106, 160-64, 168, 170, 189, 249, 261, 283, 286
Lee, Rose, 157, 162
Lerner, Max, 247
Levison, Stanley, 269
Lewis, John, 289
Lide, Caleb, 156
Life, 182
Liga Urbana de Chicago, 37
linchamento, 242-43
em Greenwood, 46
no Mississippi, 46, 100-01
assassinato de Till como, 241-42
Little Rock (AR), 255
livro do riso e do esquecimento, O (Kundera), 285, 290
Loggins, Henry Lee, 190-91, 276-77
Look, 266-67
Luce, Phillip Abbott, 145
Lucy, Autherine, 269
lumpesinato, 70, 112
Luton, Savannah, 166
Lynch, Sam, 53

Manifestação pelos Direitos Civis em Madison Square Garden, 269--270
Marcha para Washington, 253, 260, 265
Marrow, Henry, 14-16
Mars, Florence, 132
Marsh, Harry, 109, 179
Marshall, Thurgood, 127, 261
McCoy, A. H., 143, 160-62, 170
McDew, Charles, 287
McLaurin, Charles, 117
McLaurin v. Oklahoma State Regents, 135
Melton, Garland, 92, 195
Memphis Commercial Appeal, 92, 180, 248
Memphis Press-Scimitar, 192, 196
Memphis Tri-State Defender, 171, 179, 187

mercearia e casa de carnes de Bryan, 25, 73-74, 82
encontro de Till com Carolyn na, 14, 15-21, 23, 26, 79-84, 150, 266-67, 275-76
Meridian Star, 128
Michigan Chronicle, 187
Milam, Dan, 65
Milam, Edward, 65
Milam, Harley, 72
Milam, John Williams (J.W.) "Big", 65, 72-77, 190-93
   absolvição de, 243-44, 266-67, 283-84
   acusações de assassinato contra, 95, 177
   assassinato de Till justificado por, 112-13
   e Carolyn Bryant, 76
   e o depoimento de Cothran, 207-09
   e o depoimento de Reed, 220-21
   história do assassinato de Till contada por, 267-68
   julgamento de, *ver* julgamento do assassinato de Emmett Till
   nascimento de, 75
   prisão de, 20, 90, 173
   relacionamento com Roy, 76
   serviço militar de, 75
   Till assassinado por, 13, 69, 87, 94-95, 112-13, 170, 266-67, 275--82; *ver também* assassinato de Emmett Till
   Till raptado por, 24-27, 81, 85-92, 94-95, 100, 112, 120, 168, 216, 276-77
Milam, Juanita, 72, 75, 77, 195, 228
Milam, Leslie, 65, 90, 190, 193, 220, 278, 281-82
Milam, Spencer Lamar "Buddy", 65, 90
Miller, Chester, 93-96, 195
   depoimento de, 204-06
Mims, B. L., 92-93, 206
Mims, Charles Fred, 92, 195
Mims, Jasper, 145
Miranda v. Arizona (caso), 207
Mississippi, 153-70

   crítica nacional ao, 174-75, 214-15, 246
   e Chicago, 32-33, 36, 39-40, 43, 45-46, 109, 212, 272-73
   estada de Till no, 29-30, 32, 43, 54--55, 79, 100, 215-17
   estrutura social no, 69-70
   influência do Conselho de Cidadãos no, 140-41; *ver também* Conselho de Cidadãos
   linchamentos no, 46, 99-101
   meeiros no, 123-24
   Reconstrução no, 112, 146-47
   violência no, 146-47
Mitchell, Jerry, 20,
Mitchell, Nannie, 187
Mobley, Gene, 100, 103-04
Modiest, Tyrone, 53
Moore, Amzie, 115-21, 145, 170, 191, 261
   e Howard, 124
   e o julgamento do assassinato de Till, 184, 191, 197
   e Wright, 120-21
   RCNL fundada por, 124-25
   serviço militar, 117-20
Moore, Herman, 136
Mooty, Rayfield, 87, 100, 102, 104, 106, 193
Moral Mondays, 295
"More than a Wolf Whistle: The Story of Carolyn Bryant Donham" (Donham), 19
movimento pelos direitos civis, 250
   boicote aos ônibus em Montgomery, 269-71, 286
   e a televisão, 109
   e a UPWA, 185
   e o assassinato de Till, 14, 108-09, 150, 185, 259-74, 275
   e o comunismo, 138, 147
   Marcha para Washington, 253, 260, 265
   protestos, 18, 259-74, 288
   rede de ativistas de Moore, 121
   sit-ins, 288, 295
   torna-se nacional, 261-62, 273
   vitórias do, 291-92

ver também segregação e integração; direito ao voto
Murdock, Clotye, 187, 196
NAACP (National Association for the Advancement of Colored People [Associação Nacional pelo Progresso de Pessoas de Cor]), 35, 39-40, 43, 101, 113, 120-21, 131-32, 137-38, 145-50, 153, 155, 157-58, 165-66, 170, 173, 188, 191, 231, 245, 274, 287, 295
  doações para, 259, 264, 269-70
  e a manifestação de Diggs, 259
  e a RCNL, 124-25
  e as manifestações, 259-66
  e o assassinato de Lee, 160-62
  e o caso Till, 105, 107, 175-77, 197--98, 213, 234-37, 245, 248-49, 186, 252-54
  e o Conselho de Cidadãos, 140-44
  referência de Strider à trama da, 175-77, 213, 234-37
Nation, 174, 182, 203
National Negro Press Association [Associação Nacional da Imprensa Negra], 177, 187, 196--97
Nelson, C. M., 96-97, 195
Newcombe, Don, 31-32, 102
New Deal, 128
New Republic, 154
Newsome, Moses, 171, 197
Newsweek, 182
New York Herald Tribune, 246
New York Post, 91, 178, 181, 187, 247, 256, 283
New York Times, 101, 168, 192, 209, 265
Nixon, E. D., 269

O'Neal-McCrary, Helen, 36
Organização das Nações Unidas, 253
Oriente Médio, 255
Oshinsky, David, 59
Otken, L. B., 195
  depoimento de, 228-29
Ottley, Roi, 250

Parker, Hallie, 51
Parker, Milton, 53
Parker, Thelton "Pete", 53, 79
Parker, Wheeler, Jr., 24-26, 29, 43, 52-53, 56, 79-80, 82, 89
Parker, Wheeler, pai, 51, 54,
Parker, William, 51
Parks, Rosa, 269, 285-86
Partido Democrata dos Direitos dos Estados (dixiecratas), 114-15, 128
Patterson, Cora, 252
Patterson, Robert "Tut", 134, 136-38, 144, 165
Payne, Charles, 123, 140
Pearson, Billy, 183-84
Penitenciária Estadual do Mississippi, 58-59
Perez, Leander, 137
Perkins, J. A., 108
Picayune Item, 176
Pikes, Lee, 61
Pittman, Lillian, 185-86
Pittsburgh Courier, 97, 192,
Plessy v. Ferguson (caso), 136, 148,
PM, 101
Popham, John, 192-93, 209
Porteous, Clark, 192-93, 196
Powell, Adam Clayton, Jr., 252, 265, 268
Powell, Fay Bellamy, 287
Primeira Guerra Mundial, 34-36
Prisões, 58-59, 293-94
protestos políticos, 18-19, 259-74, 287-88

Randolph, A. Philip, 253, 260, 263, 269-71
Ratcliffe, Robert M., 192
Ray, Peck, 159,
Rayner, A. A., 102-03, 105-06, 210
RCNL (Regional Council of Negro Leadership [Conselho Regional da Liderança Negra]), 124-28, 146, 190, 235
  e Lee, 157, 161-62
  e a NAACP, 125
Reader's Digest, 266

Reconstrução, 112-13, 146
Reed, Add, 197, 204, 223, 279
Reed, Willie, 197, 204, 239, 245, 279
  depoimento de, 220-23, 237, 238, 279
  resistência do Mississippi, 189-92, 197-98, 203-04, 206, 220, 222, 259-60
Roberts, Isaiah, 100
Robinson, Jackie, 31
Roosevelt, Eleanor, 255, 269
Roosevelt, Franklin Delano, 118, 128
Rowan, Carl, 255
Rustin, Bayard, 269

St. Louis Argus, 187
Sandburg, Carl, 33
Sanders, Stanny, 91, 95, 159, 163
Saturday Evening Post, 249
Schneider, E. D., 114
segregação e integração:
  e *Black Monday*, 131-35
  e Eisenhower, 283
  e o medo da miscigenação, 40, 132--33, 137-40
  em balcões de lanchonetes, 287-88
  em banheiros, 125-26
  em Chicago, 30, 32-43, 56
  em escolas, *ver* integração nas escolas
Segunda-feira Negra, 111, 113, 236, 254
Segunda-feira Negra (Brady), 111, 131--35, 145, 290
  Conselho de Cidadãos e a, 131, 134
Segunda Guerra Mundial, 114-17, 136, 210, 253
Shaw, J. A., 180-81, 243-45
Shelton, Ike, 158-60, 162, 167
Shoemaker, W. C., 193, 196
Sillers, Walter, Jr., 115, 131
Simmons, William, 137-38, 141
sindicatos trabalhistas, 259-61, 264, 271-72
sistema criminal de justiça, 292-93
sit-ins, 287-88, 295
Skidmore, Matthew, 118
Sledge, Wilma, 139
Smith, Crosby "Sunny", 53, 85-87, 96, 100, 174

Smith, George, 81, 86, 88-89, 91-92, 173, 176, 197
  depoimento de, 206-07
Smith, Lamar, 101, 168-70, 189, 249, 261, 270, 283, 286
Smith, Lillian, 139
Smith, Robert B., 196, 204-05, 210--11, 215, 220-22, 224, 229, 231, 236-38, 247
SNCC (Student Nonviolent Coordinating Committee [Comitê de Coordenação Estudantil Não Violento]), 287, 289
socialismo, 135, 139
Sorrells, Bill, 247
South Deering Bulletin, 40
South Deering Improvement Association [Associação para Melhorias de South Deering], 39
Spencer, Elizabeth, 251-52
Springfield (IL), 113, 264
Stewart, Bill, 182
Stokes, Gerald V., 47
Strickland, C. A., 204
Strider, Clarence, Jr., 92
Strider, Henry Clarence (H. C.), 72, 96, 173-74, 223, 238, 278
  depoimento no tribunal, 229-30
  e a família Milam-Bryant, 72, 176
  e o assassinato de Till, 92-95, 172--77
  e o julgamento do assassinato de Till, 179, 181, 184, 187-88, 193--95, 197-98, 206, 213
  teoria de trama da NAACP, 176-77, 213, 234-37, 245
Stringer, E. J., 121, 142-44, 146-47
Sullens, Frederick, 151
Suprema Corte, 134-35, 138, 143, 151, 224-25, 254, 268, 270
  Brown v. Board of Education, 111-14, 121, 127-28, 131-33, 135-36, 146, 148, 153-54, 254, 270, 294
  Brown II, 148
  McLaurin v. Oklahoma State Regents, 135

Miranda v. Arizona, 207
Plessy v. Ferguson, 136, 148
Smith v. Allwright, 128, 155
Sweatt v. Painter, 135
supremacia branca, 115-18, 133-34, 139, 272-73, 280, 288-90
  e a família Milam-Bryant, 68, 75
  e os disparos na igreja de Charleston, 290
  internalizada, 278, 293-94
Swango, Curtis M., 178-80, 188, 194- -98, 203-05, 207-08, 213, 216- -17, 221-24, 226, 230, 243, 247
Sweatt v. Painter (caso), 135

Taylor, Donny Lee, 53
taxas de encarceramento, 292-93
televisão, 97, 109
  e o julgamento de Till, 183, 188
Telfor, Marjorie, 185
Thomas, Norman, 269
Thurmond, Strom, 115
Till, Emmett:
  assassinato de, *ver* assassinato de Emmett Till
  em Chicago, 30-31, 36, 52-56, 212, 216-17
  encontro com Carolyn Bryant na mercearia, 14, 16-21, 24, 26-27, 79-84, 151, 267, 275-76
  frequência à igreja, 54
  infância de, 30-31, 36, 49-56
  jogando beisebol, 31-32, 51
  julgamento do assassinato de, *ver* julgamento do assassinato de Emmett Till
  nascimento de, 49
  no Mississippi, 29-30, 32-33, 43, 55-56, 79, 100, 216-17
  poliomielite de, 27, 50-51, 55
Till, Louis, 49-50
Till, Mamie, 30-32, 45-56, 80, 175, 190, 245, 262, 271, 275, 290, 295
  casamento com Bradley, 18n, 52, 54
  casamento com Louis Till, 18n, 49-50
  casamentos e mudanças de nome, 18n
  decisão de abrir o caixão, 18, 102- -06
  depoimento no julgamento, 209-17, 219, 237, 238, 245
  e a história da garotinha negra, 46-47
  e o sequestro de Emmett, 86-89
  e o veredito do julgamento, 245-46
  e os jornais de Chicago, 86-87, 89, 97, 99-106, 109
  e os preparativos do funeral de Emmett no Mississipi, 95
  infância de, 45-48
  memórias de, 18-19, 285
  morte de, 272
  nas manifestações, 260-66, 271-72
  no funeral de Emmett, 106-08
  no julgamento, 193-95, 234-35, 238-39
Time, 182, 255
Tobias, Channing, 253
Transport Workers Union [Sindicato dos Trabalhadores em Transportes], 271
Truman, Harry, 115, 254
Trumbull Park, 30, 32, 38-40, 43, 273
Tubb, Thomas, 155
Tulsa (OK), 113

UNIA (Universal Negro Improvement Association [Associação pelo Progresso Universal do Negro]), 35
União Soviética, guerra fria com, 134, 251-53, 263, 270
United Auto Workers [Trabalhadores Automotivos Unidos], 259-60
United Steelworkers [Sindicato dos Metalúrgicos], 262, 271
Universidade do Alabama, 255
UPWA (United Packinghouse Workers of America [Trabalhadores Unidos do Setor de Embalagens dos EUA]), 29, 184-86, 260, 262, 264, 271, 273
Urban League [Liga Urbana], 37

Vicknair, Freida, 133-34
Vicksburg Post, 149, 175
Voice at the Back Door, The (Spencer), 252
Voz da América, A (organização internacional de mídia), 254

Wakefield, Dan, 174, 183, 203
Walton, W. M., 162
Ward, Jason Morgan, 114
Warren, Earl, 114, 283
Washington Afro-American, 211
Washington Post, 289
Watson, Joe David, pai, 159, 163
Watson, Minnie White, 105
Weber, Ed, 92
Werner, Craig, 38
West, Richard, 162
Whitaker, Hugh, 180
White, Ernest, 167
White, Hugh, 165, 175, 177, 241
White, J. H., 148
White, Walter, 40, 253
White Citizens Legal Fund [Fundo Legal de Cidadãos Brancos], 145
Whitten, John W., 18, 234-35
Wilkerson, Isabel, 33
Wilkins, Roy, 150, 158, 160-62, 175--76, 260, 269, 272
Williams, Eugene, 34

Williams, John Bell, 111
Wilmington (NC), 113
Wilson, L. Alex, 187, 192, 196
Withers, Ernest, 108-09, 179, 187, 201
Woolworth's, 287
Wright, Elizabeth, 24-25, 27, 46, 84, 85
Wright, Ellis, 143
Wright, Fielding, 114-15
Wright, Maurice, 24-26, 79, 82
Wright, Moses, 23-24, 29-30, 43, 46, 56, 79, 83, 235, 243
   corpo de Till identificado por, 93--94, 177
   depoimento no julgamento, 171-72, 168, 196, 199-203, 209, 220, 237-38, 295
   e Moore, 120-21
   e o sequestro de Till, 24-27, 86-88, 120-21
   e o veredito do julgamento, 246
   e os preparativos para o funeral de Till, 94-95
   nas manifestações, 264-65
Wright, Richard, 46, 114, 257
Wright, Robert, 24
Wright, Simeon, 24, 53, 79-84

Young, Frank, 189-92, 197, 204, 223

SOBRE O AUTOR

TIMOTHY B. TYSON é pesquisador sênior do Centro de Estudos Documentais da Universidade Duke e professor convidado de cristianismo e cultura do Sul na Faculdade Duke de Teologia. Também faz parte do corpo docente do Departamento de Estudos Americanos da Universidade da Carolina do Norte (UNC) em Chapel Hill. Lecionou no Departamento de Estudos Afro-americanos da Universidade de Wisconsin-Madison entre 1994 e 2004. Seu livro *Blood Done Sign My Name* foi finalista do National Book Critics Circle Award de 2005 e ganhou o Southern Book Critics Circle Award, o Grawemeyer Award do Seminário Teológico Presbiteriano de Louisville e o Christopher Award. O livro foi adaptado para o cinema em 2010. Seu *Radio Free Dixie: Robert F. Williams and the Roots of Black Power* foi vencedor do Prêmio James A. Rawley e do Prêmio Frederick Jackson Turner da Organização dos Historiadores Americanos. Tyson é coeditor de *Democracy Betrayed: The Wilmington Race Riot of 1898 and Its Legacy*, juntamente com David Cecelski, que ganhou o Outstanding Book Award do Centro Gustavus Myers de Estudos sobre Fanatismo e Direitos Humanos. Nasceu na Carolina do Norte, formou-se pela Universidade Emory e concluiu seu PhD na Universidade Duke, em 1994. Ele atua no conselho executivo da NAACP na Carolina do Norte e no Centro de Direitos Civis da UNC.

ESTE LIVRO FOI COMPOSTO EM SABON CORPO 10,6 POR 14 E
IMPRESSO SOBRE PAPEL AVENA 80 g/m² NAS OFICINAS DA ASSAHI
GRÁFICA, EM SÃO BERNARDO DO CAMPO — SP, EM AGOSTO DE 2020